赣水苍茫

——江西百位历史文化名人怀咏诗词集

章学方/著

图书在版编目(CIP)数据

赣水苍茫:江西百位历史文化名人怀咏诗词集/章学方 著.
—南昌:江西人民出版社 2010.9
ISBN 978-7-210-04588-5
Ⅰ.①赣… Ⅱ.①章… Ⅲ.①历史人物—生平事迹—江西省
—通俗读物 Ⅳ.K820.856-49
中国版本图书馆CIP数据核字(2010)第166177号

赣水苍茫:江西百位历史文化名人怀咏诗词集
章学方 著
江西人民出版社 出版发行
南昌市红星印刷有限公司印刷 新华书店经销
2010年9月第1版 2017年3月第3次印刷
开本:787毫米×1092毫米 1/16 印张:19.5 字数:280千字
ISBN 978-7-210-04588-5 定价:39.00元
赣版权登字-01-2010-63
版权所有 侵权必究
江西人民出版社 地址:南昌市三经路47号附1号
邮政编码:330006 传真:6898827 电话:6898893(发行部)
网址:www.jxpph.com
E-mail:jxpph@tom.com web@jxpph.com
(赣人版图书凡属印刷、装订错误,请随时向承印厂调换)

目 录

自序 ·· 1

1. 念奴娇·怀吴芮 ······························ 1
2. 七律·怀徐孺子 ······························ 4
3. 蝶恋花·怀许逊 ······························ 7
4. 江城子·怀陶侃 ······························ 10
5. 七律·怀陶渊明 ······························ 13
6. 满庭芳·怀雷次宗 ··························· 16
7. 青玉案·怀行思 ······························ 19
8. 燕莺语·怀钟绍京 ··························· 22
9. 唐多令·怀綦毋潜 ··························· 25
10. 鹧鸪天·怀许和子 ························· 28
11. 虞美人·怀吴武陵 ························· 31
12. 七律·怀卢肇 ································ 34
13. 七律·怀易重 ································ 37
14. 七律·怀钟传 ································ 40
15. 桂枝香·怀贯休 ····························· 43

16. 洞仙歌·怀郑谷 …………………… 46
17. 苏幕遮·怀宋齐丘 …………………… 49
18. 天仙子·怀董源 …………………… 52
19. 蝶恋花·怀乐史 …………………… 55
20. 西江月·怀夏竦 …………………… 58
21. 踏莎行·怀晏殊 …………………… 61
22. 南歌子·怀陈执中 …………………… 64
23. 破阵子·怀刘沆 …………………… 67
24. 摸鱼儿·怀欧阳修 …………………… 70
25. 七律·怀曾巩 …………………… 73
26. 七律·怀王安石 …………………… 76
27. 定风波·怀李常 …………………… 79
28. 鹧鸪天·怀晏几道 …………………… 82
29. 七律·怀黄庭坚 …………………… 85
30. 清平乐·怀曾安止 …………………… 88
31. 洞仙歌·怀惠洪 …………………… 91
32. 念奴娇·怀朱弁 …………………… 94
33. 菩萨蛮·怀舒翁、舒娇 …………………… 97
34. 东风第一枝·怀洪皓 …………………… 100
35. 水龙吟·怀王刚中 …………………… 103
36. 万年欢·怀洪氏三兄弟 …………………… 106
37. 青玉案·怀胡铨 …………………… 109
38. 水调歌头·怀汪应辰 …………………… 112
39. 满庭芳·怀周必大 …………………… 115
40. 七律·怀杨万里 …………………… 118
41. 七律·怀朱熹 …………………… 121
42. 洞仙歌·怀陆九龄 …………………… 124
43. 七律·怀陆九渊 …………………… 127

44. 满江红·怀赵汝愚 …………… 130
45. 鹧鸪天·怀姜夔 …………… 133
46. 永遇乐·怀李燔 …………… 136
47. 浪淘沙·怀陈自明 …………… 139
48. 沁园春·怀江万里 …………… 142
49. 鹊桥仙·怀马廷鸾 …………… 145
50. 南乡子·怀池梦鲤 …………… 148
51. 八声甘州·怀谢枋得 …………… 151
52. 西江月·怀刘辰翁 …………… 154
53. 七律·怀文天祥 …………… 157
54. 一剪梅·怀马端临 …………… 160
55. 玉楼春·怀朱思本 …………… 163
56. 七律·怀彭莹玉 …………… 166
57. 渔家傲·怀周德清 …………… 169
58. 扬州慢·怀汪大渊 …………… 172
59. 洞仙歌·怀吴伯宗 …………… 175
60. 雨霖铃·怀黄子澄 …………… 178
61. 念奴娇·怀杨士奇 …………… 181
62. 七律·怀解缙 …………… 184
63. 江城子·怀况钟 …………… 187
64. 临江仙·怀严孟衡 …………… 190
65. 蝶恋花·怀王一夔 …………… 193
66. 七律·怀邓茂七 …………… 196
67. 宝钗分·怀费宏 …………… 199
68. 天仙子·怀夏言 …………… 202
69. 喜朝天·怀毛伯温 …………… 205
70. 渔家傲·怀舒芬 …………… 208
71. 青玉案·怀魏良辅 …………… 211

72. 七律·怀邹守益 …………………… 214
73. 水调歌头·怀罗洪先 ………………… 217
74. 满江红·怀何心隐 …………………… 220
75. 锁阳台·怀谭纶 ……………………… 223
76. 七律·怀邓子龙 ……………………… 226
77. 破阵子·怀郭子章 …………………… 229
78. 七律·怀汤显祖 ……………………… 232
79. 行香子·怀邹元标 …………………… 235
80. 苏幕遮·怀钟炌 ……………………… 238
81. 七律·怀宋应星 ……………………… 241
82. 南楼令·怀袁继咸 …………………… 244
83. 一剪梅·怀王猷定 …………………… 247
84. 碧鸡漫志·怀揭暄 …………………… 250
85. 浪淘沙·怀雷发达 …………………… 253
86. 扬州慢·怀罗牧 ……………………… 256
87. 七律·怀朱耷 ………………………… 259
88. 南乡子·怀裘日修 …………………… 262
89. 忆柳曲·怀李宜青 …………………… 265
90. 南歌子·怀蒋士铨 …………………… 268
91. 木兰花·怀闵贞 ……………………… 271
92. 玉楼春·怀戴均元 …………………… 274
93. 鹊桥仙·怀戴衢亨 …………………… 277
94. 沁园春·怀刘凤诰 …………………… 280
95. 七律·怀黄爵滋 ……………………… 283
96. 雨霖铃·怀文廷式 …………………… 286
97. 望海潮·怀陈三立 …………………… 289
98. 临江仙·怀朱益藩 …………………… 292
99. 柳长春·怀余庆鳌 …………………… 295
100. 贺新郎·怀江谦 …………………… 298
后　记 …………………………………… 301

自 序

每每看到"物华天宝,人杰地灵",脑海里总会浮现出一个英气勃发的俊朗少年,微凝眉头而沉思、汹涌激情却涓流、挥毫洒书、栩栩动人的形象。公元663年的重阳节,王勃——一位年仅14岁的风华少年,在洪府滕王阁新落成的庆宴上,胸有成竹、一气呵成,写下千古名篇《滕王阁序》:"物华天宝,龙光射牛斗之墟;人杰地灵,徐孺下陈蕃之榻""落霞与孤鹜齐飞,秋水共长天一色"……吟咏起来,心底涌出多少感动、胸中激起多少豪情!同时,却又深觉惭愧、倍感汗颜!身为赣鄱大地的后辈子孙,我们对养育自己的这片土地,对潜移默化地滋养着我们精神和心灵的赣江文化,对以身践行、树起一座座人生丰碑的贤士先哲们,我们又知道多少、了解多少、感悟了多少呢?

岁月流千古,清风拂落尘。丹青借西月,满目尽缤纷。

宰相是中国古代政治体制的核心环节,从先秦到清王朝,在这漫漫的历史长河中,中国古代共有2146名宰辅大臣。而自古不乏经邦治国之栋材的江西,历史上就有115名宰辅大臣。在宋、明、清三朝,人数上达到巅峰,单是宋代就有50位宰辅大臣,明朝也有31位。宋代有"父子宰相"的陈恕、陈执中,"兄弟为相"的有王安石、王安礼,洪遵、洪适,明代还有彭时、彭华……文韬武略之士可谓前息后起、比肩而立,令人叹为观止。

江西自古人才辈出,千年科举,全国有记载的进士约九万八千多名,江西就有一万一千余名。我国自唐代以后,文化重心逐渐南移,南方进士一直多于北方。历史上经济文化比较发达的苏州,有进士1770多名,绍兴有进士2200多名;经济和文风较为兴盛的福建莆田,有进士2400多名;素有"才子之乡"美誉的江西临川,出进士2500多名;而江西吉安的进士则有近3000名之多,其数量为全国之冠。江西历代的文武状元在全国同样也是名列前茅。

在江西不少地方,"同门数进士,五里三状元",让人无不感叹、不胜惊讶! 叹赞之余,一种难禁的自豪感,油然而生;同时,于心底潜处,不免滋萌出丝丝缕缕的惭情愧意。

在"学而优则仕"的古代社会,江西重学尚教,儒风兴盛,人才辈出。有大哲学家朱熹,大诗人黄庭坚,词坛耆宿晏殊,散文家欧阳修,改革家王安石,戏剧家汤显祖,大画家朱耷,书法家胡广,教育家邹守益,科学家宋应星……

在朝纲腐败的乱政时期,江西人刚正不阿、雅洁不染、执守清廉。有"不为五斗米折腰"而躬耕故里、开创"田园诗派"的陶渊明;有"清得门如水"、忧国爱民、且数次拒召不为京官、"南宋四大家"之一的杨万里……

在外族入侵的狼烟岁月,江西人忠心报国、铁骨铮铮、气节浩然。有"人生自古谁无死,留取丹心照汗青"的民族英雄文天祥;有上疏除奸、宁"赴东海而死"也不"处小朝廷求活"、被称为历史上脖子最硬的斩奸斗士胡铨……

在治国安邦的兴世朝代,江西人克己奉公、勤政为民、鞠躬尽瘁。有政绩显著、为民办事、耿直尽忠、死后当朝皇帝为其"阙朝三日致哀"的北宋贤相刘沆;有夙夜匪懈、懈尽职守、病死任上的明朝清廉大臣严孟衡……

在中华民族浩瀚无垠的历史长空,江西的骚客名流、仁人志士,可谓群星闪烁、华光灿烂、不胜枚举! 他们用自己一生的执著和追求,为华夏文明增光添彩;他们用自己辉煌的业绩和成就,为中华文化璀璨增辉。

在收集、查阅、整理、静思、怀咏他们的生平事迹时:

一个个亲切可触的身影,在脑海铺陈开来;一张张栩栩如生的面庞,在眼前鲜活起来……

我真真切切地感受到了他们的心底深处——喜、怒、哀、乐;

也真真切切地触摸到了历史的沉凝厚重——风、雨、雷、电;

更真真切切地品嚼到了民族的坚贞顽强——精、气、魂、神!

心被无数次地震荡、情被无数次地感动、血被无数次地激昂……

因为自己才疏学浅,不能将他们丰富而精彩的人生经历,凝蕴诗中,我深感愧疚;因为自己的词穷语竭,未能将他们清正而高洁的立人气节,彰显字间,我倍感惶恐;因为自己的心俗情陋,难以将他们博大而深厚的心胸情怀,跃然纸上,我更感不安!

每当夜深人静,万籁俱寂,清风依旧;举头望星汉,穷天苍茫幽邃……

每当思集神凝,一腔痴迷,灵感而新;捉笔伏案头,心境敞阔豁亮……

斗转星移又三更,银辉默月照英魂。

贤忠孝义歌天地,正大光明泣鬼神。

傲梅坚竹存剑骨,清风浩气贯长城。

烟波渺邈五千载,碧浪翻腾逝成恒。

万卷丹青,还留古今;一江赣水,总逝浮沉。

月落日起,云淡风轻;物华天宝,人杰地灵!

记住他们吧!在他们身上——凝聚着中华民族的精、气、魂、神……

章学方 于南昌红谷滩寓所

2009 年 10 月

1.念奴娇·怀吴芮

　　战国临世,泰伯后、一代英雄侠骨。遁隐江南,怀大志、年少英姿如虎。数万精兵,随心驾驭,誓辟江山路。横出瑶里,剑挥风雨几度。

　　仁政称道番君,看刘邦项羽,谁为民舞。鼎助贤君,安社稷、闲马南山幽处。故里神游,观天门暝晦、共相朝暮。壮年辞世,竟成茶后人物。

吴芮(前241—前201年):江西鄱阳人,春秋时吴王夫差的后裔。父吴伸,任楚国大夫,谪居番邑(即鄱阳县)。秦始皇统一六国后,番邑首批置县,吴芮为第一任县令。他治政恤民,深得民心,被尊为"番君"。秦二世元年(前209),陈胜、吴广起义反秦,全国民众纷纷响应。英布率七千人投吴芮,英虽是黥面刑徒,但吴芮却并不藐视,还把女儿嫁给他,并命其率领一支以越人为主的武装,入淮与项梁军会合;另派梅鋗率水军随刘邦入武关。项羽分封诸侯时,封他为衡山王。汉朝建立后,刘邦改封其为长沙王。他功高不骄,处处谨慎,诸王皆被诛,唯其独免,且子孙五代咸袭王位。

出身名门爱点兵:据《吴氏宗谱》载,公元前473年,越王勾践灭吴,吴王夫差自杀,勾践命人斩草除根。夫差后人乃逃至今江西浮梁的

瑶里、九龙、江村等地隐匿下来。吴芮是吴姓开姓始祖泰伯的第29世孙，自小聪颖，常和爷爷爬山采药，听爷爷讲先祖泰伯及吴起的故事。年轻时，他已熟读《孙子兵法》《吴起兵法》，并把族人子弟和当年南下军士的后代组织起来，带领他们演练阵法。

统领骁勇纪严明：战国末，兵荒马乱，他组织的队伍纪律严明，在抗击流寇中，对不袭扰百姓的散兵游勇，他都给出路，因此队伍不断扩大，在他18岁时就统制兵马一万七千多人。他依母亲梅氏建议，藏兵于民，兴农兴商，故其部队给养不缺。当时浮梁无地方政权，他派出得力骨干到四乡发展，其势力范围北到安徽祁门，东到赣浙边界，南到福建，西到都昌、鄱阳。

丰羽出征辟天地：公元前207年初，风雨飘摇中的秦王朝为稳定南方，阻止北越背叛，乃封吴芮为番君。给他管理整个番地区的最高行政长官的封号，既不给财政支持也不收税。吴芮的父亲希望他爱护百姓，同时彻底解决吴越相争。他爷爷给他一张"太衍水"（古代昌江河的旧称）流域图，希望他借朝廷给予的合法身份，出去打天下。他牢记长辈嘱咐，带着队伍，告别乡亲，离开瑶里，开始了新的征途。

丈夫功业聚民心：水路进入鄱阳湖后，他靠岸建城，立为据点，这就是今日的鄱阳县。在鄱阳，他用强硬手段，清除盗匪劣徒势力，开通航运，开发渔产，推广农业，积极发展民生大计，各地民众纷纷前来投奔。清代蒋士铨有七古咏道："暴虐当时苦秦政，独有番君重民命。抚字能仁杀贼勇，汉家名将秦时令。丈夫功业立天下，生王死神宁苟且？江湖民心亦易得，在尔鄱阳后来者。"

长沙古城开盛世：由于秦二世横征暴敛，民不聊生，反秦浪潮四起。吴芮支持项羽，起用黥面刑徒（秦朝对反秦的犯人面上刺字），出兵横扫赣、湘、桂一带。仅一年时间，他在鄱阳湖流域的势力范围扩大了数倍。公元前204年，他取下长沙后，开始建设长沙城。当时北方兵荒马乱，而其辖区则相对平静，大量商家南下长沙。郦道元《水经注·湘水》中说："汉高祖五年，以封吴芮为长沙王，是城即芮所筑也。"这是关于长沙城最早、最权威的记载。

邂逅张良在洞庭：吴芮在洞庭湖结识了张良，在张劝导下，吴芮改而拥戴刘邦。项羽失败后，吴芮以吴国君王之后的身份，和韩信等人拥刘邦为帝。刘邦感其帮助，诏曰："故衡山王吴芮，从百粤之兵，佐诸侯，诛暴秦，有大功；诸侯立以为王，项羽侵夺之地，谓之番君。其以芮为长沙王。"后来韩信叛汉，使刘邦对异姓王不再信任，千方百计消灭异姓功臣。为保存实力，吴芮按张良计谋，命其五子吴元带部分家眷回到瑶里生活，并将自己部分精锐亲兵分到刘贾帐下，同时将自己的大部分领地奉还给刘邦。

湘江泛舟思瑶里：公元前201年，吴芮为庆祝自己40岁生日，与爱妻——历史上著名才女毛苹，泛舟湘江。他遥望远山，思念家乡瑶里。当听到妻吟咏"我欲与君相知，长命无绝衰，山无陵，江水为竭，冬雷震震，夏雨雪，天地合，乃敢与君绝"，他心潮澎湃，乃留言：芮归当赴天台，观天门之暝晦（死后把我送回瑶里仰天台，我已力践父辈祖先嘱托之事，可和他们一起，朝迎旭日东升，暮送夕阳西下）。是年，夫妇俩无疾而终。关于吴芮壮年而逝的原因，史书说法不一，成为历史之谜。

英骨归乡了夙情：为了却吴芮的心愿，其灵柩被后世亲近者从墓穴取出，由长沙迁葬至出生地——浮梁瑶里，秘葬于五股尖仰天台下一个岩洞深处。为防盗掘，分别在休宁、婺源、浮梁、高岭等地，修建了四处衣冠冢。吴氏宗族谱画有仰天台地貌图，注有"吴王墓在五股尖山脉"等语。

2. 七律·怀徐孺子

楮山寺里望尘喧,满腹经纶弄筝弦。
殿府征辟谈何易,陈蕃设榻论茶闲。
不支朽树屯节气,宁做农夫种瘠田。
典范修饰王勃序,谁与淡泊五千年。

南州高士徐孺子:徐孺子,名稚(97—168),字孺子,江西南昌县北沥徐村人、东汉名士、经学家。据南朝宋范晔《后汉书》记载,徐稚"家贫,常自耕稼,非其力不食"。他幼时便熟读严氏《春秋》等书;15岁时,赴丰城楮山和龙泽山智度寺,受业于经学名师唐檀门下,后又赴京师洛阳,入太学为诸生;得益于东汉名儒樊英教化,而博通"五经"、风角、算历、河洛、七纬、推步灾异等学问;再又师从黄琼,咨询大义,使他成为博学大德之士,时称"南州(江南)高士",向他求教者数以千计。他待人诚恳、谦逊,尚贤乐善,见利不争,有过不讳。其一生博学多识而淡泊名利,被人们千秋传颂为"人杰地灵之典范"。

不入仕途洁自身:徐孺子对官场专权腐败,深恶痛绝,"四察孝廉、五辟宰府、三举茂材",对公府的征辟,他都拒不受官,曾言"大树将颠,非一绳所维,何为栖栖不遑宁处?与其混迹于朋党,争斗于恶浊世道之中,不如隐居,洁身自好"。豫章郡太守陈蕃,为官清正,礼贤下士,平时不接待宾客,却唯独为他特设一坐榻,走则悬之,这就是《滕王阁序》中"徐孺下陈蕃之榻"的出典,传为千古佳话。

桃花岩洞今还在:在丰城市白土乡隐溪村的楮山东北部山间,有一个天然石洞,名叫桃花岩,深5米,宽14米,高4米左右,形状似船。岩顶有一线清泉下滴,水质清凉,长年不绝。洞外有十余株桃树,据说初时曾为徐孺子所植。每年四、五月雨季,洞外的桃花、杜鹃花及其他各种奇花异草,争奇斗艳;岩顶的水势,也陡然大增,形成一道天然水帘,正好遮住岩洞入口处。游人到此,就像走进了吴承恩笔下的花果山水帘洞,别有情趣。

石刻牌坊沐风雨:2002年底,丰城市考古人员,在隐溪村以西的杜市镇徐家村,发现一座建于清乾隆年间、纪念"南州高士"徐孺子的石刻牌坊,像此类保存完好的牌坊,全省仅此一座。该牌坊上,镶嵌着"南州世家"的石匾。如今,隐溪村的孺子祠堂里,还悬挂着一副纪念徐孺子捐资赈灾的古匾联:

隐逸之士堪羡哉,惟我祖,甘贫穷,却征聘,不侍王侯,千载高风从古仰;

轻财之人足述矣,独先公,捐粟米,赈饥荒,表厥宅里,一生大义至今存。

一字救树不用唇:东汉时,太原郭林宗,挺有学问,却很迷信。一天,11岁的徐稚,到郭家来玩,见郭正在院里指挥工匠们砍树,徐稚问:"此树冬能挡风,夏好乘凉,为何要砍之?"郭说:"院方而像口,木在口中为'困',不吉利。不砍之,办事则不顺利。"徐稚顺手拾树枝,在地上写一字,郭看后,立刻叫工匠们停止砍树。原来,徐稚在"口"中加"人",即为"囚"字。按郭之意,人住在方院中,不成了囚犯了吗？郭也觉得自己太荒唐，便不再砍树了。

故里何处总相争：古时的丰城，属豫章南昌管辖，故历代以来，关于徐孺子的故里一直争论不休。据历代修撰的《南昌府志》《南昌县志》及当代《南昌市地名志》记载，徐孺子系豫章故郡北沥村人；唐代书法家颜真卿，在《豫章北沥徐氏族谱序》中云，"今北沥徐，自西汉审言始，四传而至南州高士讳稚字孺子者"。南昌市徐孺子研究会，认定其故里为城南徐家坊，并在那里树碑《南州悬榻里徐家坊志》。清朝道光年间《丰城县志》载徐孺子"世居楮山之麓"，称其为春秋时汉中徐国国君的后代，徐国为楚国所灭，东汉时其祖父徐宣言，为避战祸，携家从浙江龙游，迁到今楮山脚下的丰城市白土乡隐溪村。楮山至今还保存有"孺子读书台"等遗迹。

黄诗虽旧情依切：东汉建宁元年（169）五月徐孺子谢世后，葬于南昌市进贤门外东潭巷铁树坡旧城壕沟边，其墓为江西省重点文物保护单位。后人为纪念这位东汉著名的高士，曾于南昌市内的青山湖畔，建徐孺子祠堂。北宋诗人黄庭坚，游学南昌期间曾拜谒徐祠，并赋诗道：

乔木幽人三亩宅，生刍一束向谁论。藤萝得意干云日，箫鼓何心进酒樽。白屋可能无孺子，黄堂不是欠陈蕃。古人冷淡今人笑，湖水年年到旧痕。

古城尽闻唤君声：徐孺子的风范品德，千百年来一直影响着无数的赣鄱子孙。现今，南昌市的孺子路、孺子公园、孺子亭、高(土)桥等，均以徐稚字号等命名，寄托了南昌人民对这位"南州高士"的怀念和敬仰。

3.蝶恋花·怀许逊

不惑为官勤断案,吏去奸欺,敞户安无乱。
妙手良方除疫患,旌阳县令黎民赞。

射鹿折弓心向善,学道博通,开派新风晥。
斗蛟斩蛇存虎胆,仙升鸡犬于天唤。

许逊得道寿命长:许逊,字敬之(239—374),江西南昌人,道教"净明宗孝"派创始人,治水名家,三国吴赤乌二年,生于南昌县益塘坡(今麻丘乡)。他5岁入学,赋性聪颖,博通经史、天文、地理、医学、阴阳五行学说,尤爱道家修炼法术。20岁举为孝廉,29岁拜修水大洞君吴猛学道。36岁时与文学家郭璞结伴,遍访名山胜地,吟诗作赋。后选择南昌西郊的道遥山(今新建西山乡)下的桐园隐居,潜心修炼,不愿出仕。晋武帝太康元年(280)42岁时,终因"朝廷屡加礼命,难以推辞",前往四川就任旌阳县令。在任10年,政绩卓著。为表彰他的功德,东晋朝廷将旌阳改为德阳。道教传说,许逊在136岁时,即东晋宁康二年(374)八月初一,"合家飞升,鸡犬悉去",世人尊奉他为"许仙"。"一人得道,鸡犬升天"的典故,源出于此。

旌阳十载名留芳：许逊任旌阳县令十年，居官清正，政绩卓著，去贪鄙，减刑法，重教化，倡仁孝，近贤远奸，使旌阳人民得以休养生息。有一年，旌阳水患，低田颗粒无收，他让农民到官府田里耕种，以工代税，使灾民获得解救；当时瘟疫流行，他用学得的药方救治，求医者日以千计。旌阳人民敬其如父母。邻县民众纷纷入迁，旌阳人户大增。当时，旌阳有民谣，"人无盗窃，吏无奸欺，我君活人，病无能为"，赞其功德。被人们称为"许旌阳"。

挂冠东归忙治水：晋元康元年（291），爆发八王之乱。许逊鉴于晋室纷乱，料知国事不可为，乃挂冠东归。启程时，送者蔽野；有的千里跟随他来到西山，聚族而居，都改姓许。他回归故里后，看到南昌一带久受洪水之患，决心为民治水。他以20年时间，踏遍南昌、进贤、丰城、鄱阳、都昌、湖口、余干、武宁、奉新、长沙等地，为人民免遭洪灾奔波，并取得显著成绩。许逊治水的故事，至今仍在江西及全国人民中广为传颂。

净明忠孝道风香：东晋大兴四年（321），他隐居南昌南郊梅仙祠旧址，创办道院，名太极观，额曰"净明真境"，立净明道派，其宗旨为"净明忠孝"，在豫章地区传播孝道。他的西山教团有上百人，骨干有12人，称"十二真君"，即许逊、吴猛、时荷、甘战、周广、陈勋、曾亨、盱烈、施岑、彭抗、黄仁览、钟离嘉。其中5人，为其家族或姻亲。他以南昌西山为中心，传教活动遍及豫章及附近地区，今湖南平江亦有他传教的遗迹。

射鹿折弩拜吴猛：其事迹正史无传，道书所载也多有不同。据道书记载，他年少时以射猎为业，一日入山，射中一母鹿，鹿胎堕地，母鹿舔其崽而死。见此情景，他怆然感悟，于是折弩而归，开始栖托西山金氏之宅修道。29岁时拜修水大洞君吴猛学道。关于他得道的说法颇多，《云笈七·许逊真人传》称：吴猛将升仙时，对儿子说："吾去后，东南方有人，姓许名逊，应来吊吾，汝当看重之，可以真符授其也。"至时，许逊果来吊，其子尊父命，将真符传于许逊。

历代王朝予表彰：许逊受到历代王朝赐匾表彰，尤其受北宋皇室的尊崇。大中祥符三年（1010），朝廷将西山游帷观升格为玉隆宫。政和二年（1112），遣内使程奇请道士，在玉隆宫建道场七昼夜，诰封许逊为"神功妙济真君"。后又仿西京崇福宫规制，在洪州西山改建玉隆万寿宫，建筑宏伟壮观，为宋代著名道观。王安石还撰写过《许旌阳祠记》。南宋时，"真君垂迹，遍于江左湖南北之境，因而为观府、为坛靖者，不可胜计"。

民间净月还膜拜：宋代民间，对许逊极为崇仰。每年仲秋"净月"，前往西山玉隆万寿宫朝拜者，扶老携幼，肩舆乘骑，肩摩于路。族孙和乡人为了纪念他，在其故宅桐园，建立许仙祠（玉隆万寿宫的前身），将他逝世之日定为升仙日。后人在他居住地西山，又建起许仙祠，在南昌铁柱宫建旌阳祠。

格言至理传华邦：许逊格言辑录——

存心不善，风水无益；父母不孝，奉神无益；兄弟不和，交友无益；行止不端，读书无益；心高气傲，博学无益；做事乖张，聪明无益；不惜元气，服药无益；时运不通，妄求无益；妄取人财，布施无益；淫恶肆欲，阴鸷无益。

进一步想，有此而少彼，补东而缺西，时刻忧愁；退一步想，良田万顷，一日止食米一升，大厦千间，一夜止眠地八尺。一升八尺，受用不久，多何用乎？计较为自身，死后何曾到手中？计较为儿孙，儿孙自有儿孙福。

4.江城子·怀陶侃

　　酷贫家境壁无钉,父亡冥,母贤明,封酢修书,从此正儿行。逆境自劳怀大志,闲运叆,待驰骋。
　　建功立业破阀门,性情真,品无尘,躬政安邦,长剑向天伸。一代传奇朝野赞,归梦断,异乡魂。

陶侃(259—334):字士行(或作士衡),江西都昌县左里乡陶家冲人。他在东晋从建立到稳定的过程中,颇有建树。初为县吏,渐至郡守;永嘉五年(311)任武昌太守;建兴元年(313)任荆州刺史;后任荆、江二州刺史,都督八州诸军事。虽出身贫寒,但却能凭自身的才华和努力,冲破门阀政治为寒门入仕设置的重重障碍,当上东晋炙手可热的荆州刺史,且颇有政绩,实属不易。《晋书》《世说新语》等书中,记载着不少有关他的遗闻逸事,关于他史家的争议也不少。他"喜文辞,行文如流",名篇有《逊位表》《祖国赋》,并著有文集二卷。都昌县人极重陶侃之人品,历代于城乡广筑庙宇以示纪念。

陶母身教育贤风:陶侃自幼家境贫寒,其父早亡,与母亲湛氏相依为命。湛氏贤如孟母,常常教导他待人要诚恳。一次,同郡举人范逵访贤遇大雪,寓宿陶侃家,当时天寒地冻,范逵的马无饲料,陶母揭开自己的床铺,将御寒的稻草剁抹喂马;又偷偷剪下自己的长发,卖给邻人,以卖发之资购买酒菜,招待客人,范逵十分感动。陶侃为官时,母亲常教他要尊民、爱民、亲民,事事以身作则,不谋私利。在水乡枞阳任县令期间,他常到鱼湖里察看渔民生产,渔民们爱戴陶县令,就送他一陶罐自家做的"鱼酢"。他

将"鱼鲊"捎给母亲,其母收到后,立即将陶罐封起来,并修书一封,责怪他说"尔为吏,以官物遗我,非为不能益吾,以增吾忧矣"。这一教导,对陶侃后来为官清廉,有很大影响。后人称这一段事为"封鲊",以称颂母贤子孝。

风雨无阻运甓翁:由范逵举荐,陶侃由县吏拜授郎中,继而又补为武冈县令。后逐渐升迁江夏、武昌太守。在任武昌太守时,曾率部随征西大将军王敦镇压杜弢起义,取胜后,任荆州刺史,镇守沌口。因王敦忌其声名,将他调至偏远的广州任刺史。广州当时受战乱影响较小,境内较为安定,事务比较清闲,他每天清早起床,把数百块砖搬到室外,傍晚又搬回室内,无论刮风下雨,还是严寒酷暑,从不间断。有人看见深感困惑,问他:"为何要这样干?"他说:"吾方致力于中原,过尔优逸,恐不堪事,故自劳尔。"他从军十余年,功名卓著;却受王敦排挤,在广州一直呆了十年。后人因此称他为"运甓翁"。

愤把赌具付江水:太宁二年(324),明帝讨伐王敦反叛得胜后,命陶侃复回荆州,加封征西大将军。回到荆州,军政诸务,极其繁杂。他"勤于吏职,远近书疏,莫不手答;笔翰如流,未尝壅滞;引接疏远,门无停客"。他平日不饮酒,不赌博,发现身边的参佐人员有聚赌取乐、饮酒误事的,即命令把酒器、赌具沉于江中。并说:"大禹圣者,乃惜寸阴,至于众人,当惜分阴,岂可逸游荒醉,生无益于世,死无闻于后,是自弃也。"

性本惜物非吝啬:有一次,他外出游览,见一人手持一束未熟的稻穗,便问:"用此何为?"那人答:"行道所见,聊取之耳!"他听了大怒"汝既不佃,而戏践人稻。"即"执而鞭之"。他身为大将军,却极其惜物。一次所部造船,他命将木屑、竹头收捡好,人皆不解其意,暗中笑其吝啬。不久,大雪方晴,庭前泥泞路滑,他令将木屑布地,往来行人称便,众人始悟。永和三年(374),新任荆州刺史桓温,率军入蜀,造船缺钉,无计可施。有人想到陶侃生前堆积如山的竹头,便以竹头削钉装船,解决了军中一大难题,众人对他无不缅怀称赞。

荆州业绩谁堪比:治荆州时,他很重视稳定社会秩序、发展农业生产。平定王敦后,荆州大饥,百姓多饿死,陶侃"至秋熟辄籴,至饥复减价粜之。士庶欢悦,咸蒙济赖"。他支持羊祜、刘弘在荆州劝课农耕,发展生产,颇得民心。他"务勤稼穑,虽戎阵武士,皆劝励之。……军民勤于农稼,家给人足"。在他治理下,"自南陵迄于白帝数千里中,路不拾遗"。此说虽有夸大,但在他驻守荆州期间,军纪严明,政务整肃,社会较安定,百姓安居乐业,当是事实。梅陶说:"陶公'机神明鉴似魏武,忠顺勤劳似孔明',陆抗诸人不能及也。"将之比作曹操、诸葛亮,确有溢美。但以他的才略,特别是当时士族居官不屑理事的风气下,他能勤于吏职,在东晋官吏中却也是极少见的。

他乡留骨阅霞红:咸和九年(334)六月,他在病中上表辞官,遣人将官印节传等送还朝廷。他在离开荆州任所前,"军资器仗牛马舟船,皆有定簿,封印仓库,自加管钥",亲交专人保管,然后才登船赴长沙,"朝野以为美谈"。途中逝于樊溪,时年76岁。遵其遗嘱,葬于长沙南二十里的地方。

5. 七律·怀陶渊明

不仕彭泽做官臣，坚脊意气远纷争。
难为五斗折腰骨，易辞七品洁自身。
岭野溪涧寻画意，田园静处觅诗魂。
俗尘看破多少事，故里归隐乐躬耕。

陶渊明（365—427）：字元亮，别号五柳先生，晚年更名潜，东晋浔阳柴桑（今江西九江）人。曾任彭泽令等职，因不满士族把持政权，对当时乱世之俗，既不能抗，又不肯适，遂辞官归隐。他长于诗文辞赋，诗大多描写农村生活及自然景色，语言质朴精练，真实感人，具有独特的田园诗风格。散文以《桃花源记》驰名，有《陶渊明集》。《晋书》卷九十四、《宋书》卷九十三有传。

志逸四海爱山丘：他出身破落仕宦家庭，曾祖父陶侃，是东晋开国元勋，官至大司马，都督八州军事，封长沙郡公；祖父陶茂、父陶逸都作过太守。其幼时，家庭衰微，八岁丧父后，与母、妹多在外祖父孟嘉家里生活，12岁时母又病逝。孟嘉是当时名士，其"行不苟合，年无夸矜，未尝有喜愠之容。好酣酒，逾多不乱；至于

忘怀得意,旁若无人",渊明的个性、修养,都很有外祖父的遗风。由于时代思潮和家庭环境的影响,他接受了儒家和道家两种不同的思想,培养了"猛志逸四海"和"性本爱丘山"的两种不同的志趣。

苍生大济愿痴求:孝武帝太元十八年,他怀着"大济苍生"的愿望,任江州祭酒。由于出身庶族,受人轻视,感到不堪吏职,遂辞职回家。隆安四年,他到荆州投桓玄门下作属吏。当桓玄伺夺东晋政权时,他不与同流,次年辞职回家。402年,桓玄举兵攻入建康,元兴二年篡夺帝位,改国号为楚,把安帝幽禁在浔阳。陶渊明高吟"寝迹衡门下,邈与世相绝。顾盼莫谁知,荆扉昼常闭",表示对桓玄的不屑。元兴三年,下邳太守刘裕联合刘毅、何无忌等,起兵讨桓平叛,他投刘裕幕下任镇军参军。当刘率伐兵东进时,他乔装潜行,冒险到达建康,把桓玄挟持安帝到江陵的始末报知刘裕,实现了他对篡权者抗争的意愿。写诗明志:"四十无闻,斯不足畏,脂我名车,策我名骥。千里虽遥,孰敢不至!"

归去来兮断仕梦:刘裕攻入建康后,"以身范物",陶渊明曾一度对他产生好感。但入幕不久,见其剪除异己,任人徇私,倍感失望。他在诗中道:"目倦山川异,心念山泽居""聊且凭化迁,终返班生庐",终辞职隐居。义熙元年(405)转入江州刺史刘敬宣部任参军;三月刘辞职后,他也随之去职。同年秋,叔父介绍他任彭泽县令;到任81天,碰到浔阳郡派遣邮至,属吏说"当束带迎之"。他叹道:"我岂能为五斗米向乡里小儿折腰",遂授印去职。《归去来兮辞》这首诗,充分表明自己与上层统治阶级决裂、不与世俗同流合污的决心。

归隐把樽醉自悠:陶渊明辞官回到故里后,过着"躬耕自资"的生活。夫人翟氏,与他志同道合,安贫乐贱,"夫耕于前,妻锄于后"。归田之初,生活尚可,"方宅十余亩,草屋八九间。榆柳荫后檐,桃李满堂前"。他爱菊,宅边遍植菊花,"采菊东篱下,悠然见南山"。他性嗜酒,饮必醉,朋友来访,无论贵贱,只要家中有酒,必与同饮。义熙四年,住地失火,迁至栗里(今星子栗里陶村),生活较为困难。如逢丰收,还可"欢会酌春酒,摘我园中蔬"。如遇灾年,则"夏日抱长饥,寒夜列被眠"。

固穷守节终不变：他的晚年生活更加贫困，有时朋友主动送钱周济他，有时他也不免上门求贷。其老友颜延之，任始安郡太守，有一次经过浔阳，盘桓数日，每天都到他家饮酒。临走时，留下两万钱，陶渊明却将其全部送到酒家寄作酒资。他辞官回乡22年，一直过着贫困的田园生活，而固穷守节的志趣，老而益坚。元嘉四年（427）九月中旬，在自己神志还清醒的时候，写了《挽歌诗》三首，其中"死去何所道,托体同山阿"，表明他对死亡看得是那样的平淡自然。

东篱菊诗闭月羞：陶渊明是中国田园诗的开创者，以纯朴自然的语言、高远拔俗的意境，为中国诗坛开辟了新天地，并直接影响到唐代田园诗派。他是汉魏南北朝800年间最杰出的诗人。陶诗今存125首，多为五言诗，从内容上可分：

一、饮酒诗：陶渊明是中国文学史上首个大量写饮酒诗的诗人。其《饮酒》20首，以"醉人"的语态，或指责上流社会的是非颠倒，或揭露世俗的腐朽黑暗，或反映仕途的险恶，或表现退出官场后怡然陶醉的心情，读来让人醉爽酣漓。

二、咏怀诗：以《杂诗》12首、《读山海经》13首为代表。《杂诗》多表现归隐后，有志难骋的苦闷，抒发了不与世俗同流合污的高洁人格；《读山海经》借吟咏《山海经》中的奇异事物，来抒发和表明自己济世志向永不熄灭。

三、田园诗：其田园诗在中国历代诗人中数量最多，成就最高。这类诗充分表现了诗人鄙夷功名利禄的高远志趣和守志不阿的高尚节操；充分表现了陶渊明对黑暗官场的极端憎恶和彻底决裂；以及对淳朴的田园生活的热爱，对劳动的认识和对劳动人民的友好感情；同时，也充分表现了诗人对理想世界的追求和向往。

6.满庭芳·怀雷次宗

　　誉满洪城,儒家风范,远离官场纷争。育人清苦,乐在教坛耕。多少甘辛旧事,品闲酒、岁近黄昏。江天里,舟帆数点,难见鹭留痕。

　　天难如己愿,还当北上,为济苍生。四学并施教,诲语深沉。常忆山间意趣,匡庐上、鸦雀声声。三更夜,星稀月皓,空照念乡人。

雷次宗(386—448):字仲伦,江西南昌市人。少时笃志好学,曾入庐山,师事名僧慧远学佛,精"三礼"、《毛诗》等经典。官府多次征他入仕,始终不就,以隐居治学为乐。直到元嘉十五年(438),宋文帝特请他至京师(今南京),于鸡笼山开设学馆,聚徒教授。宋文帝多次前往视察,并授予给事中(相当于后世顾问一类的职衔)之职,但他坚辞不就。不久,返庐山。元嘉二十五年(448),宋武帝再次召他返京,并特意为他在钟山建立"招隐馆",让他为皇太子及诸王讲《丧服经》,不久辞世于此。所著《豫章记》为江西最早地方志书之一。

清贫施教换酒钱:因才高博学,雷次宗在豫章(今南昌市)的知名度很高,遂开学馆,育人施教。其家境较为清苦,仅能勉强维持一家生计。一次,学生顾德明,奉朝廷之命,前去异地赴任,路过南昌时,给他留下两万钱。雷次宗却叫儿子把钱寄存到街上的几家酒店,记在账上,以便随时沽酒。而持理家务的小妾,为了家计,只令小儿送了半数前去,其余的添买了油、盐等家常日用物。其实,他也知道,但他向来不以钱财为意,对操理家务之事,也从不过问。

文帝盛邀入京城:宋文帝元嘉十五年秋,一日中午,雷次宗从书馆回家,见有官员在家坐候,原来是豫章郡守来访。这位郡守送其子到学馆来就学时,他曾见过。因其子太过顽劣,他只勉强留其就学了一年。郡守阔论一番贤者处世当"天下无道则隐,有道则至"之后,说要送他一些猪、羊和几百斛粳米。一向不肯轻易受人钱财的他,拱手回绝道:"这绝不敢当!我哪够称什么'贤者'呢!"郡守并不为难他,微笑道:"先生不肯受,那便罢了。"郡守敬告来意,说圣上闻先生博学,特让先生到京师去讲学。雷次宗虽是慧远大师的弟子,崇尚佛法,但慧远曾说:"适道固自教源,济俗亦为要务。"辅助现实政治,也是佛家重要内容之一。因此,他虽过53岁,但却欣然前往。

八方弟子云集处:雷次宗在京城的鸡笼山开学馆授书,因有朝廷支持,学馆很快就成气候。宋文帝喜好风雅,重视儒学文化教育,多次亲临鸡笼山学馆,到他讲学的儒学馆来视察。

四学由此分别门:雷次宗开后世分科教学之端。在雷次宗的主持下,后来朝廷又让何尚之建立玄学馆,专门研究讲授老庄之学;何承天建立史学馆,专门研究、讲授历史;谢元建立文学馆,专门研究讲授辞章。"儒、玄、史、文"由此分科,四馆并称"四学"。他提出并践行的文学脱离哲学、史学而独立成类的观点,比昭明太子萧统组织门客,于天监十七年(518)编辑的我国第一部诗文总集《昭明文选》,还要早80年。由此,可见其在学界的地位与影响。

易断荣华觅幽静:在京城师教期间,虽也能"谈文论诗、煮酒品茗",但因近朝廷,常被追名逐利、文人相轻的苦况所困。三年后,雷次宗决定辞职回乡。临行时,不少公卿专门设宴送行,朝廷还专门下诏表彰他"笃尚希古,经行明修,自绝招命,守志隐约",并授予"散骑侍郎"的名誉称号。其朋友弟子,终日守其住所,不肯离去。回南昌后,他去了庐山,在美丽幽静的山水中隐居治学。

难辞帝命再入京:不久,朝廷再次下诏请雷次宗到京师,让他为皇太子和诸王讲授《丧服经》。临行前,他到好友谢灵运的墓前拜祭,想起两人把酒吟诗,甚是快乐,如今这一别,还不知能否再回到庐山,心下感伤不已。

日讲经书招隐馆:宋武帝在钟山西岩下,为他建"招隐馆"。这期间,皇帝多次让他做官,都被他拒绝,坚持在"招隐馆"讲经书。时光流逝,他日渐思念庐山的静美,感到久居京师的厌倦,却又无可奈何。

常思慧远到三更:随着年纪的增大,他常于夜里同儿子阿肃谈慧远大师,称其是他平生最拜服的人。理由一,他写过五篇《沙门不敬王者论》,博通六经,论经时深入浅出;二,他不许架子大、常以富贵骄人的谢灵运入白莲社;三,他敢去同杀人不眨眼的贼头卢循,欢然道旧,不怕得附逆之罪的名声,没有胆量、修养、本领的人是做不到的;四,他对佛法的领悟,非一般悟佛之人所能比拟……元嘉二十五年,他患疾去世,时年63岁。其子阿肃承其业,官至豫章郡丞。

7.青玉案·怀行思

迷离扑朔禅风渡,入新境、消忧苦。不论阶级非弄斧。涅槃生死,菩提高处,法嗣堪当主。

三家宗派弘顿悟,米价如何系民福。妙语随言常引路。参禅三界,天高云淡,满目无俗物。

行思(? —741):唐代著名禅师,江西吉安人,俗姓刘,相传系汉长沙王之后裔;六祖慧能大师之法嗣,住吉安青原山静居寺,世称青原行思。他自幼出家,生性沉默,同门每次聚集论道,他皆默然自照。其禅风素以扑朔迷离著称。他在静居寺弘法数十载,为禅宗顿悟学派贡献毕生精力。其门庭之兴盛,法脉之流远,足与南岳媲美。唐开元二十八年(740)12月13日,升堂告众,跏趺而逝。唐僖宗谥其为"弘济禅师",塔曰归真。

初见六祖论阶级:武则天通天二年(697),行思闻曹溪法盛,前往参礼,拜见六祖慧能。六祖问:"汝曾作甚么来?"他道:"圣谛亦不为。"又问:"落何阶级?"他道:"圣谛尚不为,何阶级之有!"阶级就是建立在分别知见的基础上,而形成的高低不同的阶位。从空性角度看,凡高低、优劣的分别皆是妄想,非真实。只有证得了般若空性,泯灭了有无、凡圣、真俗、生死涅槃、烦恼菩提等二边分别,才能契入实相,获得大解脱。其说"圣谛尚不为,何阶级之有",即指远离二边的中道实相。六祖知其已契入佛心,堪当一方化主,对他十分器重。

受传印信化众迷:禅宗南宗时,分"怀让南岳"和"行思青原"两大法系,从中又衍化出五个宗派,合称禅宗五家。其中曹洞、云门、法眼属青原法系。曹洞宗长期流传,五代时传入朝鲜,南宋时传至日本。行思与菏泽神会、南阳慧忠、永嘉玄觉、南岳怀让,并列为六祖慧能坐下五大弟子。开元元年(713),76岁的慧能,预感人寿将终,召行思于座前,将传法的印信传给他。并嘱道:"从上衣法双行,师资递授,衣以表信,法乃印心。吾今得人,何患不信?吾受衣以来,遭此多难。况乎后代,争竞必多。衣即留镇山门,汝当分化一方,无令断绝。"得法后,他回青原山,恪守不立文字的祖训,弘扬顿悟学派,开法化众。

禅风迷离可顿悟:行思禅风,扑朔迷离。他与同门菏泽神会,在青原山有过机锋往来。《五灯会元》记载:神会来参,行思问:"甚处来?"神会道:"曹溪。"又问:"曹溪意旨如何?"神会振身而立。他曰:"犹带瓦砾在。"神会问:"和尚此间莫有真金与人么?"他曰:"设有,汝向甚么处著?"于此可见一斑。

佛法原本常无奇:有僧问:"什么是佛法大意?"此问事关佛法的根本。行思反问:"庐陵米作么价?"米价与佛法有什么关系?庐陵是产粮重地,农户靠粮为生,米价高,则生活富足;米价贱,则生活严峻。长期以来,佛教离现实生活很远,因此佛法远离民众。光靠不断积累学问及逐级提高式地修行,对凡夫来说,难以实现。对为日常生活所迫、甚至连学佛时间都没有的民众来说,佛法是什么,通俗易懂的教化是非常必要的。所以说大乘佛教是烦恼即菩提,六祖大师的禅是顿悟的,《证道歌》中"无明实性即佛性"。以耕作的普通百姓的眼光来看佛法时,佛法就是今天的米价。买卖大米的本身就是佛法。当赵州和尚面对"应该怎样说法"的提问时,答曰:"盐贵米贱。"其境界与此"庐陵米作么价"心境完全相同。

参禅无非三境界：行思提出参禅有三重境界：参禅之初，看山是山，看水是水；禅有悟时，看山不是山，看水不是水；禅中彻悟，看山还是山，看水还是水。佛家讲究入世与出世，于尘世间理会佛理之真谛。人之一生，从垂髫小儿至垂垂老者，匆匆的人生旅途中，我们也经历着人生的三重境界。

满眼童真看清溪：人生第一重界：看山是山，看水是水。涉世之初，满眼童真看世间万事万物，一切在眼里都成本原，山即山，水即水，对许多事情懵懵懂懂，却固执地相信所见即真实，相信世界是按设定的规则运转，并对这些规则有种信徒般的崇拜，最终在现实里处处碰壁，从而对现实与世界产生了怀疑。

雾里观花多迷惑：人生第二重界：看山不是山，看水不是水。红尘中有太多的诱惑，在虚伪的面具后，隐藏着太多的潜规则，看到的并不一定是真实的，一切如雾里看花，似真似幻，似真还假，山不是山，水不是水，我们在现实中很容易就会迷失方向，随之而来的是迷惑、彷徨、痛苦与挣扎，有的人就此沉沦在迷失的世界里；我们开始用心地去体会这个世界，对一切都多了一份理性与现实的思考，山不再是单纯意义上的山，水也不是单纯意义的水了。

除却浮云月还西：人生第三重界：看山还是山，看水还是水。这是一种洞察世事后的返璞归真，但非每个人都能达此境界。人生的经历积累到一定程度，不断地反省，对世事、对自己的追求，有了清晰的认识，才知"世事一场大梦，人生几度秋凉"，知道自己追求的是什么，要放弃的是什么。这时，看山还是山，看水还是水，只是这山这水，看在眼里，已有另一种内涵罢了。

8.燕莺语·怀钟绍京

　　望族门,存大气,年幼自磨砺。墨染清池,风雨更坚毅。手执妙笔扬名,榜书官殿,遍城里、尽留痕迹。

　　举兵戟,敢率官苑丁奴,奋身救社稷。盛世开元,丹青有功绩。庙堂笑对沉浮,迎风任疾,敞雅量、碧天如洗。

十大乡贤钟绍京:字可大(659—746),江西兴国县人,客家后裔,系三国魏国太傅、著名书法家钟繇的第17世孙。其先祖为湖北省境的名门望族,因躲"侯景之乱",举家南迁,在江南西道南康郡的兴国县定居。他是江南第一个宰相,江西地方志列"十大乡贤"之一,他突出的事迹有二:一是唐景龙中,他为宫苑总监,与李隆基、刘幽求等,发动了一场宫廷政变,镇压了野心家韦后,维护了唐朝的政权,为后来"开元盛世"的出现,开辟了道路。二是书法造诣很高,武则天临朝时,明堂九鼎、诸宫殿门榜都是他手书,是唐代著名书法家,尤精小楷,堪称一绝;他与世祖钟繇,在书法上并驾齐名,被世人称"书家双绝",钟繇为"大钟",绍京为"小钟"。

深山潜砺传美名:钟绍京自幼便勤奋好

学。少年时，他在离村东北十五里的山中寻得一读书胜地名东龛寺，乃在山中结茅庐为舍，读书写字。山中有一水池，他常在此洗笔，池水常年皆黑。他在山中发奋读书写字的事迹远近闻名，宰相裴行俭将他荐于当朝。后来，此地改称"读书岩"。746年2月16日，这位赣南客家历史伟人逝于长安，当朝以"忠孝通博崇祀乡贤"，准予葬其在故乡兴国县殷富岗。乾隆十三年和民国初年，曾对其墓两次重修，后年久失修，今已荡然无存。

长安举目尽墨迹：钟绍京还是唐代著名的园林艺术家。武则天改唐为周时，他在长安为司农录事，因其字写得好，唐景龙年间（707—710）专职书写，后升为苑总监，专管宫廷内外花鸟禽鱼，园林绿化。他出身卑微，全仗自己的才能进入京都长安府事职。《新唐书》载："钟绍京，虔州赣人。初为司农录事，以善书法而入'直凤阁'。此后时署诸宫殿、明堂及铭九鼎，皆其笔也。"足见他当时，成了皇宫中的大笔师，宫殿中的门榜、牌匾、楹联等，尽是他的手迹。

宫廷纵剑斩奸臣：唐中宗景龙年间，钟绍京被擢升为宫苑总监，庶理宫廷事务，由一个无名小辈，一跃成为"从三品"的大管家。当"武周政权"被颠覆后，唐中宗复位，韦皇后与武后侄儿武三思勾搭成奸，沆瀣一气，篡夺了朝政。皇太子李重俊对韦氏的胡作非为不满，与左羽林军李多祚密商诛杀武三思。不料，韦氏诡谲狡诈，不仅杀了李重俊，还将唐中宗用药毒死。在韦氏妄图像武则天那样，改换唐的国号称帝之际，睿宗李旦之三子临淄王李隆基在刘幽求、钟绍京的帮助和支持下，于晚间进入钟绍京管辖的宫苑内，绍京率户奴丁夫二百人，带着武器，配合李隆基的士兵攻入太极殿，杀掉韦后，并逮捕韦后余党，辅佐李旦即位，即睿宗。后来睿宗禅位于李隆基，年号开元，即唐玄宗。玄宗励精图治，改革武则天以来弊端。开元年间，经济文化发展到中国封建历史上的高峰，史称"开元之治"。

位列江南首宰相：历史上对平息"韦氏之乱"的"宫廷政变"持肯定态度。重新登上政治舞台的李旦，五天内连下三道圣旨，封钟绍京中书令、越国公、享一品。由于唐太宗李世民登基前，曾任中书令，故在唐代不轻易授予其他人。依照唐早期官制，中书令即为后世统称的"宰相"。旧传粤北张九龄为江南第一宰相,实为误传,张九龄出任宰相比他晚24年。准确说,在全国性政权中,长江以南出任第一宰相官职者,非钟莫属。

暮年官场却浮沉:钟绍京官宦生涯坎坷,在除掉韦氏之后,他也成了宫廷内部权力争夺的牺牲品。先是睿宗听薛稷之言,将其转为户部尚书,出为蜀州刺史,逐出京城。唐玄宗时姚崇奏言,左迁绵州刺史,坐事累贬琰州尉,尽削其阶爵及实封。直到开元十五年才再度入朝,受过钟绍京恩惠的唐玄宗李隆基看他年迈,心中感到愧疚,授太子右谕德,后转少詹事,钟绍京才得以在京城度过他的晚年。

楷书遒劲立风范:钟繇是楷书体的创立者,钟绍京继承了家学渊源,有著名的《灵飞经小楷字帖》《唐人小楷字帖》,虽然真迹极少,但极具价值。董其昌就认为:赵孟頫的楷书,是学习钟绍京小楷的,故可从赵孟頫的楷书上,看到钟绍京的楷书风范。史称其真书字画妍媚,遒劲有法。

全杖真功誉乾坤:书法界认为榜书自古为难,其难有五:一曰执笔不同,二曰运管不习,三曰立身骤变,四曰临仿难周,五曰笔豪难精。而钟绍京能在武则天朝,遍题明堂九鼎和诸宫门榜,实在难得。当时朝堂之上,擅长书法的大臣不少,他只是一员小官,其榜书要站得住,必有长处。历史记载,钟绍京家藏王羲之、王献之、褚遂良真迹至数百卷,可见转益多师,来之不易。

在钟绍京家乡的赣州府治东五里惠林院,今存他手书的"临池禅院"四字。

9.唐多令·怀綦毋潜

年少赴长安,却怀遗憾还。二十年、求仕艰难。往来门檐皆雅士,诗不断,把樽酬。

幽意纵心欢,痴情共月残。若耶溪、梦里江山。莫顾尘间多弥漫,持竿叟,胜童顽。

綦毋潜(691—756):字孝通,江西南康人。15岁时就游学京都长安,与当时诗坛名家多有交往,渐有诗名。玄宗开元八年(720),落第返乡。开元十四年,又赴京考试,进士及第,历宜寿导尉、左拾遗。开元十八年,入集贤院待制,为著作郎。其间,曾返乡省亲,路过洪州(南昌),与时任洪州都督的张九龄相见,并以诗作唱酬。开元二十一年冬,送诗友储光羲辞官归隐,受其影响,萌发了归隐之志,于当年底离长安,经洛阳,盘桓半年多,最后下定决心,弃官南返。他先在江淮一带游历,足迹几乎遍及这一带的名山胜迹。留传至今的诗也多描写风光之作。天宝初(742),他重返洛阳、长安谋求复官。天宝十一年,任左拾遗,享从八品,后为著作郎,享五品。"安史之乱"爆发后,他再度归隐,但未返故里,仍游于江淮一带。此后不知所终,享年65岁左右。

山水田园若耶溪:綦毋潜是唐代江西最有名的田园山水诗人,与李颀、王维、张九龄、储光羲、孟浩然、卢象、高适、韦应物都过从甚密。王维有《送綦毋潜落第还乡》、李颀有《送綦毋潜三谒房给事》等唱酬记载。前人对其评价较高:"盛唐时,江右诗人惟潜最著""清回拔俗处,故是摩诘一路人"。其诗语言平朴,多宣扬超然物外之禅心;善于描绘山林景色,诗风接近王维。《全唐诗》收录他的诗1卷26首,有《送宋秀才》《宿太平观》《满公房》等,内容多为与士大夫寻幽访隐的情趣,代表作《春泛若耶溪》选入《唐诗三百首》。诗中"生事且弥漫,愿为持竿叟"成为隐逸山林、垂钓江湖者的代言,流传颇广。

江湖隐逸看云移:《春泛若耶溪》:"幽意无断绝,此去随所偶。晚风吹行舟,花路入溪口。际夜转西壑,隔山望南斗。潭烟飞溶溶,林月低向后。生事且弥漫,愿为持竿叟。"是诗人归隐后的作品。

绍兴市东南的若耶溪,相传为西施浣纱处,水清如镜,照映众山倒影,窥之如画。春江花月之夜,诗人泛舟溪上,滋生出无限幽美的情趣。开篇以"幽意"二字透露了全诗的主旨,这种"幽意"支配着他的人生,不曾"断绝"。因此,他这次出游只是轻舟荡漾,任其自然,故云"此去随所偶",流露出一种随遇而安的情绪。以下写泛舟的时间和路线,描写沿岸景物:"晚风吹行舟,花路入溪口",船儿任凭习习晚风吹送,转入春花夹岸的溪口,恍如进了武陵桃源胜境,多么清幽,多么闲适!"际夜转西壑,隔山望南斗",写出游程中时间的推移和景致的转换。"际夜",是到了夜晚,说明泛舟时间之久,正是"幽意无断绝"的具体写照。"西壑",是舟行所至的另一境地,当置身新境,心旷神怡之时,抬头遥望南天斗宿,不觉已经"隔山"了。

"潭烟飞溶溶,林月低向后"二句,用淡墨描绘如画夜景。"潭烟",是溪上的水雾;"溶溶",是夜月下雾气朦腾的景状;而"飞"字,把水色的闪耀,雾气的飘流,月光的洒泻,都写活了;"林月低

向后",照应"际夜",夜深月沉,舟行向前,两岸树木伴着月亮悄悄地退向身后。诗人以春江、月夜、花路、扁舟等景物,创造了一种幽美、寂静而又迷蒙的意境。而怀着隐居"幽意"的泛舟人,置身此境中,有何感受呢?"生事且弥漫,愿为持竿叟",人生世事正如溪水上弥漫无边的烟雾,缥缈迷茫,我愿做溪边持竿而钓的隐者,抒发感慨极其自然,由夜景的清雅更觉世事的喧嚣,便自然地追慕"幽意"的人生。

萧肃跨俗入幽意:作者超然出世的思想感情,给若耶溪的景色抹上了一层孤清、幽静的色彩。因其怀着追求和满足的心情,来描写春江花月之夜,因而夜景被状写得清幽而不荒寂,整首诗也就显得"举体清秀,萧肃跨俗",体现出兴味深长的清悠意境。写法上,紧扣题目中的"泛"字,在曲折回环的扁舟行进中,对不同景物进行描写,所写的景物虽然寂静,但整体上却有动势,恍惚流动,迷蒙缥缈,呈现出隐约跳动的画面,给人以轻松畅适的感受。

孤城莫道知音稀:王维(701—761),山西永济县人,其边塞诗、山水诗都有广为流传的佳篇。他又是著名的绘画大师,苏轼说他"诗中有画,画中有诗"。王维所写《送綦毋潜落第还乡》,是一首劝慰友人落第的诗。落第还乡之人,心情自然懊丧。作为挚友,多方给予慰藉,使其觉得知音友人是极为重要的。全诗着意在这个主旨上加以烘染,有叙事、有写景、有抒情、有感慨、有勉励。写景清新,抒情柔蜜,感慨由衷,勉励挚敬,吟来令人振奋:

　　圣代无隐者,英灵尽来归。遂令东山客,不得顾采薇。
　　既至金门远,孰云吾道非。江淮度寒食,京洛缝春衣。
　　置酒长安道,同心与我违。行当浮桂棹,未几拂荆扉。
　　远树带行客,孤城当落晖。吾谋适不用,勿谓知音稀。

10.鹧鸪天·怀许和子

喉转一声九陌喧,千蝉百鸟隐羞颜。愁人听唱肝肠断,义者闻歌气血轩。

伤乱世,月难眠,流离转辗泪成咸。天涯寂处谁相共,雨打梨花别梦连。

大唐歌飞许和子:许和子,又名子和,生于开元十二年(724),系永新一乐师之女。由于家庭的熏陶,她从小喜欢唱歌,练就了一副"金嗓子",歌喉圆润,使人倾倒。唐开元二十九年(741)被选入宫廷后,她不断学习和研究乐谱,进步很快,既妙于时行歌曲,又能变新声入古调。不久,她便作为最高级别的女艺人,被选入"宜春院",以籍贯"永新"为艺名。对其歌唱艺术,唐人段安节在《乐府杂录·歌》中载:"内人有许和子者,既美且慧,善歌、能变新声。遇高秋明月,台殿清虚,喉转一声,响传九陌……"自韩娥、李延年以来,两千年间,无人能及之。明戏剧家汤显祖,赋诗赞美她:"莫向南山轻一曲,千金原是永新人。"电视剧《大唐歌飞》,主人公便是这位美丽善良、多才多艺的许和子。

古调新声鸣高枝：唐代是中国历史上经济繁荣、文学艺术辉煌灿烂的时期。玄宗李隆基，十分爱好音乐歌舞，于开元二年，设置左右教坊，掌管宫廷的俳优杂技。"宜春院"属当时宫廷教坊音乐机关，设在皇城东宫内，专由女伶组成，称为"内人"；因她们常在皇帝前演出，又叫"前头人"。这里三面临水，一面靠山，风景秀丽，女伶们在此引吭高歌，清脆悠扬的歌声飞出红墙，荡漾在京城上空。许和子生得美丽，身材又好，且聪明伶俐，虚心好学，加上那副"金嗓子"，使她很快地成为宫廷中一名优秀歌手。她善于把生动活泼的江南民歌曲调，融汇于典雅庄重的宫廷音乐中，变古调为新声，创造出一种新的歌唱艺术。

敢与李白论词调：她秉性聪慧，对音乐颇有造诣，系盛唐历史上首屈一指的女歌唱家。天宝二年春，御花园沉香亭畔，木芍花绽放，香气四溢。唐玄宗一时兴起，叫满朝文武，到沉香亭畔赏花；并叫李白前来赋新词，命许和子为新词谱新调。李白当即写了"清平侧调三章"。她吟读后说："清调、平调、侧调这三调中，只是侧调低沉暗哑，又与前两调不协和，不如将侧调删去，变三调为二调。"唐玄宗觉得有理，从此"清平侧调"就成"清平调"了。

喉转一声笛也嘶：许和子有"喉转一声，响传九陌"之誉。唐人王仁裕在《开元天宝遗事》中记载："宫妓永新者，善歌，最受明皇宠爱。每对御奏歌，则丝竹之声莫能遏。"她的歌不但音色美，且饱含情感，艺术感染力极强。玄宗十分欣赏其才华，曾对左右说"此女歌值千金"。并常把时称"天下第一"的吹笛能手李暮召来，为她伴奏；悠远的歌声，千折百回，婉转入云；竹笛每伴吹到高亢时，有将炸裂之感，足见她歌唱的音色、音量、音域，都达到了相当高的水平。

嘈杂搅乱台上戏：有一次，唐玄宗在勤政楼举行庆典宴会，命众臣和皇亲国戚都来作陪，观赏"鱼龙百戏"。当时，来看演出的，还有无数的平民百姓，勤政楼前面的露天广场上，"观者数千万众"。台上的戏开演了，可是广场上人声鼎沸，言语喧哗，嘈杂压倒了台上的歌乐。坐在楼上的皇帝、皇妃和大臣都听不清歌舞、百戏的音乐。执事官出来维持秩序，想使会场安静下来,但不奏效。唐明皇十分恼怒,准备罢宴回宫。

高歌哑场观丽姿:这时,宦官高力士,奏请玄宗,召许和子出楼演唱。获准后,许和子丽姿焕然,奉命登台,轻启朱唇,高亢清亮的歌声响彻云霄。顿时,广场寂静"若无一人",全都凝神谛听。她的歌声悠扬婉转、清脆洪亮,给人以极大的艺术享受;特别是她那富有感情的歌唱,更是深深地打动了听众的心,使"义者闻之血涌,愁者为之肠断"。歌毕,全场欢声雷动。玄宗也龙颜大悦,抚须微笑。从此,"永新善歌"之名,愈益著称于朝野,名闻九州四海。

流寓广陵历战难:天宝十四年(755),安史之乱爆发,两京(洛阳、长安)陷落,六宫星散。在避乱逃难中,许和子和一位文人结为夫妻,两人一同流寓广陵(江苏扬州)一带。不久,与她同患难的丈夫死去,其生活更加艰难。但她没有忘记用歌声来给苦难中的人民以慰藉。只有这时,歌唱家的心才和听众的心紧贴在一起。

国破凄楚痛如斯:安史之乱平定后,她与养母回到长安。昔日盛唐的辉煌不见了,到处是战争的创伤。眼见国势衰微,作为一个曾为国家歌唱的艺术家,怎能不黯然神伤?郁郁不欢的她不久便离开了人世。

人民是不会忘记自己的艺术家的。据唐人冯诩子《桂苑丛谈》记载,后人为纪念这位杰出的女歌唱家,把她唱的歌曲,编为国乐曲,取名为《永新妇》。《辞源》里说:"唐乐曲有《永新妇》,即据此(许永新)取名。"

11.虞美人·怀吴武陵

永州四载结师道,谁见青山老?初秋夜作赠君诗,句句情深似海、尽可知。

奔波朝庙平天怒,却走黄泉路。曾经多少两相怜,举酒茫然四顾、各一边。

吴武陵(?—835):初名侃,江西贵溪人。父吴缅,祖籍河南濮阳,因留恋贵溪山水,定居贵溪,曾于五面峰下"一线洞天"中读书,匾曰"潜谷",故称潜谷先生。吴武陵年轻时胸怀大志,倜傥不群,淮西吴少阳赏其才,欲罗致幕中,他婉拒。吴少阳之子吴元济叛唐时,他前去说服,晓之以理,动之以势,吴元济不悟。后来裴度讨伐,韩愈为司马,他通过韩愈屡献良策,为裴度所赏识。他于唐元和二年(807)中进士,拜翰林学士;次年,因得罪权贵李吉甫流放永州,与贬为永州司马的柳宗元相遇,"两人意气相投,同游永州山水"。他们在永州相聚长达四年。元和七年,吴武陵遇赦北还。北归长安后,主持北边盐务,太和初(828)入太学博士,太和中任韶州刺史;后遭权贵构陷,贬为潘州司户参军。他一生坎坷,无异于柳宗元。著有书

一卷,《新唐书·艺文志》载:吴武陵有书一卷,诗一卷,《全唐诗》存其诗两首。

为友终朝上下奔:复归长安后,吴武陵多次向宰相裴度陈述柳宗元的不幸,"西原蛮未平,柳州与贼犬牙,宜用武人以代宗元";并给工部侍郎孟简写信:"古称一世三十年,子厚之斥十二年,殆半世矣。霆砰电射,天怒也,不能终朝。圣人在上,安有毕世而怒人臣邪?且程、刘、二韩皆已拔拭,或处大州剧职,独子厚与猿鸟为伍,诚恐雾露所婴,则柳氏无后矣。"请求他们将宗元从边地调回,改变境遇。正当事情稍有眉目时,柳宗元却病逝于柳州,成为武陵终生遗憾。

黄昏遇陷向谁陈:主持盐务时,他痛陈时弊:"天下不治病,权不归有司也。盐铁度支,一户部郎中事,今三分其务,吏万员,财赋日蠹。"大和八年,被权贵以"脏罪狼藉"诬陷,贬为潘州司户参军。他不胜其忿,在路旁佛庙题诗:"雀儿来逐陋风高,下视鹰隼意气豪。自谓能生千里翼,黄昏依旧入蓬蒿。"在《贡院楼北新栽小松》诗中道:"拂槛爱贞容,移根自远峰。已曾经草没,终不任苔封。叶少初凌雪,鳞生欲化龙。乘春濯雨露,得地近垣墙。逐吹香微动,含烟色欲浓。时回日月照,为谢小山松。"表达他不阿附奸佞的节操,不久便郁愤而逝。

两君思想同意境:吴武陵与柳宗元交厚,在《柳宗元集》中,涉及吴武陵的诗文就有《贞符并序》《复吴子松说》《同吴武陵送杜留后诗序》《小石潭记》《答吴武陵论》《初秋夜坐赠吴武陵》《零陵赠李卿元侍御简吴武陵》等八篇。柳宗元写的《贞符》,批判"君权神授"的唯心史观,明确指出帝王"受命不于天于其人,休符不于祥于其仁"。这样的重大命题,却因受贬而"中辍"。吴武陵对柳宗元说:"此大事,不宜以辱故休缺,使圣王之典不立,无以抑诡类,拔正道,以核万代。"在其劝说下,柳终于"不胜奋激,即具为书"。两人的政治原则、学术观点、思想方法高度一致,这是他们建立深厚友谊的坚实基础。

心朗目舒赞其文:柳宗元特别欣赏吴武陵的才华,在《与杨京兆凭书》中说:"去年吴武陵来,美其齿少,才气壮健,可以兴西汉之文章。"对他作了很高的评价。这一点,在答书中说得更明显,"拘囚以来,无所发明,蒙复幽独,会足下至,然后有助我之道"。吴武陵的到来给孤独消沉的柳宗元增强了生活的信心。对他的文章,柳宗元更是推崇备至:"一观其文,心朗目舒,炯若深井之下仰视白日之正中也。"如此评价,为柳宗元对其他文友的书信中所罕见。

相知互敬兰竹韵:吴武陵对柳宗元常以"师道"称之,柳却以"仆滋不敢"谦恭回复。柳子"每为一书,足下必大光耀以明之,固又非仆之所安处也",既写出吴武陵对柳宗元的敬重与支持,又写出柳子的自谦,足见二人交情之深厚。吴武陵在读完柳宗元的《非国语》后,对其大加赞赏,柳子从中得到了巨大的鼓舞:"足下乃以为当,仆然后敢自是也。"在他的鼓励与支持下,柳子对自己的文章充满了信心。

字里行间情谊深:细品柳宗元《初秋夜坐赠吴武陵》诗:"稍稍雨侵竹,翻翻鹊惊丛。美人隔湘浦,一夕生秋风。积雾杳难极,沧波浩无穷。相思岂云远,即席莫与同。若人抱奇音,朱弦缅枯桐。清商激西颢,泛滟凌长空。自得本无作,天成谅非功。希声阒大朴,聋俗何由聪。"深为他们间的君子情谊所感动。此诗分两层:第一层为开头八句,写诗人在初秋夜坐时,对吴武陵的思念之情,充满了关切和同情。这里,诗人一方面表达了自己的忧愤痛苦,另一方面又表达了对吴武陵的惺惺相惜和深切同情。诗人由己及友,很自然地勾起了对吴武陵的思念,他们同病相怜,在初秋风雨之夜都会愁苦难当的。第二层为后八句,写诗人对吴武陵琴艺和才华的高度赞赏,为人才被埋没而深表愤慨。这里,柳宗元用辛辣的嘲讽,表达了心中无比的愤慨,为朋友,也为自己。

12. 七律·怀卢肇

钟山坐咏读书台，日落披霞志满怀。
烂记五经常借月，熟读四书且凭柴。
谁言今日村童子，且看来年国栋材。
赋词随手魁天下，洲名状元胜蓬莱。

卢肇（818—882）：字子发，唐代袁州宜春县文标乡人（今江西分宜杨桥乡），该村现有状元桥，在暮云坳还有卢肇的墓。卢肇以文翰知名，精小学，工画札，尤善拨镫法，于唐武宗会昌三年（843）状元及第，以辞赋魁天下，为江西历史上第一个状元。任咸通歙州刺史，后移镇宣、池两州，最后迁吉州刺史，并卒于任上。他虽是唐相李德裕的得意门生，但入仕后，并未介入"牛李党争"，故为人们所称道。清朝袁寿龄作《卢状元肇》赞曰："闲将逸事综前朝，赋就天河与海潮。学术能师韩吏部，功名不党李文尧。千秋介节传卢石，一代雄才夺锦标。遥望状元洲畔水，风光此日未全消。"

海潮一赋久不衰：出仕之初，鄂岳节度使卢商，征辟卢肇任从事之职。随后，江陵节度使赠太尉裴休、太原节度使赠左仆射卢简求，相继奏署他为门吏。不久，卢肇任潼关防御判官；又任仓部员外郎、充集贤殿书院直学士；后又以朝散大夫持节歙州诸军事守歙州刺史。他观日月之运，察盈虚之理，作《海潮赋》呈献朝廷，得到皇帝褒谕，并将此赋宣付史馆传之万世。他政事之余，勤于笔耕，一生著述很多，有《文标集》《屈堂龟鉴》《卢子史录》《逸史》《愈风集》《大统赋注》等共一百多卷。

勤攻万卷读书台：卢肇出身破落的书香世家，自幼颖拔不群，刻苦读书。大和五年（831），14岁的卢肇拜谒宜春县令卢萼，卢萼为他的才学而惊叹，并预测他今后必有前途。于是，卢肇更加努力，常常把自己融入大自然的怀抱之中，刻苦读书。今新余市有卢肇读书台，位于仙女湖钟山峡景区。

据《洪武图志》记载："卢肇读书台，在（分宜）县东十里，地名钟山，唐状元卢肇读书之所，故名。有龟砚石池在其旁。"钟山峡一带，森壁争霞，巨石萦云，蝉鸣鹤唳，水响猿啼，分天隔日，邈若仙境。邓廷言曾为"卢肇读书台"作诗，抒怀古幽情："钟山高高钟水绿，昔有佳人在幽谷。台荒只见草萋萋，万卷不留谁赓读。"

跃浪争先名千古：同乡黄颇也是举人，两人同在宜春读书。与卢肇家贫如洗相对，黄颇家财万贯，常召集达官贵人、社会名流来家中聚会。当时，袁州刺史成应元是个嫌贫爱富、善于见风使舵的人，当卢肇和黄颇同往京城应考时，刺史大摆筵席为黄颇饯行，把他冷落一旁。当卢肇高中状元衣锦而归时，成应元马上讨好他；端午节时，成应元设宴款待他，还陪他观看龙舟竞渡。后来，卢肇在外地做官，出席当地龙舟竞赛开幕式时，不禁想到成应元，作讽诗：

石溪久住思端午，馆驿楼前看发机。

鼙鼓动时雷隐隐，画桡翻处雪霏霏。

冲波突出人齐吼，跃浪争先鸟退飞。

向道是龙君不信，果然夺得锦标归。

苦读诗书成栋材：卢肇家贫，无钱买脂烛，常借月色薪光，夜读诗书，苦咏经典。据《袁州府志》载："（肇）为业之初，家空四壁，夜无脂烛则热薪。苏醒恨冥顽，亦尝悬刺。"其幼时颖慧拔群，曾在江心洲竖石为铭，苦读诗书。卢肇25岁时考中状元，成为江西有史以来首个状元。于是，洲以姓名，曰"卢洲"，亦名状元洲——位于宜春城区东侧，秀江中心，面积约83亩。清朝宜春举人刘长发曾写诗："一簇寒烟锁碧流，野僧乘月渡扁舟。人间莫讶无仙岛，又见蓬莱第几洲。"把"状元洲"比作"蓬莱岛"。每当夜谧风恬，泛舟河上，一轮皓月，倒影河中，明晰清秀，佳境醉人，故称"卢洲泊月"，为宜春"旧八景"之一。

卢肇书堂沐风雨：明代的列聪以重金购得此洲后，建"卢洲书屋"供子弟读书；往来其间的名人骚客、讲学贤士逐益增多。在明代的万历年间，郡官倡建"三元阁""文标阁"；阁内设香火，并住有尼姑，后毁于清道光年间的洪水。1985年，状元洲被辟为水上公园，筑有假山、水池、凉亭、牌楼等，并构建仿古建筑"卢肇读书堂"，辟"弋林斋""印月轩"，陈列部分书画作品及文物，复建书屋亭榭，使公园更具特色。

牛上横笛看花开：卢肇诗赏——

一、《喜杨舍人入翰林》："御笔亲批翰长衔，夜开金殿送瑶缄。平明玉案临宣室，已见龙光出傅岩。"二、《谪连州书春牛榜子》："阳和未解逐民忧，雪满群山对白头。不得职田饥欲死，儿侬何事打春牛。"三、《送弟》："去日家无担石储，汝须勤苦事樵渔。古人尽向尘中远，白日耕田夜读书。"四、《牧童》："谁人得似牧童心，牛上横眠秋听深。时复往来吹一曲，何愁南北不知音。"五、《嘲小儿》："贪生只爱眼前珍，不觉风光度岁频。昨日见来骑竹马，今朝早是有年人。"

13. 七律·怀易重

家居宝地九连坊,府第重桂名四方。
胆识藏胸尤自信,才学纳腹更昂扬。
出口敢言借首席,入殿夺魁还金榜。
雁序六年难言短,千古笑谈状元郎。

易重(生卒年不详):字鼎臣,江西宜春人,为江西的第二位文科状元。唐武宗会昌五年(845)乙丑科登第,最初名列第二,而张濆第一。后来举子认为取士不公。皇帝命翰林学士白敏中复试,易重得第一。官至大理评事。

有胆有识考分期:唐朝会昌年间,宜春才子很多,如卢肇、易重、黄颇、李潜、鲁受等,他们或是同窗好友,或是同榜举子,而卢肇、易重还是表兄弟。会昌二年(842)底,宜春学子准备应试,但因朝考每次录取名额有限,且只能产生一位状元,僧多粥少。易重有胆有识,非常自信,提出"方今天下大比,才聚宜春,都往比试,乃自相抗衡,不如分期应举为佳"。于是自动放弃应试,送卢肇、黄颇、李潜等人,西行长安赴考。

胸有成竹借首席:次年春闱放榜,卢肇高

中状元,李潜进士登科,两人荣归故里。袁州刺史应成元,邀官员、贤士,欢聚一堂,设宴庆贺。易重与卢肇、李潜三人相见,问长问短,格外亲切。入席就座,大家都推状元卢肇坐首席,卢肇说他这次夺魁,是易重"分期赴考"的功劳,且易重年长,是他表兄,便礼让易重坐首席。他也不客气,昂然坐于首席之上,风趣地说:"今日家乡设欢宴,首席本应状元公坐,状元公推让于我,我恭敬不如从命,就当是借了个首席,下届一定奉还。"话语一出,很多人都认为他也太骄狂了,难道自己有百分之百的把握下届一定能中状元?谁知次届春闱放榜,他果然中了状元,还了个"首席"。"借首席"的玩笑话,变成了现实,不仅当时传为美谈,而且传颂至今。

牛李党争惹猜忌:为纪念易重,宜春有一条要道叫重桂路。为何不叫易重路,而叫重桂路呢?唐会昌五年(845)春天,朝考结果,本来易重名列一甲第二,张渍名列榜首。可皇榜一出,朝野上下,议论纷纷,有的说张渍是当时主考官陈商的亲戚,有舞弊之嫌;有的说易重与当朝宰相李德裕是师生关系(因李德裕贬官宜春长史时,易重向他请教过),可能也有问题;再说上届宜春中了一个状元,一个进士,这届又中一个榜眼,一个进士(黄颇),这可能吗?在宰相李德裕的死对头牛僧孺的煽动下,许多学子纷纷上访,要求重考。

攀折重桂皇称奇:为求公平息纷争,于是皇帝会同翰林院举行复试,并亲自出题,亲自监考。经过复试检验,皇帝钦点易重为状元,并赐御笔"进士及第"匾额,此匾至今悬挂在温汤九连坊的易重纪念馆内。当皇榜再次揭晓时,他感慨万千,当即作诗一首,向家里报喜,诗题为《寄宜阳兄弟》:

六年雁序忍分离,诏下今朝遇已知。
上国风光初晓日,御街恩渥暮春时。
内廷再考称文异,圣主宣名奖意奇。
故里仙才若相问,一春攀折两重桂。

后句中"两重桂"即为一年之中两中进士,过去进士登科叫折桂。后来宜春百姓为纪念他,将一条要道取名为重桂路。宜春易姓的府第就称

"重桂第"。

铜壶滴漏独宝地：易重的故乡——宜春温汤的九连坊，是一个非常"神奇"的地方。当地百姓说：九连坊村周围有九座山峰，九条山脊，村子如坐于九朵莲花之中，又似九匹骏马奔向村里，是"九朵莲花""九马归漕"难得的风水宝地。因此，人口从来就没超过100人的一个小村子，却在两百年（800—1000）的时间里，考中过九个进士。

其实村落周围有九座山峰、九条山脊的还不少，但为什么唯独九连坊是风水宝地，出这么多才子呢？当地传闻这是因为在九座山峰之中的螺山上，有个叫"铜壶滴漏"的地方，这是风水学里所谓的"眼"。因为有了"眼"，九朵莲花、九匹骏马才是活的，才算是真正的风水宝地。

却因掉嘴风水凄：传说易氏家族兴旺的时候，因事专门请了风水先生。有一回，风水先生外出，因回来晚了，厨房没准备好他的饭菜，于是偷懒的厨子，便把准备给狗吃的饭菜端给他吃，这事恰巧被几个小孩看见了。后来，这些小孩只要看到风水先生，便叫"狗先生"。风水先生感到莫名其妙，于是问一小孩，才知道其中的原因，心中十分窝火。一天，怀恨在心的风水先生，带上锤子，来到螺山，把"铜壶滴漏"的"铜壶嘴"敲掉了，水再也不是"滴漏"了，而是哗哗地流淌着，变成了"牛婆拉尿"。

此后，小村的好风水，因为"缺眼"，也就走向衰落。明朝中后期，袁州几十年都难得出一个举人、进士，为了带动文风，激励乡里，当时的袁州知府把这个曾经连续出了九位进士的小村庄命名为"九连坊"。

14. 七律·怀钟传

旌旄影里一文侯，盛勇刚强让虎羞。
处世贵谋终有悔，为官善变始无忧。
如流俊杰投传府，浩荡仁军入抚州。
玄教高敷香鼎盛，枭雄建功乱世秋。

钟传（？—906年）：江西高安市人，年少时英姿倜傥，不事农桑，却喜欢射猎，以勇毅闻名于乡里。他早先"以负贩为生"，然后"事州为小校"，当黄巢、王仙芝率农民军扫荡各地时，江西高安民众"推传为长。乃鸠夷獠，依山为壁，至万人"，以自保一方。距高安不远的上高县，其境内有九峰山，在九峰环峙之中，有农舍若干，田畴数公顷，王仙芝率农民义军路经此地时，钟传据九峰之险筑垒，率众与义军作垂死斗争而声名远播。唐僖宗嘉封他为"江西团练使，俄拜镇南节度使、检校太保、中书令，爵颖川郡王"。他入据抚州，被任为抚州刺史；后又据洪州（南昌），为镇南军节度使，封南平王。

酒力方盛敢搏虎：《太平广记》中有钟传搏虎的故事：一日，他与亲属会饮，大醉而归。

此时已暮,途经深谷,有虎黑文青质,额毛圆白,眈眈前来。这时,钟传酒力方盛,胆气弥张,持木棒挺立而拒之。猛虎左右跳跃,他来回迎击。猛虎俯伏,他亦蹲踞。反反复复,最后与猛虎缠在一起,猛虎的前足搭住他的双肩,他两手死死抱住猛虎的颈脖。良久,相持不下。家人见他日暮未归。仗剑迎之,见其与虎仍在相捭,乃挥剑斫虎。

处世贵谋诫子书:同样醉后打虎,武松因《水浒传》而家喻户晓,钟传却籍籍无名。钟传入仕后,"悔搏猛虎",以智谋取代了匹夫之勇,更让人深思。不入庙堂,对国家政治、安邦定国、荣辱起伏、施政方略之术是很难理解与体会的。像诸葛武侯、范文正公那样,虽处江湖之远,却忧国忧民、胸怀韬略、思谋天下的大才是凤毛麟角的。由于做了地方长官,钟传的人生轨迹发生了变化,打交道的多是些头脑灵活、心思灵敏的官老爷,时间长了,他深知江湖拳脚那一套在此行不通。在官场上,大家比的不是什么横练功夫,而是审时度势、进退有度。经过数年历练,他早已把外家功夫转化为深厚内力了,杀虎狼于无形,终于登上江西节度使的高位,从一位江湖中的"打虎英雄"转变为庙堂上的"打虎英雄"了。因此,他一再告诫他的子孙们:"士处世贵智谋。"《新唐书》说钟传:"既贵,悔之,戒诸子曰:'士处世贵智谋,勿效我暴虎也。'乃画搏虎状以示子孙。"

文侯重教纳贤士:他主政江西二十余年,值得称道的是,在那个别人都忙着血腥争夺的动荡时期,他却特别重视文教,当时各州县不乡贡,"惟传岁荐士,行乡饮酒礼",以吸引士人。他在江西大力奖拔人才,吸引了许多文人才子来到江西,以求进取。据《唐摭言》载,"士不远千里走传府""岁尝不下数十辈",维护了区域思想文化的繁荣和稳定,他被人称做"文侯"。从《唐才子传》可以看到,晚唐诗人出自或来往于江西者居多,乃至推动了北宋江西的人才辈出。

孤寒之士也前来依投他,有个叫刘望的人写《献江西钟令公》诗:"负笈蓬飞别楚丘,旌旄影里谒文侯。即随社燕来朱户,忽听鸣蝉泣素秋。岁月已嗟迷进取,烟霄只望怨依投。那堪思切溪山路,家苦箪瓢泪欲流。"

用兵以善人之初:他凡出军攻城,必祷佛而行,不忍妄杀。天复元年

(901),在他兵围抚州时,城内突起大火,诸将请急攻之。他却说:"乘人之险,不可!"抚州守将闻之,谢罪听命。于是,兵不血刃,收复了抚州。虽然当时主流社会的人,骨子里都因为他不是士族出身而轻视他,但他的行为证明:他已完成了从一时暴虎的孔武之美,上升到了具有更多精神之美存在的转变。

法轩大敞佛繁盛:钟传在治理江西时,对宗教十分重视,开创了江西佛教的繁盛期。还在他微贱时,就受到高安上蓝山和尚令超禅师的器重与礼遇。中和二年,他奏请于洪州建"报国上蓝寺",迎令超禅师居住;还把上高九峰山的故宅捐辟为寺院,即现今上高名刹崇福寺。他还在上高武泉山建普济寺,宜春蟠龙山建蟠龙禅院。禅宗曹洞宗开山鼻祖良价,有"本寂""道膺"两大弟子,一居宜黄曹山,一居永修云居山。他再三派使迎请本寂,又为道膺奏请紫衣、师号。由是"法轩大敞、玄教高敷",对洞山禅系的发展起了很大的推动作用。

旌旄影里尚文殊:在唐末刀光剑影的乱世之秋,钟传,这位乱世枭雄,独能为文士们提供蟾宫折桂的丹梯,独能为禅师们提供法坛雨花的净土,也难怪会博得"旌旄影里一文侯"的美誉。

15.桂枝香·怀贯休

　　一条直气,看、大度诗僧,行意无羁。胸有渊博学问,笔锋如戟。咏吟寻对情闲逸,锐文思、纵诗鞭吏。任游天下,披星戴月,四方为驿。
　　字行云、龙飞宇际。叹、怀素含羞,亦觉难比。罗汉栩栩画里,色神诸异。十年水墨痴成路,踏来潭边笑作揖。翠峰朝拜,音容状貌,画中寻觅。

五代诗僧话贯休:俗姓姜,字德隐(832—913),江西南昌进贤县人,唐末五代初最著名的诗僧之一。七岁时投婺州兰溪(今浙江兰溪)和安寺圆贞禅师出家为童侍,故有人说他是兰溪人。小在兰溪时,读经书过目不忘,且精通其中奥义。后隐居江西怀玉山、梅岭等地,在梅岭建云堂寺。他钦慕陶渊明"采菊东篱下,悠然见南山"的雅趣,远眺蜿蜒如龙的西山,写下了《山居诗》24首。他多才多艺,落落大度,不拘小节,曾在通衢大道边走边吃果子,旁若无人。他在豫章(江西南昌)传《法华经》《大乘起信论》,"皆精奥义,讲训且勤",为郡太守王慥所钦重。王慥离职后,新任太守蒋环开洗忏戒坛,请他为监坛。公元894至897年,他云游天下。公元913年,终于所居,享寿81。

孤云野鹤无何求:一年,镇海军节度使钱镠,升任并加衔"检校太尉兼中书令",他自灵隐寺持诗往贺。诗曰:"贵逼身来不自由,几年勤苦蹈林丘。满堂花醉三千客,一剑霜寒十四州。莱子衣裳宫锦窄,谢公篇咏绮霞羞。他年名上凌烟阁,岂羡当时万户侯"。钱镠见贺诗,自然得意,但仍感意犹未足,因其不以统辖14州与得封"万户侯"为满足,想扩大地盘,成为雄踞一方的霸主。于是,便传令贯休,要他将"十四州"改为"四十州",改后见之。贯休愤然宣言:州难添,诗亦难改。孤云野鹤,何天不可飞？说罢拂袖而去。

得得而来喜风雅:贯休雅好吟诗,常与僧处默隔篱论诗,或吟寻偶对,或彼此唱和,见者无不惊异。受戒以后,他诗名日隆,远近闻名。他云游至四川时,蜀主王建为巩固在川的统治,广延四方英才,见他来蜀,甚为高兴。王建对他十分敬重,频加赏赐,并加以"龙楼待诏""明因辨果功德大师""三教玄逸大师""守两川僧大师""赐紫大沙门""禅月大师"等一系列殊荣称号,并获"食邑三千户"的政治地位。他献王建诗中的佳句"一瓶一钵垂垂老,千水千山得得来",情景贴切,属对工整,因此,他也常被称为"得得来和尚"。

一条直气荡俗忧:《唐才子传》称赞贯休"一条直气,海内无双。意度高疏,学问丛脞。天赋敏速之才,笔吐猛锐之气"。有文集40卷,当时著名诗人吴融为之序,称《西岳集》。其诗虽多为咏物、咏景或与僧俗诗友唱和之作,但常触及世事。如《酷吏词》讽荆州节镇高季兴:"吴姬唱一曲,等闲破红束。韩娥唱一曲,锦缎鲜照屋。宁和一曲两曲歌,曾使千人万人哭！不惟哭,亦白头,饥其族,所以祥风不来,和风不变。"在蜀时,他作诗讽刺贵幸:"锦衣鲜华手擎鹘,闲行气貌多轻忽。稼穑艰难总不知,五帝三皇是何物？"类似诗篇还有许多,如《富贵曲》,着力指斥贵豪"太山肉尽,东海酒竭。佳人醉唱,敲玉钗折。宁知耘田

车水翁,日日日炙背欲裂"。这些诗确有猛锐之风,非一般诗僧所能比。

字尤奇崛比怀素:贯休善于作诗,且精于书法。刘泾《书诂》将其书法与怀素、高闲、亚栖等相媲美。宋人陈思《书小史》说其"工草隶,南土皆比之怀素"。宋人《宣和书谱》与元人陶宗仪《书史会要》更赞他"作字尤奇崛,至草书益胜,崭峻之状可以想见其人……虽不可比迹智永,要自不凡"。据《宣和书谱》记载:宋御府曾收藏贯休草书7件、行书1件;至于民间,更是"世多传其本"。

罗汉梵相笑千秋:他善画罗汉像,所作水墨罗汉,大都粗眉大眼,丰颊高鼻,形象夸张,称为"梵相"。存世的《十六罗汉图》,传为其作品。宋御府收藏其画30幅(维摩像、须菩提像、高僧像、天竺高僧像、罗汉像)。宋人郭若虚《图画见闻志》记载:其罗汉画"真本在豫章西山云堂院供养。于今郡将迎祈雨,无不应验"。此说虽不可信,但反映时人对他罗汉像的印象是何等的深刻。

难出神韵潭中觅:相传,他在遂昌唐山香炉岗上造翠峰院,做了14年的当家和尚。但他一不学经书佛典,二不打坐练功,只是整天画画。十八罗汉已画好17幅,走的、卧的、笑的、愁的、怒的……生动多姿,各具神态。这天,他铺开素绢,开始绘制第十八幅罗汉像。画了一张又一张,都投香炉烧掉。所画罗汉,眉眼神情,体态风韵,在画就的17幅中都似曾相见。常上唐山采药的钟老汉,见他锁眉愁憔,两眼似洞。得知其因后笑说:"此溪源头罗汉峰,有缘法的在深潭里,会看到罗汉显身!"他随即前往,到潭边,闭目合掌祈祷,睁开双眼向潭里一瞧,见太阳照着水面,游鱼轻搅潭水,水底一和尚,方脸大眼,秃顶虬须,忽隐忽现,迷离神奇……啊!罗汉显身了!他赶紧照着水中样子,将其画了下来。

佛尘两界知缘由:他忘不了唐山14年的"艺术"生活,数年后,特派两弟子,从四川来唐山翠峰院朝拜,瞻仰十八罗汉画。当两位弟子看到第十八幅罗汉像时,急忙跪下叩首,惊讶喊道:"啊!我们师父,原来是佛国的罗汉呀!"

16.洞仙歌·怀郑谷

骑竹能赋,赞言风骚主。一字之师越千古。咏鹧鸪,伤感还恸今人;凄切切、月照天涯归路。

仕途难锦绣,屡落孙山,雨后方知庙堂苦。叹罢了尘缘,遁入芳林,读日夜、潜心幽处。看日暮西峰落霞浓,亘古逝流年,久存风骨。

奇才可琢风骚主:郑谷(848—909),字守愚,江西宜春市袁州区人,唐末著名诗人,是唐代江西诗人中成就最大的一位,其诗品、人品堪称典范。其父郑史、兄郑启,均为唐代诗人。受父兄熏陶,他"自骑竹之年,则有赋咏"。当时著名诗人、诗论家司空图"见而奇之,拊其背曰:当为一代风骚主"。唐僖宗光启三年(887)中进士,官至都官郎中。他与许棠、张乔、任涛等九位同辈人,被誉为"芳林十哲"。唐乾宁年间,他归隐故乡的仰山,过着"好句未停无暇日,旧山归老有东林"的隐居生活。一生作诗不下千首;因曾"寓居云台道舍",故称诗集为《云台编》,共分上、中、下三卷。另著有《宜阳外编》《国风正误》等书籍,有的已敬佚。《全唐诗》收入郑谷的诗歌共有325首。

诗坛堪称一字师:其诗清新婉丽,明白晓畅,讲究锻字炼词。"一字师"便是字斟句酌的结果。晚唐期间,湖南一位自号衡岳沙门的诗僧齐己,携《早梅》诗,来其隐居的宜春仰山求教。郑谷看过"前村深雪里,昨夜数枝开"后说:"数枝'非早'也,未若'一枝'佳。"齐己细思,惊叹改用"一"字之妙,深为佩服,"不觉下拜",即称郑谷为"一字师"。从此,他这个"一字师"的盛名,便在士大夫中广为传扬,有关史籍也先后载入,一直流传至今。

鹧鸪声凄成绝唱:其诗成就最高的要数写景咏物诗。其中《鹧鸪》诗,被誉为警绝,脍炙人口,风靡一时。鹧鸪鸟,羽色斑斓美丽,形如雌雉,体大似鸠;其鸣极像"行不得也哥哥",啼声凄厉,使人伤感。古人常借其啼,来抒写迁客孤寂愁苦之状,游子思乡怀亲之情。该诗以鹧鸪喻游子、迁客,选取"舜帝客死二妃殉情,屈原投江万民同悲"的湘中这个典型环境,借鹧鸪的啼声,渲染了作者凄怆悱恻、寂寞孤苦的感情,的确是千古绝唱。正因如此,人们称他为"郑鹧鸪"。诗曰:"暖戏烟芜锦翼齐,品流应得近山鸡。雨昏青草湖边过,花落黄陵庙里啼。相呼相应湘江阔,苦竹丛深春日西。"

以神韵胜吟人痴:历代骚人墨客,对其"一字师"和《鹧鸪》诗,极为推重。有诗云:"早梅一字师,齐己谢不逮","一字之师齐己拜,早梅开后独踟蹰";还有诗云:"一卷云台刚读罢,耳边疑听鹧鸪声","读书堂侧老松枯,故址荒凉唱鹧鸪"。元代辛文房赞他"尝赋鹧鸪,警绝";清代沈德潜称《鹧鸪》是"以神韵胜"。

老郎入仕知天命:在诗歌创作上,他虽光耀万代,但科举、仕途却颇为坎坷。他21岁首次参考,名落孙山。此后滞留长安、流离四川近20年,先后上十次应考,至40岁才金榜题名。中进士后,又因时局动荡,至45岁才授京兆府鄠县尉,不久提拔为右拾遗,50岁时升为尚书都官郎中(相当于司局级京官)。对此,他并不满意,常自称"老郎",意为年纪一大把了,还在任都官郎中。

斑鬓归隐不言迟:唐哀帝天佑元年(904),朱全忠逼帝迁居洛阳,烧毁长安宫。书生报国唯纤管,眼见李唐王朝气数已尽,为避免忠臣事二主的尴尬,他在宜春籍和尚虚中的劝导下,弃官返回宜春。先在化成岩下建房自居,之后到距城80里的仰山,建造读书堂隐居,至909年去世,安葬在宜春城北7里的江北岭。北宋时期,袁州太守祖无择,曾主持修缮其墓。为纪念这位著名诗人,袁州区把春台公园南面一条小巷,命名为"鹧鸪巷"。

春秋三百堪巨擘:和李白、杜甫一样,他也是仕途上的失败者;然却因此,成就了其千古流芳的诗名。正所谓"失之东隅,得之桑榆""塞翁失马,焉知非福"。历代文人评论其诗,可谓"仁、智所见",各抒不同。欧阳修在《六一诗话》中说"其诗极有意思,亦多佳句",但他直言"其格不甚高";而明代的叶涵云却推其为"有唐三百年,风雅雄一代"的重量级人物;费嘉树不仅赞他"骚坛树赤帜,群贤拜下风",而且还言其诗是与"李杜相颉颃,岂与郊岛同"的杰作;清纪晓岚主编的《四库全书总目提要》中说其"往往于风调之中,独饶思致",但"汰其肤浅,撷其菁华,固亦晚唐之巨擘矣"。

书堂一山隐春枝:今宜春仰山"栖隐寺"旁,有一道山梁,名"书堂山",在书堂山中部,离栖隐寺约一箭之地,有一块古宅遗址,这就是著名的郑谷读书堂遗址。郑谷读书堂,曾是宜春历代名胜,尤为历代骚人墨客所景仰。宋朝的范成大、辛弃疾、朱熹等,都曾到这里凭吊。故乡宜春的人民,对他一向非常尊崇,曾将他与袁京、韩愈、李德裕、卢肇、易重排在一起,称作"袁州六先生"。

17.苏幕遮·怀宋齐丘

废丁口,革田税,民贵君轻,社稷江山翠。巷里闲谈知兴废,政策依凭,冷暖民间泪。

历寒凉,心欲碎,归隐九华,宁枕清溪睡。山外依稀听犬吠,残岁难安,总有流星坠。

宋齐丘(887—959):字子篙,江西吉安县人。五代十国时,在吴国、南唐任右仆射、平章事、丞相等职。有文才,自视古今独步,书札亦自矜炫。晚年退职回家,后隐居九华山。959年春,他自缢而亡,卒年73岁。南宋著名诗人陆游,曾在乾道六年《入蜀记第三》中写道:"南唐宋子篙,辞政柄,归隐此山,号'九华先生',封'青阳公',由是九华之名益盛。"

百姓聊生需靠田:他所处的时代,华夏神州历经五代更迭、十国纷争、战火连年的动乱岁月,黎民百姓妻离子散、家破人亡。处在江淮富庶地域的吴国,也是满目疮痍,朝廷拿不出恢复生产、发展经济的良策。时任朝官的他,仍保持着庶民时那种常与朋友"议政论、聊民生"的习惯。一次在闲聊中得知:城里的店铺,虽生意萧条,但数量却与日俱增,大多是"弃

农经商"的农民开办的。顿时,他恍然大悟,这是吴国的田税"只收现钱,不收谷帛"而导致的后果。

改革田税朝臣喧:一次朝议时,他抛出田税改革方案:一是改田税收现金为缴谷帛,鼓励农民安心种田,发展生产。二是提高农产品收购价格,让农民得实惠,如将每匹绢五百文提高到一贯七百文;且不能按市价跌落时的低价结算;三是农民所交租税的实物,要按高于市场价3~4倍的标准计价抵税款,鼓励农民多交田税。群臣为之哗然,极力反对。一官员趾高气扬地指责:我们是少年苦读书,壮年入仕途,终身受俸禄,你不学无术,岂懂理政理财?更有甚者,指责他是"敌国帮凶,欲乱政纲,毁我社稷",要把他贬为庶民,驱出朝廷。

深知苛政猛于虎:时隔数日,他又在朝议时,提出废除"丁口税",在朝廷犹如丢了一颗重磅炸弹,反对的声浪胜海啸。他深知"苛政猛于虎"的含义。一次,他外出会友,遇到一个身穿破衣烂衫,站在寒风中叫卖一对儿女的老人。宋问其由,老人答道:"种田交税要现钱,家里人口多要多交丁口钱,我一生种地,现已人老病多,家里早就揭不开锅了,哪里交得起这么多钱?"面对群臣的质疑,他以理据争:"为君为臣者,首先一条是要忧国忧民,廉守忠孝节义,而目前国穷民困,赋税繁杂,国家怎能兴旺,众臣们都是三妻六妾,七子八女,谁交了丁口税?为什么百姓就一定要交?"此番话,说得大家哑口无言。

民为邦本铸丰年:事后,他反反复复向皇上宣传"民为邦本"的古训:要树立"君轻民贵"的观念;王者以民为天,民以食为天;水能载舟,也能覆舟,只有百姓富裕,国家才能强大……在其劝谏下,吴国断然采纳其建议,并作为"劝农之上策",颁布全国实施。老百姓种田的积极性高涨,开荒种地,复垦荒地,栽桑养蚕,丰衣足食。不到十年,呈现了"旷土尽辟,桑拓满野"的繁荣景象,使弱小的南唐,很快成为十国中的强国富邦。

辅佐景通任宰相:他为何能成为吴国宰相?唐末时,杨行密割据淮南,后封吴王,建都扬州。905年其死后,子杨渥继位。908年,权臣徐温杀杨渥,立杨隆演,徐温执掌军政大权,吴国逐渐扩地。这年,徐温任升州(今南京)

刺史,使其养子徐知诰治理升州。徐知诰选用谦吏宋齐丘为其谋主。918年,徐知诰管理国政。920年,杨隆演死,立其弟杨溥。927年,徐温死后,徐知诰拥杨溥称帝,自任都督中外诸军事,成为吴国唯一的势力。931年,徐出镇金陵,执掌吴国大权,使其子徐景通,留扬州管国政,任宋齐丘为吴宰相,辅助徐景通。

五鬼当道出尘烟:宋齐丘又为何最终在九华山"筑室而居"呢?这要追溯到南唐的历史了。937年,徐知诰废吴帝杨溥,自称皇帝(唐烈祖),国号唐,建都金陵。唐烈祖改姓名为李昪,其子徐景通改姓名为李璟。943年,唐烈祖中毒而亡,李璟(唐元宗)即位,他信任被唐人称为"五鬼"的陈觉、冯延巳、冯延鲁、查文徽、魏岑等五个邪佞之人,因而政局发生了变化。

归隐九华辞政柄:961年,李璟死,子李煜(唐后主)继位。975年,宋军入金陵,俘李煜,南唐亡。在南唐时期,宋齐丘几度被贬。官场中的冷暖,统治者的随心所欲,终于使他"辞政柄",在九华广胜山小钓鱼台北筑室而居,"归隐此山",与山水自然为伴,号"九华先生",李璟曾封其为"青阳公"。

迟暮含恨夕阳边:后来,他在唐主的威逼下,含恨自缢于九华山。他选择这一形式,以示对丑恶现实的抗议和谴责。联系其经历与志向,便可理解其这种夕阳迟暮的悲哀。他死后,九华山上的僧民,按其生前之意,将他在此山的故居,改为"广胜寺"。其坟墓,筑于九华山东麓的中心山下。他在九华山中留下的"征贤寺""沉机石"等故迹,为世世代代的人们所瞻仰。

18. 天仙子·怀董源

　　南派山水称画祖,景物粲然怡养目。真山水墨韵江南,烟绕树,显幽路,远景秋岚皆胜处。

　　神秘千年《溪岸图》,蜿蜒涟溪凝山谷。笛声出画入心来,凭眺父,抱儿母,一派悠悠仙界赋。

董源(？—约962):字叔达,又称董元,五代南唐画家,江西进贤人,自称"江南人",南唐时期"钟陵八大画家"之一,南派山水画的开山鼻祖。因其在南唐时任北苑副使,故又称"董北苑"。他善山水,兼工龙、牛、虎和人物。五代至北宋初年,是中国山水画的成熟阶段,形成了不同风格,后人概括为"北派"与"南派"两支。董源的《潇湘图》,被画史视为南派山水的开山之作,现藏北京故宫博物院;《夏山图》卷,藏上海博物馆;《夏景山口待渡图》卷,藏辽宁省博物馆;现存世作品还有《潇湘》《龙宿郊民》及《洞天山堂》二轴等。

　　为仕清闲管茶园:五代十国之一的南唐,拥有大片的御用茶场和园林,由董源掌管,是为北苑副使。江南层层丘陵上,碧绿茂盛的茶树、水气迷蒙的烟云……这独秀的江南质朴之美,滋养了这位山水画家,他用水墨专写江南真山,开创了被今人称为"江南水墨山水画派",具有划时代的意义。保大年间,李璟在宫中设立翰林图画院,他常奉旨与画院画家们合作。保大五年元日大雪,李璟召群臣登楼摆宴赋诗,他和肖像画家高冲古、仕女画家周文矩、界画家朱澄和花鸟画家徐崇嗣等,合绘纪实性大作《赏雪图》,画中的雪竹寒林由董源主绘。

南北水墨竞翩跹:由于封建统治政权的武装割据,强化了水墨山水画的地区性特点,并带有地质构造上的不同特性。继承唐代的五代水墨山水画,按北、南两路分道扬镳,形成两大画派。在北方,有后梁的山水画家荆浩。董源开辟的江南水墨山水画派,是与荆浩对峙的一大流派。这是以地域划分的画派,也是画史上最早的山水画流派,标志着山水画在艺术上的进一步成熟。

两重山水皆放纵:董源的山水多画丛树繁密、丘陵起伏、云雾显晦、溪桥渔浦的江南景色,"平淡天真,唐无此品"。米芾盛赞其山水曰:"峰峦出没,云雾显晦,不装巧趣,皆得天真。"五代《画鉴》记载:"董源山水有二种:一样水墨,疏林远树,平远幽深,山石作披麻皴;一样着色,皴文甚少,用色浓古,人物多用红青衣,人面亦有粉素者。二种皆佳作也。"北宋沈括《梦溪笔谈》:"董源善画,龙工秋岚远景,多写江南真山,不为奇峭之笔",又称"其用笔甚草草,近视之几不类物象,远观则景物粲然"。他擅画水墨及淡着色山水,喜用皴笔表现山峦;也有设色浓重之作,山石皴纹甚少,景物富丽,放纵活泼。

一代宗师尽芳妍:董源所创造的水墨山水画新格法,当时得到巨然和尚的追随,后世遂以"董巨"并称。在宋代,米芾、沈括十分欣赏"董巨"画派,而一般论者,对董巨的评价并不高。到了元代,取法"董巨"的风气渐开。汤垕认为:唐画山水至宋始备,董源又在诸公之上。元末四家和明代的吴门派,更奉董源为典范。明末"南北宗"论者,虽在理论上尊王维为"南宗画祖",但实际上却是在祖述董源。元代黄公望说:"作山水者必以董为师法,如吟诗之学杜也。"清代王鉴说:"画之有董巨,如书之有钟王,舍此则为外道。"董源在后世有如此深远的影响,在中国山水画史上是罕见的。

他与李成、范宽并称北宋初年的"三大家";又与荆浩、巨然、关仝并称五代、北宋间"四大山水画家"。

古画真伪各执见:《溪岸图》是否为董源所作,上世纪末曾引起一场国际大争论。20世纪30年代,徐悲鸿声称觅得了古画《溪岸图》,不多时他将画割爱给了张大千,张大千随身把玩三十年后,又转让给了身居海外的收藏家王季千。然而,由于两个大画家的曾经收藏,给此图笼罩上一层神秘的色彩。上世纪末,王季千也垂老九旬,纽约大都会博物馆,在购藏这幅古画之前,特举办了一场有关此图是否董源真迹的国际学术研讨会,群英荟萃,众说纷纭。结果是悬疑频出,有人甚至提出要重新修改中国绘画史。三种意见:一是认定为董源真迹,并以此否定一切现定为董源的作品;二是以为未必,但至少是北宋作品;三则直指为张大千伪作。但毕竟时隔千年,举证艰难,无可确论。

溪岸引君遁尘烟:《溪岸图》为绢本,图绘隐士的山居生活:两山谷间,溪水蜿蜒而下,汇成波纹涟漪的溪池。池岸竹篱茅屋,后院女仆在劳作,篱门前有牧童骑牛,小道上有农夫赶路,一亭榭伸入水中,高士倚栏而坐,举目眺望,神态悠闲,其夫人抱儿与仆女嬉戏于旁,一派平淡自然、其乐融融的生活情景。屋后山腰有悬泉拾级而下,至山脚汇集于溪池。水流及涌波以细线勾画,一丝不苟,犹是唐人风范。山石以淡墨勾、皴,层层渲染,很少加点;而用浓墨染山石之交接处以醒出结构。中国山水画十分注重山势的脉络,但这样的山体带有强烈的动态的,却不多见,只在明代沈周的《庐山高图》中,依稀看到似此的山势。

19.蝶恋花·怀乐史

两代一门五进士。教子良方,千古难寻似。
名震抚南唯乐氏,儒风流远垂青史。
宏富名篇传后世。方志传奇,道尽人间事。
《绿珠》《太真》双艳紫,《太平寰宇》成旗帜。

乐史(930—1007):字子正,号月池,北宋传奇作家、地理学家、方志学家,江西崇仁县三山乡人。他出生于衣冠之第,其高祖乐朋贵,为唐僖宗中和年间的鳌头大学士,太子少保。他本为南唐后主李煜时进士,同榜者仅五人。齐王李景达镇守临川时,召其掌管文书奏札,授秘书郎。宋朝建立后,为平原主簿;太平兴国五年(980),以见任官复登甲科,是隋唐开科举以来,抚州地区第一位进士。他仕宦60余年,先后任过著作郎、太常博士、水部员外郎及舒州、商州等地的地方官。卒于景德四年,年78,被追赠为兵部侍郎。

家门四子尽栋梁:无论政务如何繁忙,他总是耐心教诲儿孙读书写字、学诗为文,勉励他们做一个对国家有用的人。三个儿子在北宋淳化年间"一榜三中",均登进士。长子乐黄

裳,中榜后始任湖南节度推官,升朝散大夫,太常博士。次子乐黄中,中榜后授华亭令,辞不赴。三子乐黄目,中榜后出任度支,曾出使契丹,归后任陕西转运使。四子乐黄庭,咸平元年(998)进士,官至太常博士。乐史父子两代5人登进士,3人为太常博士,可谓文风流远,功名显赫。金溪进士辜彦卿,在《抚南宗谱序》中说"吾郡四大姓,乐氏为首系"。

著作宏富久流香:乐史学识渊博,从政之余,勤于著述,著作宏富,宋真宗尽取其所著书,藏于秘府。乐史共著书20余种,1018卷;其中传奇、小说很多,有《贡举事》《登科记》《题解》《唐登科文选》《广孝传》《总仙记》《广卓异记》《诸仙传》等200余卷,多叙科第、孝悌、神仙诸事。《杨太真外传》《绿珠传》等,都是古代小说的优秀篇章,历经千年而不失其光彩,广泛流传至今。同乡后学王安石称赞他"文辞博赡,材器恢宏"。《全唐文》辑其散文2篇,《宋诗纪事》及旧时地方志有其诗8首。

太平寰宇堪巨著:太平兴国年间(976—983),乐史撰成巨著《太平寰宇记》,是为其一生中影响最大的地理著作,全书200卷,约130余万字,是继唐代《元和郡县志》以后,又一部采撷繁复的地理总志。阅览此书,可以收到"不下堂而知五土,不出户而观万邦"的效果。该书对全国各州县的山川形胜、历史沿革、风俗、物产、人物和艺文等,都有详细的记载。尤其是对当时的土产和唐、宋两代户口、人口发展作了详细的记述,为后世研究地区经济,提供了宝贵的资料。该书在编纂体例上,除继承正史地理志和古地志的传统外,还恢复了"人物"在地志中的地位,增加了风俗、姓氏、艺文、土产、四夷等项内容,还列出了后晋割让给契丹的燕云十六州的地名,对后人研究历史地理、社会、经济、文化均具有重要的参考价值。他开了撰修地方志书的先河,其体例、篇目均为后来志书所沿用。该书一出,人们争相阅读,不断被翻刻印行,并传入日本等国。

杨妃外传恸肝肠:乐史根据唐大历以后的野史笔记,如《开元天宝遗事》《安禄山事迹》等以及白居易《长恨歌》等记述,加以排比润色,写就《杨太真外传》。从杨妃出身,写到明皇对她的宠爱;又写杨氏一门权倾天下,骄奢淫逸;继写禄山之乱,明皇奔蜀,杨妃被迫自缢;末写明皇感物伤情,及至含恨而死。小说指出造成此悲剧的原因,是明皇"绝逆耳之言,恣行燕乐"。最后作者说:"今为外传,非徒拾杨妃之故事,且惩祸阶而已。"小说情节繁富,写得波澜起伏,对人物和细节的刻画比较真切感人。宋以后据《杨太真外传》而衍为诸宫调、杂剧、传奇的亦复不少,如元王伯成的《天宝遗事》、白朴的《唐明皇秋夜梧桐雨》、明雪蓑渔隐的《沉香亭》、清初洪升的《长生殿传奇》等。

妙笔还写绿珠传:乐史还依据《语林》《世说新语》等记载,创作了《绿珠传》,记述绿珠因感石崇恩情,坠楼自杀的故事。绿珠美艳多姿,善歌舞吹笛,石崇用三斛珍珠购得,深受宠爱。石崇以昭君远嫁史事,为她谱写新曲,作《懊恼曲》相赠。后孙秀强索绿珠,石崇不允,竟遭屠戮,她坠楼殉情。小说在赞颂她的贞节之后,插叙六出、王进贤、窈娘等殉节故事。作品指出石崇败亡,是因他长期存心不义,动辄杀人的缘故。最后作者说:"今为此传,非徒述美丽,窒祸源,且欲惩戒辜恩背义之类也。"鲁迅认为"绿珠太真二传本,荟萃稗史成文,则又参以舆地志语;篇末垂诫,亦如唐人,而增其严冷,则宋人积习如是也"。

乐史后裔遍华邦:他78岁病卒,葬于原籍青云乡六都官山村,即今崇仁县三山乡官山村前凤凰窠,距县城9.6公里,冢高1.4米。该县三山乡上乐村、中乐村、下乐村村民,湖北武穴市、应山县、黄石市、大冶市、咸宁市通山县,陕西安康市、西安市、旬阳县、柞水县、平利县,河南息县,江西宜黄县、东乡县……乐史的后裔遍及全国。

20. 西江月·怀夏竦

水赋六千挥洒,满篇难觅童心。溪流燕尾句行云,千古风骚神韵。

宦海自如游刃,党争冷眼旁观。救民水火度艰难,青州桥飞两岸。

九江德安有子乔:夏竦(985—1051),字子乔,江西九江德安县车桥镇长庆村人,北宋大臣,古文字学家、文学家。养父夏承皓无子,一日捡到一男婴,"锦绷文褓,插金钗二支",即是夏竦。夏竦资性聪敏好学,自经史、百家、阴阳、律历,外至佛老之书,无不通晓,为文章典雅藻丽。著有文集百卷,《文庄集》36卷等,收入《四库全书》。官至参知政事、同中书门下平章事、枢密使,封英国公、进郑国公,一度曾被任命为宰相。仁宗皇祐三年(1051),奉诏监修黄河堤决,躬冒淫雨,患疾归京师,农历九月薨,赠太师、中书令,谥文庄。

师看水赋言可雕:年少时,夏竦写诗作赋,非常敏捷。他11岁时,养父让其拜进士姚铉为师。一天,姚铉让他写作练习:题为"水",体裁为"赋",字数一万。不多久,他高兴地将洋洋三千字的习作,交给老师。姚铉脸露怒色,让其扩展范围再写。当姚铉看过达六千字的《水赋》时。高兴道:"可教矣。"

渡口一诗无人比:宋真宗咸平四年,夏承皓监通州(今江苏南通)狼山盐场,17岁的他,随父在狼山,作《渡口》诗:"渡口人稀黯翠烟,登临犹喜夕阳天。残云右倚维扬树,远水南回建邺船。山引乱猿啼古寺,电驱甘雨过闲田。季鹰死后无归客,江上鲈鱼不值钱。"北宋王辟之说:此后题诗无过之。

佳句提胆敢自豪:景德元年(1004),契丹入侵中原,夏承皓率宋兵抄近路,前往抗击,在与契丹军的遭遇战中,夏承皓战死。朝廷抚恤家属,赏他为"三班差使"的小武官。一天,夏竦拿着自作诗集,等候在宰相李沆退朝回家的路上。见李沆来,即躬身拜于马前献诗,李沆读到诗中的"山势蜂腰断,溪流燕尾分"很赞赏,继阅,全卷皆好诗句。第二天上朝,李沆将其诗集呈给宋真宗看,并说其父死家贫,请给夏竦换个文职,真宗就任命夏竦为镇江丹阳县主簿。

戴冠即显宰相器:夏竦在当时就很有诗名,为人看重。江休复说:"夏少年作诗,语意惊人,有'野花无主傍人行'之句。"宋真宗景德年间,他20出头,应试贤良方正科,对策廷下,刚出殿门,翰林侍读学士杨徽之,上前对其说:"老夫它则不知,唯喜吟咏,愿丐贤良一篇,以卜他日之志。"并掏出吴绫手巾,摊展在他面前,他乘兴题诗一首:"帘内衮衣明日月,殿前旌旆动龙蛇。纵横落笔三千字,独对丹墀日未斜。"杨徽之一看,点头称赞道:"真宰相器也!"

开廪放粮民灾消:宋真宗天禧三年,夏竦调任知襄州(湖北襄樊)。这一年襄州发生大饥荒,百姓流亡。他打开公廪,向灾民放粮;同时,又劝说全州的富人拿出余粟,共募集到十余万斛,用来赈救灾民。在他积极努力下,全襄州度过饥荒达46万余人。巡按使姜遵,将其事迹上书皇帝,皇帝赐书褒谕。后来民众感其恩惠,将皇帝所赐诏书刻成石碑,永志不忘。

施政得力除巫患:夏竦任知洪州时,"洪俗尚鬼,多巫觋惑民"。了解情况后,他加以取缔,将洪州巫师1900余户,勒令改归农业及攻习针灸方脉,收缴到的神像、符箓、神仗、魂巾、魄帽、钟、角、刀、笏、沙罗等11000余件,全部焚毁,并上疏要求下令严禁,以革妖风。1023年11月,仁宗见其奏疏后,下诏"更立重法,自江浙以南悉禁绝之"。

青州架起彩虹桥:景祐元年(1034),夏竦调知青州(山东益都)兼安抚使时,支持守城的卒子,修建青州"南阳桥",造就了我国第一座木结构虹桥。为防水患,几经筹措,垒巨石固河两岸,用数十根大木相贯,无柱,架为飞桥,由梁柱式木桥,改为结构独特的无柱单拱木桥,状如彩虹,故曰"虹桥"。青州虹桥建成后,引起了极大的轰动。被大多数科学家认定为我国最早出现的虹桥。

咏物暗讽权奸术:《东轩笔录》中,记载了夏竦一首精彩的咏物诗。权臣丁谓、王钦若,结党营私。他们投真宗皇帝所好,耗巨财兴建道观。玉清昭应宫落成后,丁谓得意,大宴同僚,请杂技表演助兴,并要他赋诗纪述。他即席吟出:"舞拂跳珠复吐丸,遮藏巧使百千般。主人端坐无由见,却被旁人冷眼看。"用艺人耍弄把戏的高超技艺,喻指丁谓耍弄政治手段极之高明。"主人"暗喻皇帝,由于皇帝"端坐"上方,没有发现丁谓这一套,但是"旁人",却用"冷眼"看得一清二楚。丁谓一听,知道夏竦是在讽刺他,气得脸都白了。

是非正邪有贬褒:《宋史》中说:"竦材术过人,急于进取,喜交结,任数术,倾侧反复,世以为奸邪",且豪奢,"积家财累钜万,自奉尤侈,畜声伎甚众"。他还嫉贤妒能,曾进言促仁宗贬谪范仲淹等贤臣。尽管如此,其功绩还是主要的。他死后,时任宰相的宋庠,写挽词以表哀悼,对其之死感到十分的悲痛,并对他的才学、功绩作了很高的评价。

21.踏莎行·怀晏殊

　　洒墨轻歌,闲情无醉,常描月下梧桐泪。流光溢彩笔生辉,吟词更惹蝉声脆。
　　朝庙亨通,行端不媚,举才锐目识才辈。谁来帐下论名贤,同叔抚髯摘金桂。

北宋名人晏元献:晏殊(991—1055),字同叔,北宋临川县文港乡(今属江西南昌进贤)人。14岁时,即以神童入试。赐同进士出身后,命为秘书省正字,迁太常寺奉礼郎、光禄寺丞、尚书户部员外郎、太子舍人、翰林学士、左庶子;仁宗即位,迁右谏议大夫兼侍读学士,加给事中,进礼部侍郎,拜枢密使、参知政事加尚书左丞;庆历中,官至集贤殿学士、同平章事兼枢密使、礼部刑部尚书、观文殿大学士知永兴军、兵部尚书,封临淄公,谥号元献,世称晏元献。他历任要职,特别重视识别和吸引人才,如范仲淹、富弼、欧阳修、韩琦等,都出自他门下。《宋史》卷三一一有传。

词坛耆宿誉满天:晏殊一生富贵优裕,所作多吟成于舞榭歌台、花前月下,而笔调闲婉,理致深蕴,音律谐适,词语雅丽,以词著于文

坛,尤擅小令,多表现诗酒生活和悠闲情致,语言婉丽,颇受南唐冯延巳的影响。晏词造语工奇巧浓丽、音韵和谐、风流蕴藉、温润秀洁。原有集,已散佚,仅存《珠玉词》,有130余首及清人所辑《晏元献遗文》。其代表作为《浣溪沙》《蝶恋花》《踏莎行》《破阵子》《鹊踏枝》等。他亦工诗善文,原有诗文240卷,现存不多,大都以典雅华丽见长。

寺里听诗结诗友:一次,晏殊路过扬州,在城里走累了,便进大明寺休息。见墙上有不少题诗,挺感兴趣,便就椅而坐。让随从给他念墙上的诗,可不许念出题诗人的名字和身份。听了一会,他觉得有一首诗,写得挺不错,问"哪位写的"。随从答:"写诗的人叫王琪。"他命人去找王琪。王琪来后,晏殊跟他一聊,挺谈得来,就高兴地请王琪吃饭。

花落燕归上下全:饭毕,他们一块到后花园散步。时值晚春,满地落花。一阵小风吹过,花瓣随风飘舞,好看极了。晏殊触动了心事,不由得对王琪说"我每想出好句,就写在墙上,再琢磨下句。可有个句子,想了好几年,也没琢磨出个好下句。"王即问其句,晏念道:"无可奈何花落去。"王琪听后说:"您看对'似曾相识燕归来'可否?"其意是天气转暖,燕子又从南方飞回来了,这些燕子好像去年见过面。晏殊一听,拍手叫好,连声说:"妙,妙,太妙了!"

千古名句出巧遇:王琪下句对得确实好,跟上句一样,说的都是春天景色。拿"燕归来"对"花落去",又工整又巧妙。用"似曾相识"对"无可奈何",恰到好处。且音调正好平仄相对,念起来非常和谐好听,成了千古名句!

难舍二度依旧鲜:晏殊对这两句非常喜欢,词《浣溪沙》中有:"一曲新词酒一杯,去年天气旧亭台。夕阳西下几时回。无可奈何花落去,似曾相识燕归来。小园香径独徘徊。"这首词,写的是在花园饮酒,看到满地落花,心里十分伤感。全词情景交融,艺术性很强。

晏殊太喜欢这两句了,后来他在一首七言律诗里,又用了这两句。这在我国古代诗词作品里,是不多见的。

志趣相合能聚首:天圣五年(1027),晏殊因上书触怒了太后,被贬到应天当太守。他听说在家居丧的范仲淹很有才学,便信邀范过府畅谈,范欣然前往。范打量着风流儒雅、举止潇洒的年轻太守,敬慕之情由然而生。入客厅,墙上挂着南唐著名画家顾闳中的代表作《韩熙载夜宴图》,引起范的注意。

"范兄,您看此画如何?""好啊!"范指点着说:"这画卷构图宏伟,线条流畅,人物生动,形神兼备,妙趣横生,真不愧是名家手笔!"

晏笑说:"是呀!自古以来都是天才识人杰,名人赞名人呀!"

巧言善激范仲淹:他想在应天府创办一所官学,为国家培养人才。酒过三巡,便言请范出来主办学府,范连连摇头谢绝。他早有所料,片刻,又慢慢说:"十年前,有一位学者,读书时曾说:'士当先天下而后个人。'此话讲得多好啊!不知讲此话的学者,现在如何?"范一听,脸刷地红了,浑身火烧火燎的。呆愣了半天,才支吾着说:"太守大人,关于兴办学府的事,容我好好想想吧。"

回到家里,范仲淹心里很矛盾:去办学府吧,居丧期间是不能出来供职的;不去吧,自己又早说过"士当先天下而后个人"的话。父亲谢世后,自己陷入了个人小圈子里,这与自己讲过的话是相违背的;再说晏太守那么挚意相邀,并当面提醒自己不要自食其言,难道自己能因居丧,而忘掉天下之忧吗?

第二天,天还没亮,范仲淹就迈着坚定步伐走向了太守府。

22.南歌子·怀陈执中

　　权重风节正,职高品气清。不谋私利坦胸襟,何惧谗言蜚语更坚行。
　　久沐南国雨,苍梧月色明。长诗一首慰别情,吟咏声声悦耳溢温馨。

皇祐宰相陈执中:字昭誉(990—1059),名相陈恕之子,江西南昌人。因受父荫,在朝廷任校正书籍的官,后升警卫、司礼等。咸平六年(1003),他出任梧州知州,后知江宁府。宝元元年(1038),同知枢密院事。庆历元年(1041)出知青州,改永兴军;四年,召拜参知政事;五年,同平章事兼枢密使。皇祐元年(1049)出知陈州;五年,再入相。至和二年(1055),充镇海军节度使。嘉祐四年卒,年70,谥恭。《宋史》卷二八五有传。

上书立嗣言由衷:他在任梧州知州时,写下《复古要道》三篇,向真宗皇帝上书进言。此时,真宗年事高,身有病,身边大臣,都不敢进言劝他退位。他这三篇进言,劝皇帝立太子继位,以定天下大计。皇帝以其直言,榜示朝臣,很快采纳,立了皇太子。大概出于这次上书,他才调回京师。回京后,在朝廷换了多次官职,又被派往河南、陕西等地任职,直到晚年,才回朝廷任宰相。

官职绝非箧中物:陈执中在宋仁宗时任宰相,虽为"身居宝马三公位",权倾朝野;但他从不以官高自恃,更不以权谋私,而是处处严于律己,勤于政务,决不允许以私害公。他反对"一人得道,鸡犬升天"。一次,其女婿找他,想为自己安排个好差使,遭到他的拒绝。他说:"官,国也,非卧房笼箧中物,婿安得有之?"意为:官职是国家的,并不是个人居室抽匣中的东西,可以随便取用。你虽是我的女婿,但也不能把官职作为私人财物那样轻易拿取呀!

仁宗垂青知其忠:因他一直以为官清廉而自重,故深得仁宗皇帝的器重。对此,有些人心怀不满,攻击他呆板固执,不是当宰相的料。但他不改初衷,处人办事,一如既往。一个谏官对仁宗说:"陛下之所以看重陈执中,是因他曾在先皇面前,请求立陛下为太子?其实,他不说,太子也是非陛下莫属,他有何功可称道?"仁宗道:"并非此故。其为相,坚持以国家为重,从不以权谋一己之利,从不做欺骗瞒哄之事,吾故信之。"谏官听皇上这么说,无言以对。

江畔剑定南越国:陈执中任梧州知州16年,才调回朝廷。梧州为广西东大门,地处两广边界。秦亡汉兴之际,河北人赵佗,趁陈胜、吴广起义之乱反秦,割据南方,即今两广及越南、福建、湖南、贵州境内部分地区,自立为南越国,建都于广州番禺。命同宗人赵光,到梧州据守,立其为苍梧王。南越国传了五代君主,统治93年。直到公元前111年,汉武帝平定南越国后,在南方设置了包括苍梧在内的9个郡。之后,梧州一直成为各历史朝代的地方政权建制之地。

苍梧题诗赞语丰:临近离开梧州时,陈执中题写了《题苍梧郡》,作为对梧州的留念,这也是他在梧州任上16年中,写下的唯一一首诗作:

莫讶南方景物疏,为君聊且话苍梧。地倾二面城池壮,水迸三江气色粗。山蓄火光因政出,石藏牛影为仙呼。官厅传自唐丞相,民颂思从汉大夫。龙母庙灵神鬼集,鳄鱼池近介鳞趋。朝台望尽悲歧路,冰井窥频爽发肤。

鲙美不堪全用鲤,果珍何忍命为奴。云归上国名终远,郡带诸藩势未孤。
铜鼓声浮翻霹雳,桄榔林静露真珠。溪平花槛饶桃李,疆压莺歌尽鹧鸪。
三足告祥文上载,独峰为盛事原无。封疆自觉隋时广,饮食从分过岭殊。
行伍戢威遵下武,儿童知学乐从儒。风轻别墅来渔唱,人到闲坊恋酒垆。
服尚鲜华几两蜀,市相交易类全吴。营稀贤帅遍栽柳,扇慕良规各制蒲。
春笋门栏多列戟,雪从弦管舞双奴。只因谈笑评风俗,僭用诗谣和袴襦。
万里无媒休促蹙,数年从宦弄斯须。却忧别后牵吟想,欲写幽奇入画图。

古城史迹蕴深厚:作者把梧州古老的历史和传说写在诗中,旨在颂扬梧州江山史迹的久远和深厚。诗的开头,以两句议论起笔后,介绍梧州的地理状况。接着,写到梧州古八景中"火山夕焰"和"金牛仙渡"的史事传说。"官厅传自唐丞相",则指唐代武德五年,苍梧郡地,辟为梧州府。"民颂"句言汉代苍梧郡太守陈临,治郡施以德政的故事。"龙母庙""鳄鱼池""朝台""冰井"句,都含有梧州的相关史迹旧事。

寻遍华夏谁比同:全首诗把古代梧州的物产、传说、史迹、风光、饮食、衣着、文化、信仰、生活习俗、社会世态等等,都概括在诗句中。如果把每一句诗包含的史事破译出来,可以构成一部长篇地方史志。诗人在结束这首诗时说,自己数年在梧州从宦,只好超越自己做官的职守,以歌谣的形式,描绘出梧州的画图,作为离别之后怀念的记忆,鲜明地道出了诗人对梧州的深厚感情。

23.破阵子·怀刘沆

满耳姚牛故事,庙堂纵语横眉。胆气贯天如鼎立,长笔挥豪寒色威,铮铮硬脊椎。

只叹仁宗耳软,初衷夕改心回。徙走陈州独郁寂,壮志夭酬落叶飞,阙朝天下悲。

刘沆（995—1060）：字冲之,号庐山,江西永新县埠前乡庙背村人,天圣八年（1030）进士及第,名列第二。唐以后,吉州经济迅速崛起,人才涌现,他是吉州的首位宰相。他在宋仁宗时,任参知政事（副宰相）、同中书门下平章事（宰相）共7年。据《宋史·刘沆传》、周必大《祁后隆堂本末》记载：他为人刚正,为官清廉,为民做主,深得民心,政绩显著,其中最显著的是抑强、排难、救弊、正时、荐贤、兴修水利等,以"长于吏事"著称。

两相曾居后隆山：刘沆出生在一个紫雾萦绕的美丽山村,祖父刘景洪、父刘素,都是当地有名望的人。他家村北的后隆山,曾居住过唐代两位名宰相：一是"救时宰相"姚崇（650—721）,另一位是牛僧孺（779—847）。小时候,他常听父老讲姚、牛的故事,心里非常崇敬他们,聪明洞（姚崇寓居的地方）、读书堂（牛僧孺建）,便是他经常游玩的地方。

时来为相有何难：庆历三年,陕西连年饥荒,张海、郭邈山等在商山起义,战火蔓延。朝廷上,刘沆不同意宰相出动禁军镇压的意见,并极言利害得失。宰相不高兴,说："须舍人作相自行之。"刘沆回答："宰相岂有常哉！时来则为之耳！"皇祐三年（1051）春,他由工部侍郎,升任参知政事（副宰相）。任职后,他积极参与国事决策,对政事有所救正。至和元年（1054）八月,他进拜同

中书门下平章事（宰相）、集贤殿大学士，终于成了一名真正的宰相。

推行三举革陈弊：当时中书省任官，多近臣举荐，出任宰相后，他向皇帝进言指出其三弊：一、近臣保荐，多出私门，互以交易，以致不能选贤任能；二、任人唯亲，造成"当入川广，乃求近地；当入近地，又求在京"，边远贫困之地无人愿去；三、在升迁奖罚上，"执法者不能持法"，以致赏罚不明。他恳请皇帝，能革除这用人上的弊端，使真正有才德的人，能进入政府部门中来。仁宗接受了他的奏请，诏令照此施行。

唯务进贤权近寒：刘沆奉诏，实行"三举"，革除"三弊"。一、举荐贤才。他以国家利益为重，大举贤才。当时欧阳修被谗，出守同州（今陕西澄城县），他奏请皇帝，将其留在史馆修书；后又荐其担任翰林学士。欧阳修不负众望，与宋祁等人同心协力，终于编修成了一部高水平的《新唐书》。刘沆引富弼共政，勉其大展经纶，使富弼感激不尽。刘沆罢相后，富弼写了一封信给他，"每辱公勉以尽瘁"，弼终身感其恩德。周必大读了此信，无不感慨："观富公书词如此，则公平日荐进可知。其在相位，惟务进贤"。二、强化中央集权。三、深入观察权近的功过是非，"权近者，无不畏之"。

族亲所过诚致歉：在他任丞相执政的时候，故乡家族中，有人逃避拖欠国家赋税达几十万钱；但他并不知道。当地官员一连好几任，都因是刘丞相家族,而不敢过问。在程珦任庐陵县尉时,负责征收赋税,程珦把逃避拖欠赋税的刘沆族人,逮捕入牢,责令他们把所欠赋税全部缴清才能释放。有人告之刘沆,他说:"赋税不及时上缴,原是我家犯了法,怎么可以叫地方官徇情而不照国家法令办事呢?"就写信给程珦,真诚地向他道歉。

孤掌难鸣只影单:其正直无私的品格,不畏权势的斗争精神,既使人敬仰,又使人畏惧。也正是这种刚正性格,得罪了那些侥幸谋官者与既得利益者,于是群起而攻。中丞张升上书17条弹劾他。仁宗本性温厚,便一改初衷,取消革新。他受到内外夹击,孤掌难鸣,便称病求罢。嘉祐元年(1056)底,以观文殿大学士、工部尚书知应天府,再后迁刑部尚书,徙陈州(今河南省淮阳),郁郁难甘,于嘉祐五年(1060)2月28日,卒于陈州治所,享年66岁。

立朝无党对天地:刘沆逝世,仁宗十分悲痛,阙朝三日志哀,举国悼之,并亲为墓碑篆写"思贤之碑"四个大字,还为其写挽诗:"早富经纶业,终成辅弼功。立朝无党势,为国尽公忠。此日悲遗直,谁人嗣匪躬?深嗟亡一鉴,何以慰予衷!"对其一生作了很高的评价。一代文宗欧阳修,写了两首挽诗,抒发对其怀念之情。其五律:"南国邻乡邑,东都并隽游。赐袍联唱第,命相见封侯。念昔趋黄门,相看笑白头。盛衰同俯仰,旌旐送山丘。"

选吟数首难尽酬:《聪明泉》——"乂山山下有灵泉,泉号聪明自古传。四百年中三出相,不才何幸继前贤。"《送乡人尹鉴登第归》——"少年相款老相逢,乡举虽同遇不同。我已位尘三事后,君方名列五科中。荣登莫计名高下,宦达须由善始终。若到乡关人见问,为言归思满秋风。"《小孤山》——"擎天有八柱,一柱此焉存。石耸千寻势,波留四面痕。江湖中作镇,风浪里盘根。平地安然者,饶他五岳尊。"

24. 摸鱼儿·怀欧阳修

　　幼清寒、奈居篱下,学之初划荻草。登门求借藏羞色,读万卷常临晓。凝远眺,看雁去、苍茫天际长风浩。试刀朝庙,借韩愈文风、卷席金榜,万岭腊梅笑。

　　菱荷色,月下无瑕益皓,迎狂风斗其啸。六一立世谁堪比,尤任后人来表。君莫道,半壶酒、醉翁亭里挥毫妙。躬揖归老,于墨里耕耘,忘食废寝,不在水中钓。

庐陵吉水欧阳修:字永叔(1007—1072),号醉翁,晚年又号六一居士,谥号文忠,北宋时期政治家、文学家,江西吉水县人。仁宗天圣八年(1030)进士,曾任枢密副使,参知政事。早年支持"庆历新政";熙宁变法时,曾指陈青苗法之弊。在文学上主张"文以明道、致用",反对宋初追求浮靡的文风,并积极培养后进,苏洵、苏轼、苏辙、曾巩、王安石等,皆出自他门下,因而成为北宋古文运动的领袖。其散文说理畅达,抒情委婉,为"唐宋八大家"之一。诗风与散文近似,流畅自然。曾与宋祁合修《新唐诗》,又独撰《新五代史》。有《欧阳文忠集》。《宋史》卷三一九有传。

荻草划地不言愁:欧阳修出身于低级官吏家庭,幼时家贫,四岁父亡,母携其到随州依靠叔父生活。因家穷,买不起纸笔,其母就用荻草杆划地，教他认字。在母亲的教育下，他爱上了书本。十岁时，常到附近藏书多的人家去借书读，并常作抄录。一次，他在李姓家借书时，从废纸篓里发现一本旧书，是唐代文学家韩愈的文集，就向主人要来细细阅读。他觉得韩愈的散文，文笔流畅，说理透彻，就认真琢磨，学习韩愈文风。长大以后，他到东京参加进士考试，连考三场，都得到第一名。

支持新政屡遭贬：天圣八年为进士，次年任洛阳留守推官，景祐元年（1034），召试学士院，授任宣德郎，充馆阁校勘。景祐三年，范仲淹推行改革新政，触动了权臣的个人利益，遭到不少朝官的极力反对。欧阳修不顾权臣的压力，竭力替范仲淹辩护，被贬为宜昌县令。康定元年（1040）被召回京，复任馆阁校勘，后知谏院。庆历五年，又因支持范仲淹等人推行"庆历新政"，被贬为滁州太守。后知扬州、颖州（今安徽阜阳）等。

慧识俊贤为国谋：1054年八月欧阳修奉诏入京，与宋祁同修《新唐书》。1057年，他以翰林学士身份，主持进士考试，录取了苏轼、苏辙、曾巩等人，这对北宋文风的转变很有影响。嘉祐五年（1060），拜枢密副使，次年任参知政事，后相继任刑部尚书等职。因被蒋之奇等诬谤，多次辞职，都未允准。熙宁三年，知蔡州（今河南汝南县）。熙宁四年（1071）六月，他以太子少师的身份辞职。

诗文革新举旗手：欧阳修是北宋诗文革新运动的领袖，文学成就以散文最高，影响也最大，是唐宋八大家之一。他继承了韩愈古文运动"文从字顺"的精神，大力提倡简而有法和流畅自然的文风，反对浮靡雕琢和怪僻晦涩；并以造诣很高的创作实绩，起了示范作用。他一生写了500余篇散文，《朋党论》《与高司谏书》《醉翁亭记》《丰乐亭记》《泷冈阡表》等，都是历代传咏的佳作。他还开了宋代笔记文创作的先声，有《归田录》《笔说》等文章，不拘一格，写得生动活泼，富有情趣，并常能描摹细节，刻画人物。

六一居士远俗流：熙宁三年知蔡州时，自号"六一居士"。有客问："六一，何谓也？"他说："吾家藏书一万卷，集录三代以来金石遗文一千卷，有琴一张，有棋一局，而常置酒一壶。"客曰："是为五一尔，奈何？"他说："以吾一翁，老于此五物之间，是岂不为六一乎？"1072年闰七月二十三日，在颍州家中,留下一万卷藏书、一千卷集古录、一张琴、一局棋和一壶酒,溘然长逝。苏轼评价其文时说:"论大道似韩愈,论事似陆贽,记事似司马迁,诗赋似李白。"

词赋诗话皆溢彩:欧阳修的赋也很有特色,如《秋声赋》运用各种比喻,把无形的秋声描摹得生动形象。此赋变唐代以来的"律体"为"散体",对于赋的发展具有开拓意义。其词作善于以清新疏淡的笔触写景,如"堤上游人逐画船,拍堤春水四垂天。绿杨楼外出秋千"等,都是写景的佳句。其诗歌创作,艺术上主要受韩愈影响,如《凌溪大石》《石篆》等,多数作品学习韩愈"以文为诗",说理过多,缺乏生动的形象。其诗论《梅圣俞诗集序》,对当时和后世诗歌创作产生过很大的影响。他的《六一诗话》,是中国文学史上第一部诗话,以随便亲切的漫谈方式评叙诗歌,成为一种论诗的新形式。

师尊天下笑千秋:他大力倡导诗文革新运动,改革形式主义文风和诗风,成绩显著,在中国文学史上有重要的地位。欧阳修在宋代的地位有似于唐代的韩愈,苏轼评他"天下翕然师尊之"。他荐拔和指导了王安石、曾巩、苏洵、苏轼、苏辙等散文家,对他们的散文创作发生过很大的影响。其中,苏轼最出色地继承和发展了他所开创的一代文风。

25.七律·怀曾巩

子固童时好习文,清新率朴气韵深。
师从永叔文藏锐,友结安石诗蕴魂。
务政廉明亲百姓,为官正派对君臣。
司马韩愈风骨在,剑笔刚直向天伸。

南丰先生文不华:曾巩(1019—1083),字子固,江西南丰县人,北宋文学家,"唐宋八大家"之一。少时善于为文,受到欧阳修的重视,世人称之为"南丰先生"。宋嘉祐二年(1057),39岁考取进士后,被任命为太平州司法参军,踏上了仕途。翌年,奉召回京,编校史馆书籍,迁馆阁校勘、集贤校理,越州通判。熙宁二年(1069),先后在齐、襄、洪、福、明、亳等州任知州,颇有政声。元丰三年(1080),徙知沧州,路过京师,神宗召见时,他提出节约为理财之要,颇得神宗赏识,留三班院供事。元丰四年,神宗以其精于史学,委任史馆修撰。元丰五年,拜中书舍人。次年卒于江宁府,理宗时追谥"文定"。他是诗人和散文家,七绝近于王安石的风格;散文平易朴实,简洁流利,追司马迁、韩愈文风。有《元丰类稿》《续元丰类稿》

《外集》等著作传世。

散文卓然成一家：曾巩的散文创作,成就非常高。他是北宋诗文革新运动的积极参加者。他师承司马迁、韩愈和欧阳修,主张"文以明道",把欧阳修的"事信、言文"观点推广到史传文学和碑铭文字上。《宋史》本传说他："立言于欧阳修、王安石间,纡徐而不烦,简奥而不晦,卓然自成一家。"他的议论性散文,剖析微言,阐明疑义,卓然自立,分析辩难,不露锋芒,真是运剑老到、炉火纯青。如《唐论》,可与欧阳修的《朋党论》相媲美。王安石曾赞叹说："曾子文章世稀有,水之江汉星之斗。"苏轼对他也是倍加赞赏,写诗说："醉翁门下士,杂从难为贤。曾子独超轶,孤芳陋群妍。"

应用文章辟新路：曾巩作为唐宋古文八大家之一,有《元丰类稿》和《隆平集》等文集传世。从传世文集来看,其兴趣主要在于史传、策论一类的应用文,风格迥异,别开天地。他在《辞中书舍人状》中,论述应用文的历史发展时,以大量详尽的史料,细致准确的分析,断定应用文起源于尧舜时代。他对有关应用文的理论所进行的研究和总结,对现代应用文的发展具有一定的指导意义。

行诗妙趣难见瑕：曾巩也擅长写诗,有400余首传世。其诗或雄浑瑰伟,或委婉超逸,无不含义深刻,妙趣横生。《迫租》描绘了"今岁九夏旱,赤日万里灼""计虽卖强壮,势不旭弱"的惨状,发出"暴吏体宜除,浮费义可削"的呼声,与王安石《兼并》诗,有异曲同工之妙。其诗作,格调超逸,字句清新,但有些也存在宋诗言文言理的通病,又为其文名所掩,故不甚为人们所注意。

不借东风谋官位：曾巩是在嘉祐二年（1057）,欧阳修知贡举时考中进士的。在此之前,他不但认识当时位高权重的欧阳修前辈,结交了王安石,并还同当代其他几个重要的人物,如杜衍、范仲淹等,都有书信来往,建立了君子之交的友谊。不过,他从不利用这种关系,来为自己为官求仕拉关系、走捷径；他所写书信,不同于寻常的"干谒",不是请求荐引。

他在《上杜相公书》中说："今也过阁下之门,又当阁下释衮冕而归,非干名蹈利者所趋走之日,故敢道其所以然,而并书杂文一编,以为进拜之资。蒙赐之一览焉,则其愿得矣。"此信写于杜衍、范仲淹等被黜离职之后。于此时写信并投献文章,正好说明他的为人和政治态度,政治上同杜衍、范仲淹一致,绝不趋炎附势。但对有真才实学的贤士仁人,他却极力为他们广为举荐,如向欧阳修竭力举荐王安石等。

编校史书开艳花:他整理古籍、编校史书,也很有成就。《战国策》《说苑》《列女传》《李太白集》和《陈书》等,都曾经过他的校勘。《战国策》和《说苑》两书,正是由于他的访求采录,才免于散失。他每校一书,必撰序文,借以"辨章学术,考镜源流"。他好藏书,珍藏古籍达20000多册;收集篆刻500卷,名为《金石录》。他还培养了一批名儒,陈师道、王无咎、曾肇和曾布等,均受业于他。

书岩墨池当年月:读书岩位于江西南丰县琴城南门、盱水河畔的半山腰处,曾巩幼年,时常到此背咏诗书,有时带着干粮,早起暮归,可谓披霞戴月,十分勤奋用功。读书岩深丈许,高八尺,宽丈余,天然石室,内有石桌、石凳和小洞,岩前有一块石台,宽阔平坦,石台之上建有亭阁。石壁上镌刻着朱熹手书的"书岩"二字;池边上的石碑上,刻着朱熹"墨池"两字的手迹。读书岩前,景色秀丽、壮观,树掩亭台,红绿相间,盱水西来,倒影如画,美不胜收。

还博今人由衷夸:为纪念这位著名的诗文大家,1983年值曾巩逝世900周年之际,由南丰县政府出资,在读书岩旁,兴建"曾巩纪念馆";大书法家舒同书写的"读书岩"金饰横匾,悬挂于正中。在江西南昌市,有以他的字号命名的"子固路",以表达家乡人民对他的深切怀念。

26. 七律·怀王安石

胸怀胆气惊朝政,跃马改革怒剑横。
立志新法抗天变,怡情古墨铸诗文。
丢官罢相逢二度,矫世更俗上万言。
越浪穿险归山水,列宁赞誉第一人。

贱术纵工难自献：王安石（1021—1086），字介甫,号半山,江西临川人,北宋著名政治家、文学家。庆历进士,曾任地方知县十多年。青年时代就抱有欲大济天下的政治理想和"贱术纵工难自献,心忧天下独君王"的炽热情怀。仁宗嘉祐三年,上万言书,尽表矫世变俗之志向。熙宁二年（1069）为神宗擢用,任参知政事,次年升宰相,主持变法。在熙宁七年和九年两度罢相,后退居江宁（南京）,封荆国公,世称王荆公。有《临川集》。《宋史》卷三二七有传。

力行新法不畏艰：1067年,宋神宗不顾众臣反对,破格提拔王安石任"同中书门下平章事",位同宰相。王安石大力实施新法,包括理财、整顿军备、加强社会治安、选拔政治人才等。因新法触动了大地主、大商人、高利贷者之利益,遭到他们的强烈反对。他正气凛然:"天变不足畏,祖宗不足法,人言不足恤。"新法断续地推行了八年,收效显著,使北宋政局一度好转。但因司马光等人反对,变法受阻。1086年4月,当闻知新法被全部废止时,他十分惊愕、痛心。不久,这位被列宁称为"中国十一世纪的改革家",忧病而死,终年66岁。

立言行文应有物:王安石少时好读书,至青年时代,文学修养达到很高水平。此后,在轰轰烈烈的政治生涯里,并未放弃文学上的抱负,其文学成就同样卓然一世,成为诗文革新运动的中坚。为实现政治理想,他把文学创作和政治活动密切联系起来,强调文学的作用,首先在于为社会服务,"以适用为本";反对西昆派杨亿、刘筠等人空泛的靡弱文风,强调"为文要言之有物"。其作品多揭露时弊、反映社会矛盾,具有浓厚的政治色彩。

修身治国品高贤:"修身、齐家、治国平天下",凡能在治国上作出卓著成绩的伟人,首先应"修身自好,节操清正"。在王安石身上,体现出了这种杰出政治家的优良品质。他一生以简朴为尚,虽身居高官,却一身清廉;他为人刚正,宁折不弯,从不屈附流俗,更不为权势所左右;他的学识、节操受到士大夫包括政敌们的普遍称赏,被誉为不溺于财利酒色,视富贵如浮云的"一世之伟人"(黄庭坚语)。正因具备了高尚的德操和人格精神,他才能在政治改革事业中,始终坚持正确立场,矫世变俗,毫不妥协,表现出改革家特有的大无畏精神。

常将锐笔对时政:王安石为"唐宋八大家"之一,其散文,雄健简练,奇崛峭拔。作品大都是书、表、记、序等体式的论说文,阐述政治见解与主张,为变法革新服务。这些文章针对时政或社会问题,观点鲜明,分析深刻,独具风格。长篇洋洋洒洒、体大思精、横铺力沉,如《上仁宗皇帝言事书》,全面分析北宋内外交困的政治形势,陈述了完整的变法主张,被梁启超推许为"秦汉以后第一大文"。短篇则纡折缜密、刚劲犀利、味而不薄,如《答司马谏议书》,仅以数百字,针对司马光指责新法为侵官、生事、征利、拒谏四事,严加剖驳,言简意赅,措词得体,足现他刚毅果断的政治家风度,以及为文"只下一二语,便可扫却他人数大段"的特色,对推动变法和巩固诗文革新运动的成果起了积极的作用。

文坛佳话传千年：宋代古文三大家——欧阳修、曾巩、王安石之间，都有比较密切的关系。曾巩早年科举失利，其文章却得到欧阳修的赏识，曾巩入欧阳修门下，对他一生的创作产生了深刻影响。曾巩与安石相识，还在这之前，18岁的曾巩首次赴京赶考时，与16岁的安石邂逅，两人一见如故，彼此倾慕对方的才华，结下深厚友谊。曾虽科场不遂，却极力向欧阳修推荐王安石，欧阳修也赏识王安石的才华，对他极力荐拔，为其后登上高位奠定了一定的基础。通过曾巩的穿针引线，三位古文大家终得结识，这一段因缘，亦传为佳话。

多种文体皆老到：其小品文，脍炙人口，如《鲦说》《读孟尝君传》《伤仲永》等，评价人物，笔力劲健，文风峭刻，富有感情色彩，给人以豁之新觉。他还有一部分山水游记散文，如《城陂院兴造记》，简洁明快，酷似柳宗元；《游褒禅山记》，亦记游，亦说理，结合得紧密自然，既使抽象的道理生动、形象，又使具体的记事增加思想深度，布局灵活并又曲折多变，千百年来为世人传诵。

荆公诗体创新篇：王安石是宋代第一流的大诗人，其诗独树一帜，被称为"王荆公体"。其诗歌创作不仅数量大，现存有1500首，而且艺术水准高，很有特色。王安石的诗歌创作大致可以罢相（1076）划界而分为前、后期。前期诗歌，长于说理，倾向鲜明，涉及许多重大而尖锐的社会问题，替下层人民发出了不平之声。后期的隐居生活，带来了诗歌创作上的变化。他流连、陶醉于山水田园中，大量的写景诗、咏物诗取代了前期政治诗的位置，抒发一种闲恬的情趣，但艺术表现上却臻于圆熟，"雅丽精绝，脱去流俗，每讽味之，便沉沆瀣生牙颊间"。

27.定风波·怀李常

兄弟攻读五老峰,修身养性志相同。墨落纸声和夜雨,无语,痴迷岁月任匆匆。

万卷山房情半辈,心醉,时时梦里沐清风。辗转异乡常挂念,归雁,梢头斜月照酣翁。

白石山房话李常：李常,字公择(1027—1090),是唐吴王李恪的第17代孙,江西永修县磨刀李村人,是世界第一个私人图书馆"白石山房"的创建者、世界第一部会计专著《元祐会计录》的作者。少年时,在庐山白石僧舍读书。兄李莘、弟李布,都比较有名。他曾经担任上护军、陇西郡侯、吏部尚书、户部尚书,是苏轼的挚友,哲宗元祐四年(1089),因改任其为兵部尚书,他坚辞不任,后改邓州知府;元祐五年,贬成都知府,赴任路过陕西乡县时,于二月初二暴病卒,时年64岁。著有文集《奏议》六十卷、《诗传》十卷、《元祐会计录》三十卷,在《宋史本传》中有传于世。

宗诲只因避祸伤：据宋朝魏国公苏颂《龙图阁直学士知成都府李公墓志铭》中载,李常父李东,因父以子贵,被封为金紫光禄大夫。李

常的祖辈，上推分别是：李东、李产、李知籍……李道、李景圭……李恪、李世民。苏颂在《李公墓志铭》中，使用"宗诲"一词，即"隐姓埋名、隐晦祖宗的辉煌身世"。据清雍正九年《道公夫妇合葬墓志》载："磨刀始祖讳道，字少贤……上谓道曰，鄙语云：绝于山头冻死雀，何不飞去？朕今漂泊，未知落何所，语罢泪泣沾襟，公遂晦名。……得以乱平免祸……"印证了李道，当时不得已才"隐姓埋名"。

修水双玉号二李：李常在朝历官三司使、中丞、户部尚书等职，颇有政绩，以文章政事闻名当时。苏东坡常与之唱和，有《李氏山房》诗曰："何人修水上，种此一双玉。"是指他与弟李布。李布博学俊才、头脑聪明灵活，与李常齐名，时号"二李"。其兄李莘亦博学能文，但名场不及二李。他还有两个姐姐：一是文城君，嫁本地进士洪瑄，生进士洪民师，民师娶黄庭坚长妹黄氏，生洪朋、洪刍、洪炎、洪羽，皆名诗人；二是安康郡君，是黄庭坚、黄大临的母亲。姐妹俩能诗善画，以墨竹为佳，故山谷有《题姨母李夫人墨竹》诗。江西诗派创始人黄庭坚云："长我教我，实惟舅氏。"

抄书万卷建书房：李常兄弟三人年少时，在庐山五老峰下的白石僧舍（又叫白石庵、白石山房、李氏山房、公择山房、白石书院等）读书，藏书万卷。白石僧舍，山巅有白云洞，洞中有大石如床。悬瀑直上数百尺，其出白云池，在白石前宝陀岩上，有南唐元宗皇帝李璟的题刻"御驾亲至"四大字。这里山壑重岗，茂林修竹，背靠五老峰，面向鄱阳湖，林泉隐趣，是个读书修身养性的好地方。李常最为勤奋，自己抄书供读，累计达万卷之多，他学而不倦，还激励兄弟二人。他于仁宗皇祐元年（1049）中进士。将藏书9 000卷捐献，成立庐山史上第一座民间图书馆。

在世为政庵常念：李常为官时，虽说政务繁忙，但时常挂念白石庵，时而寄钱、寄物、寄书给庵僧端老。其诗云："烦师为扫山中石，待请归时欲醉眠。"并请好友苏轼写下《李氏山房藏书记》，其弟李布，刻石碑立于白石庵内，后人称之为《山房碑》。可惜他没有亲眼看到苏轼的《山房碑》就去世了。但他的一番心血，并未白费，李氏山房，因苏轼的《山房碑》，而声名远播。他的读书精神，终于代代流传下来，以激励后生认真读书，为国效力。

苏轼作记百代香：林语堂《苏东坡传》里，描述李常形象"矮胖"，为苏轼诗友至交。苏轼《李氏山房藏书记》中道："余友李公择，时读于五老峰下石庵之精舍。公择既去，山中人思之，指其所居为李氏山房，藏书九千余卷。公择既涉其流，探其源，采剥其华实，而咀嚼其膏味以为己有，发于文章，见于行事，以闻名于当世。而书固自如地，未尝少损，将以遗来者，供其无穷之求，而各足其人才分之所当得，是以不藏于家，而藏于其故居之僧舍，此仁者之用心也……而公择求余文以为记，乃为之言，使求者知昔之君子见书之难，而今之学者有书而不读为何惜也。"将庐山历史上第一座民间图书馆，勾勒凸现在世人面前。

政见不因情谊改：他与王安石交情颇深，但却不支持推行新法。神宗熙宁三年（1070），王安石任他做"权三司制置条例司"，被他拒绝。他与人一道上疏，反对"青苗法"。不久，被贬通判滑州；熙宁九年初，转齐州太守，灭除多年盗患，兴水利，赈百姓。苏辙在他手下任事一年，非常敬重他，赠诗几十篇。

元祐会计著名扬：元祐元年（1086），哲宗继位后，司马光等一批老重臣，支持他任户部尚书，认为用他掌管朝廷财政，可让天下人知道：国家不再急于征利。1087年10月，他奏请设立泉州、密州等地市舶司，是为海上丝绸之路的缘起。元祐三年（1088），司马光去世，他由户部尚书，升御史中丞、加龙图阁直学士。同年，他编成我国第一部全面的财政会计学专著《元祐会计录》。

28.鹧鸪天·怀晏几道

　　小令痴迷贯始终,常执柔笔入烟丛。残香旧粉新晨梦,难见桃花杏眼红。

　　东逝水,暮途穷,一江寒暑却匆匆。花间月照千杯酒,半醉方觉万事空。

　　晏几道(约1038—1110):字叔原,号小山,江西南昌进贤县文港乡人,北宋词人晏殊第七子。他一生疏狂磊落,纵弛不羁,曾为许田镇监、开封府推官等小吏,晚年家道中落。他与苏轼、黄庭坚同时代,文章翰墨,自立规模;词风浓挚深婉、哀感缠绵、清壮顿挫,与父齐名,世称"二晏"。当时及后人,对他评价都很高,认为其造诣在父之上。《白雨斋词话》评之:"北宋晏小山工于言情,出元献(晏殊)、文忠(欧阳修)之右……措辞婉妙,一时独步。"

　　其父喟叹不可教:他幼时曾喜欢柳永的词。一次,在家宴中,五岁的他,竟将街头流行的"酒力渐浓春思荡,鸳鸯绣被翻红浪",拍手唱给大家听。弄得满座高朋面面相觑!晏殊面色骤赤:"住口!不得胡说乱唱!"他不依,嚷着这歌好听。晏殊恼怒,给了他一记耳光。丫环们忙将他拉走,他边走边哭道:"我就觉得好听嘛,为什么不能唱?"晏殊跌足,喟然长叹:孺子不可教也!然而在长大后,晏几道也像父晏殊那样,视柳永那类"慢词"为"下里巴人"。

痴迷小令品位高:晏几道向来被认为是北宋小令创作的最后一位大家。在他后半生的神宗时代,是柳永之后、苏轼等主导的"慢词"黄金时代,他却沉醉在"阳春白雪"的小令创作里,写那些回肠荡气的男女悲欢离合。其《小山词》二百多首,多为小令,其艺术造就,也集中表现在小令上。他的成功,在于其真情投入,"坐中应有赏音人,试问回肠曾断未?"后人也正是从这一点上来赞许他。

南墙无悔总怀旧:其词创作,无不透露出一种难以释怀的"怀旧"心理。如果说李煜是永远长不大的孩子,那么,晏几道就是永远也不肯低头的痴人!他宁愿千百次地咀嚼往事,也不愿对现实稍稍妥协。这可能与其坎坷经历有关。他贵为宰相之子,曾过着"珠围翠绕、锦衣玉食"的生活。18岁那年,其父去世后,家道中落。神宗熙宁七年,他因郑侠反对王安石变法而受到牵连,身陷囹圄。出狱后境况日下,40多岁时才为小官,晚年甚至到了衣食不能自给的程度。

孤芳四痴傲不凋:他出身名门,不慕势利。黄庭坚在为其《小山词》写的序中言:"叔原固人英也;其痴处亦自绝。"称他是"人英",也说他痴亦绝人,言其四痴:"仕官连蹇,而不能一傍贵人之门,是一痴也。论文自有体,不肯作一新进士语,此又一痴也。费资千百万,家人寒饥,而面有孺子之色,此又一痴也。人百负之而不恨,己信人,终不疑其欺己,此又一痴也。"于此,可见其孤芳自洁的个性、忠纯真挚的痴情。

梦中沉迷言醉鬼:晏几道未失童心,难与一般俗人合流,一生的心血性情,都表现在词里。观其《小山词》260多首,虽是走其父花间婉约传统,固守小令的阵地,但也创造出新的艺术世界,有与父不同的地方:在描写上,比大晏深细,而无大晏的含蓄;在修辞上,有大晏的婉丽,而无大晏的清润;在感情上,比大晏浓挚;在思想上,则不及大晏的深广。在他的《小山词》中,关于梦的词汇有60余个,酒字出现55次,醉字出现48次,可谓是个"沉迷梦中的醉鬼"。

门前冷落蔑名豪：他孤高自负，傲视权贵。《研北杂志》（元代陆友撰）记载：苏轼曾对他拒绝慢词、坚持小令的作法十分纳闷。一次，苏轼想见太老师晏殊（其师欧阳修为晏殊弟子）的七公子晏几道。晏几道从破屋里踱出来，冷冷道："当今朝廷高官，多半是我晏府当年的旧客门生，我连他们都无暇接见，更何况你！"言罢，掉头回屋。如此高傲，噎得苏轼半天难语。当时的苏轼名满天下，所到之处，极受欢迎。遇见如此任性倔强的落魄公子，苏轼只好捋捋胡子，笑着走开了。

吐属天成绝来者：其词多怀往事，抒写哀愁，笔调饱含感伤，伤情深沉真挚，情景融合，造语工丽，秀气胜韵，吐属天成。黄庭坚言其词："精壮顿挫，能动摇人心。"其词虽反映生活面窄，但艺术境界较高。他的《临江仙》《鹧鸪天》《阮郎归》等，都是历来传诵的名篇，其中新辞丽句，深为论者所叹赏。如"落花人独立，微雨燕双飞""舞低杨柳楼心月，歌尽桃花扇底风""梦魂惯得无拘谨，又踏杨花过谢桥"……连认为"作文害道"的理学家程颐听了，都得笑着说：这样的词，只有"鬼"才写得出来！

情深极致恸云霄：晏几道的词艳而不俗、浅处皆深，在语言的精度和情感的深度上，将两个层面发展到极致。脍炙人口的名篇：一、《鹧鸪天》——"彩袖殷勤捧玉钟，当年拼却醉颜红，舞低杨柳楼心月，歌尽桃花扇底风。　从别后，忆相逢，几回魂梦与君同，今宵剩把银釭照，犹恐相逢是梦中。"二、《临江仙》——"梦后楼台高锁，酒醒帘幕低垂。去年春恨却来时。落花人独立，微雨燕双飞。　记得小苹初见，两重心字罗衣。琵琶弦上说相思。当时明月在，曾照彩云归。"

29.七律·怀黄庭坚

平生纵笑迎风雨,宦海沉浮远险官。
鲁直丰名响北宋,苏黄盛誉满天红。
名诗佳句集山谷,凤草龙行凝劲风。
贬桂依然弄诗墨,逍遥自在乐涪翁。

黄庭坚(1045—1105):字鲁直,自号山谷道人,晚号涪翁,又称豫章黄先生,江西修水县人。治平四年(1067)进士,历任北京国子监教授、秘书省校书郎。一生仕途坎坷,卒于宜州(广西宜山)贬所。他是北宋著名的诗人和书法家,其诗书画,号称"三绝"。他重视诗法,勤苦锻炼,有独到之处,为江西诗派的宗师,有《山谷集》;亦能词,有《山谷琴趣外篇》。书法擅长行、草,与苏(轼)、米(芾)、蔡(襄)合称为"宋四家"。

论诗不凡结姻缘:黄庭坚自幼异常聪颖,五岁能背诵五经,七岁写《牧童诗》:"骑牛远远过前村,吹笛风斜隔岸闻。多少长安名利客,机关用尽不如君。"舅父李常有时来黄家,从书架上随取一书查问,他能对答如流。舅称他有"一日千里之功"。14岁时,其父在康州任

上逝世。因家境不裕,遂跟舅父到淮南游学。嘉祐六年,他在扬州结识诗人孙觉和王平甫。孙推崇杜甫,认为杜甫《北征》诗胜过韩愈《南山》诗,而王平甫却认为《南山》诗比《北征》诗好,两人反复争论,皆未说服对方。时庭坚在座,两位老人征其意见,他说:"若论工巧,《北征》不及《南山》。若书一代之事,以与《国风》《雅》《颂》相为表里,则《北征》不可无,而《南山》虽不作,未害也。"他时年17岁,这席话,使两位前辈心服口服,争论就此作罢。从此,孙觉非常欣赏他,后来把女儿兰溪许配给他。

屡遭贬谪仕途艰:嘉祐八年,他首次参加省试,传说中了解元,住一起的考生设宴庆贺。正饮间,一仆人闯来告曰:这里有三人考中了,而他不在其内。落第者纷纷散去,他却自饮其酒。后又与大家一同看榜却并无沮丧。英宗治平三年,参省试,诗题是《野无遗贤》,主考李洵见其诗"渭水空藏月,传岩深锁烟",拍案叫绝!就此中了第一名。次年春,到汴京参加礼部考试,中三甲进士,登上仕途。神宗即位后,任王安石为宰相,推行新法。但遭到司马光等保守派猛烈反对,新旧两党斗争,一直延续到北宋灭亡。他敬重司马光和苏轼兄弟,站在旧党一边。同时,他也很尊敬王安石的人品:"然余尝观其风度,真视富贵如浮云,不溺于财利酒色,一世之伟人也。"他虽然没有积极参加这场斗争,但他的一生一直卷在斗争的旋涡里。政治上与苏轼共进退,屡遭贬谪。

借栖戍楼常邀月:值徽宗亲政,起用蔡京为相,新党蔡京等人对旧党人物残酷迫害,下诏销毁三苏、秦观和他的文集。黄庭坚曾与副宰相赵挺之有过政见冲突,赵假公报宿怨,诬告他"幸灾谤国",使他受到"除名羁营宜州"(广西宜山)的严处。在宜州贬所,初租民房,后迁寺,都被官府刁难。被迫搬到城头破败戍楼里栖身,不堪其忧;但他终日读书赋诗,举酒浩歌,处之泰然。宜州人民敬其旷达高洁,许多人慕名前往求诗、求书、求教。崇宁四年九月,黄庭坚病逝于戍楼,终年61岁。大观三年(1109)春,由苏伯固、蒋伟护柩归葬修水县双井祖坟之西。南宋绍兴初年,高宗中兴,追封直龙图阁士,加太师,谥号文节。

苏黄盛名贯长天:元丰元年(1078),黄庭坚作二首古风,投书苏轼,以表仰慕之意。苏轼读其诗,认为"超绝尘,独立万物之表,驭风骑气,以为造物者游,非今世所有也"。由是诗名大震,两位大诗人,从此结下至死不渝的友谊。他与张耒、秦观、晁补之并称为"苏门四学士",后与苏轼齐名,世称"苏黄"。

诗文拔地开新境:前人论宋诗,每以"苏黄"并称。苏诗气象阔大,如长江大河,见起涛涌,自成奇观;黄诗气象森严,如危峰千尺,拔地而起,使人望而生畏,在艺术上各创境界。他虽努力在诗法上向杜甫、韩愈等诗人学习,却未能更好地继承杜甫、白居易以来诗家的现实主义精神。他在宋代影响颇大,开创了江西诗派。诗派虽然摆脱了西昆体的形式主义,却又走上了新的形式主义。他能词,遗作有《山谷集》《严华疏》《幽兰赋》等。家乡存有《上冢》《咏清水岩》《双井解嘲》等诗文及《双井》《钓矶》等摩崖石刻。其居官、流放,抑或家乡客邸,凡足迹所至,有关轶闻、传说以及诗联、墨宝、碑刻等珍存无遗。

书法隽逸上峰巅:书法上,黄庭坚最初以宋代周越为师,后受颜真卿、怀素、杨凝式等人的影响,行、草书自成风格。其大字行书凝练有力,中宫紧收、四缘发散、结构奇特,对后世产生很大影响;草书构字雄放瑰奇,笔势飘动隽逸,在继承怀素一派草书中,表现出黄书的独特面貌。他反对食古不化,强调从精神上对优秀传统的继承,强调个性创造,注重心灵、气质对书法创作的影响;在风格上,反对工巧,强调生拙。他常用移位方法,打破单字间的界限,使线条形成新的组合,节奏变化强烈,因此具有特殊的魅力,成为北宋书坛杰出的代表,与苏轼成为一代书风的开拓者。

30.清平乐·怀曾安止

向田心志,拂袖不为仕。卷袖赤足迎夏日,端正践行安止。

耗磨几度春秋,清辉夜照溪流。《禾谱》惠及百姓,美名誉满神州。

曾安止(1048—1098):字移忠,又字定夫,号屠龙翁,江西泰和县澄江镇文溪村人,北宋农学家。熙宁六年(1073)进士,初任丰城县主簿,不久任彭泽县令;后以为官清廉而晋升江州司马。然而,其志趣不在仕途,却非常热爱农业,尤其喜欢研究农作物。他在官府题"拂袖而去不为官,宦海几见心向田。问谁摘斗摩霄外,中有屠龙学前贤"诗后,弃官治学,专攻农事,终成大家。于绍圣初(1094)撰《禾谱》五卷,介绍水稻的各个品种、特征、栽培方法等,是中国第一部水稻品种专志,在中国农学史上占有极其重要的地位。

下乡只带干薯片:在任期间,他体察民情,为政清廉。白天,在料理公务之余,总要到农田去观察农作物的生长情况。遇到农忙时,还会帮助人力单薄的农家劳作,一边劳动,一边了解农家、农事情况,但是从不在农家吃饭。有一天,烈日炎炎,他劳作到了傍晚,老表硬要留他吃顿饭,为不让老表扫兴,他只好留下来。饭前,他掏出一袋干粮,送给该户农家。全家人见状非常惊讶,原来,堂堂县令,只是带了一些薯片、两块烧饼下乡充饥。

挑灯常到三更天:他挚爱农业,热爱农作物研究,常到田头观察作物,遇到老农总要攀谈一番。他走访了许多老农,收集了大量的农作物优良品种,对繁多的水稻品种的品名、来源、性情及播种、耕作方法,如何因地制宜等等,都作了详细的调查研究。晚上,坐在豆大的油灯下,参阅前人的成果,整理当天的笔记,常常到半夜三更,有时通宵达旦。

拂袖出仕志所愿:时间一久,他的视力越来越差,再加上当时许多士大夫,都爱对牡丹、荔枝、茗茶等立书作谱,唯不见研究水稻。于是,他辞去县令,回到"地产嘉禾、和气所生"的家乡泰和,致力于农学研究。许多人对他的这一举动想不通,他说:"'农者,政之所先也'……唯君子不陷人欲之危,故能安;得天理之正而无不适,故能止。'安止'二字,乃吾所愿!"诸朋友听后,深受感动。

宦海几见心向田:回到泰和后,他潜心研究农业,走田间、访农民,对繁多的水稻品名、来源、性状及播种、插秧、收割的时间和耕作方法等,进行详细的调查研究。有一天,他来到南山垅观看庄稼,遇雨,在一家酒店小酌。他边喝边品味,觉得这酒,味美柔和,浓而不烈,醇度适中;再饮,浑身清爽,香甜久留。便问酒家:"此酒何米所酿?"店家说是当地产的一种野禾子米。他连忙要店家撮了一把米来观看,只见这米颗粒修长,白得出奇。他喜不自禁,把米在手中搓来搓去,爱不释手。经过几个春秋的除杂选优,终于培育出更优质的水稻。

安民止乱著禾谱:他不断积累资料,将分类筛选后的水稻品种、栽培技术和管理方法,撰成专著《禾谱》。该书分五卷,详细地记载了北宋时期,泰和及吉州地区50多个水稻品种的名称、特征、来源以及播种、插秧、收割的时间和栽培技术、管理方法,对本地、对江南乃至对全国的农业发展,起到了无可估量的作用。"安民止乱",正是曾公清正为民的品格。可惜,原书已失,在曾氏族谱中,只存部分内容。

苏轼作歌补遗篇:宋绍圣年间,苏轼贬官南迁,路过泰和时,看过《禾谱》后,苏轼作《秧马歌》一首相赠。《秧马歌》引云:过庐陵,见宣德郎曾君安止,出使作《禾谱》,文既温雅,事亦翔实,惜其有所缺,不谱农器也。予昔游武昌,见农夫皆骑秧马。以榆枣为腹,欲其滑,以楸桐为背,欲其轻。腹如小舟,昂其首尾,背如覆瓦,以便两髀,雀跃于泥中,系束藁其首以缚秧;日行千畦,较之伛偻而作者,劳逸相半矣。……乃作歌以遗曾君附《禾谱》之末。

后人百年续未济:由于当时的曾安止已双目失明,没有写作能力,不能将苏轼关于"惜有所缺,不谱农器"之缺续上,谨将"秧马歌"附于《禾谱》之末。百年之后,他的侄孙耒阳令曾之谨,在《禾谱》之后,续写了《农器谱》三卷,对耒耜、耨镈、车戽、蓑笠、铚刈、杵臼、斗斛、仓庾、厩类等都作了记载,还附有"杂记"。南宋嘉泰六年(1206),益国公周必大为《禾谱》作序,称赞此书:"皆考之经传,参合今制,无不备者,是可辅伯祖之书,成苏公之志矣。"《禾谱》是贾思勰《齐民要术》后的又一部古代农业科技著作。

石碑落尘依旧全:1983年,泰和县进行文物普查时,在石山乡匡原村的曾氏祠堂中,发现《秧马歌》碑,碑长131厘米,宽33厘米,厚3厘米,为行书阴刻,现藏泰和县博物馆。泰和县石山乡匡原村有《匡原曾氏族谱》,记载有曾安止的生平事迹,以及和苏轼的书信往来及有关《秧马歌》碑的摹刻和流传的部分情况。除《禾谱》外,他还著有《车说》和《屠龙集》等。

31.洞仙歌·怀惠洪

孤寒少小,冷暖谁相惜?寺里童僧悟蝉寂。
对长亭,四海飘逸闲游,常纵笔、浪子声名谁替?
　　好谈今论古,以法施人,数次蒙冤泰然气。
洒落树诗风,夜话冷斋,青玉案、柔肠怵地。赞文
字禅功载千秋,领各派风骚,这边独异。

惠洪(1071—1128):俗姓彭,名慧洪,后改德洪,字觉范,赐号宝觉圆明禅师,自称寂音尊者、明白庵人,江西宜丰县桥西乡潜头竹山里人,北宋时期名重京华,雄居中国古代诗僧成就之冠。他一生坎坷曲折,14岁父母双亡,入三峰寺做童僧。19岁入京师,于天王寺剃度为僧。后南归庐山,依归宗寺真静禅师,又随之迁靖安宝峰寺。29岁后,到南方各地参访游学,住持过江西临川北禅寺、南京清凉寺。南宋建炎二年(1128),58岁的惠洪,抱病写下《资福寺法堂记》,不久便逝于宜丰老家。

野服萧散处泰然:惠洪一生执著于佛教,始终以弘扬佛法为己任,不忘"以法惠人"。他又"好论古今治乱,是非成败",常"野服萧散,以文章自娱",不容于世俗。他先后三次蒙冤入狱,又被流放海南一带,备尝人生颠沛之苦,"出九死而仅生"。遭遇虽然坎坷,他却处之泰然。身为和尚,时作绮语,因咏"十分春瘦缘何事,一掬归心未到家"的佳句,遂得"浪子和尚"之称。

冷斋诗韵胜秦观:惠洪精通佛学,长于诗文,著述颇丰,尤以《冷斋夜话》最著名。成语"满城风雨""脱胎换骨""大笑喷饭""痴人说梦"等典故,均出于此书中。宜春历代诗人的诗作,仅其《秋千》诗,被收入《千家

诗》中。其题于宜春城北崇胜寺的一首咏竹诗，以宋诗精品被收入《宋诗鉴赏辞典》。黄庭坚对他甚为推重，赞其韵胜不减秦观，气爽绝类徐俯。在创作上，惠洪力主自然而有文采，"文章五色体自然，秋水精神出眉目"，对苏轼、黄庭坚推崇备至。江西诗风笼罩文坛时，其诗以"雄健俊伟、辞意洒落、气韵秀拔"而独树一帜。

深婉曲折青玉案：其词《青玉案》："绿槐烟柳长亭路，恨取次、分离去。日永如年愁难度。高城回首，暮云遮尽，目断人何处。解鞍旅舍天将暮，暗忆叮咛千万句。一寸柔肠情几许？薄衾孤枕，梦回人静，彻晓潇潇雨。"为行旅怀人之作。全词代友人黄峪设辞，描写行者的离愁别恨，上片写行者与居者离别时的情景；下片转入行者对居者的思念，主要从行者的角度来写居者。全词情思婉约，真切动人，感人肺腑，将"分别之愁、路途之愁、投宿之愁、夜思之愁"抒写得淋漓尽致，耐人寻味。

名重京华爱丘山：惠洪在京城结交了黄庭坚，黄对其人品和诗品，给予了高度评价。同时，惠洪凭着高超的医术，又结识了尚书张商英和节度使郭天信。这两人保举他参见哲宗帝，参见问答中，哲宗大喜，当即赐他"宝镜圆明法师"称号。由于他"博通儒书，尤精于诗"，加上公卿高官的捧场，一时间成为"名重京华、人人皆知"的人物。29岁时，他离京城云游四方，先后到庐山、衡山一带，创作了大量讴歌祖国山河的诗篇，其诗誉满大江南北。好友韩驹任修水县令时，请他到该县云崖寺作客。寺内300多

个和尚,仰其诗名,每人拿一张纸,请他题诗,他援笔立就,韩驹大惊,而他笑说:"取吾快意而已。"

沦落天涯多感悟:惠洪近40岁时,与其过从甚密的张商英,被专权的蔡京列入"元祐党籍",落职出朝。他受张商英一案牵连,被捕下狱,后又流放到海南,3年后才遇赦,回到家乡从事写作,并将他平时的诗汇集成编。由于他一生精通儒释诸学,融会贯通,可谓经史子集全才,论诗有《冷斋夜话》《天厨禁脔》,论史有《禅林僧宝传》《林间录》,注经有《法华》诸经述解。此外,还有《华严合论》《易传》《智证传》《甘露集注》《石门文字禅》《十明论》《论道歌》《临济宗旨》等著述,且大部分收入《永乐大典》和《四库全书》。

汇通五家非一般:他对五家以来各派宗法旨要的研究和整理,很有价值。如其《僧宝传》,对"曹洞、云门、法眼、临济、沩仰"各派宗法均有总结;同时,他还批评当时丛林错解宗门法要、不识宗眼的现象,并在此基础上,汇通各家宗旨,成为后世研究五家宗旨的最好资料,对禅宗理论的发展具有重要意义。

文字禅论惹非议:他关于"文字禅"的理论和宗法要旨的思想,对后世产生深刻影响。禅宗史上,将其禅学称为"文字禅",且颇遭非议,有"葛藤"之讥评。诚然,按照禅家"自性、自悟"的主旨,束缚于文字言句,是不利于佛法体悟的。但客观地、历史地审视其"文字禅"思想,可以发现,很大程度上人们曲解了他的本意,文字禅的存在,不仅是必然的,而且是必要的。

却道影响义更宽:其禅学思想,广泛渗入文学、美术、书法、茶道等多种文化领域,特别是他的《石门文字禅》,不仅具有佛学价值,更具有深刻的文化、艺术学价值。他对当时文化领域诸人物、事件的评论,是研究宋代文化思想的极好资料。他在文学艺术方面的实践与理论,对宋以后文化艺术均有影响。

32.念奴娇·怀朱弁

奋身自荐,羁金国岁月,任凭风啸。把酒诀别犹淡定,笑看天涯归道。南寺琼楼,香烟缭绕,人在凄清庙。倚窗南眺,一轮明月高照。

塞北春晚凄凄,天无乡燕,唯见萋萋草。婉转莺啼难入梦,辗侧奈何鬓老。浅梦依稀,小儿赤脚,总在堂前闹。吠声遥处,不觉天已东晓。

朱弁(1085—1144):字少章,自号观如居士,南宋名臣、诗论家、诗人,江西婺源县城人,为朱熹的叔祖父,太学生出身。他奋身自荐,受诏为候补修武郎、右武大夫、吉州团练使职,充当河东大金军前通问副使,于宋高宗建炎元年冬天,偕同正使王伦出使金国,问候被羁金国的徽、钦二帝。他羁金16载,坚贞不屈,至绍兴十三年秋,宋、金达成和议后,才返归。高宗诏为"忠义守节",很多官员提议谏升,论他之功应晋升数级;但秦桧专权,仅授奉议郎。绍兴十四年四月病逝。他学问精博,善文学,词气雍容;羁金国期间,诗多怀念故国。著有《曲洧旧闻》《风月堂诗》等。

气宇如虹贯始终:羁金第五年时,金主提出议和,要来使遣一人回奏。他推让王伦返朝,毅然说:"吾既来金,准备一死报国,岂能偯幸先回?"要王伦把图印留下,表示:"印即信也,愿抱印以守节,死不离矣。"王伦走后,金人逼其投靠降金的伪齐刘豫,他说:"豫,国贼也,吾恨不食其肉。"金人发怒,断其饮食,他仍坚持不从。金人又以改换官职相逼,他说:"自古兵交,使在其间,言可从从之,不可从则因之杀之,何必易其官,吾今日有死而已!"并做好舍生取义的一切准备,择了葬身地,喝了诀别酒。金人无可奈何,不再劝降。在古老的梨园戏和粤剧中,都有《朱弁还朝》的剧目,这些剧目至今还在上演。

南寺岁月涩言匆:佛教寺院善化寺,创建于唐代开元年间,亦名开元寺,俗称南寺,位于大同市中心,整个建筑高低错落,主次分明,左右对称,是全国现存辽、金时期寺院中,布局最完整的一座。朱弁在寺中生活了整整14年,寺内有"朱弁碑",刻立于金代,因此又名"金碑",是善化寺内最有价值的文物之一。碑文由朱弁写就,由金代大同地方长官丁晞仁,为碑文题额;大同任西京路都转运副使、孔子47代孙孔固,为碑文书丹。明清时期的朱彝尊,曾到善化寺,并为朱弁碑作了一篇跋文,文中特意揭示碑文中的"忠义"之意。

风月诗话留高论:朱弁的《风月堂诗话》,是一部在中国美学史、文学批评史上,都有重要理论价值的诗论。该书作于羁金期间,多是记载他南归前,与友谈诗的回忆,借以寄托故国之思。他论诗宗旨,首先在于自然浑成,不以用事为高,主张诗人以"体物"的方法,在大自然和客观事物中直接获得审美体验;他崇尚雄奇刚健的诗风,认为诗应达到浑涵汪茫的艺术境界。他评价黄庭坚"用昆体功夫,而造老杜浑成之地",在诗学史上颇富创见。《诗话》对苏轼、黄庭坚都很推重,却不赞成当时诗人那种"无一字无来历"的风气,认为这是误解了杜甫。

纵笔入微自然风:朱弁在诗歌创作上也有重要的成就。他从长期羁留北国的宋朝士人的角度出发,其诗具有"亲历"、纪实的特点,同时还呈现出深沉勃动着的内心世界。从艺术上看,其创作极少用典,得之自然,多用白描手法,但句律严整,下字坚实,意象的创造很有个性。他只有一部分拘留时期的诗歌,收在元好问《中州集》卷十里;程敏政《新安文献志》甲集卷五十一上,也收他的《别百一侄寄念二兄》五古诗一首,此外没传下来多少。

酒薄无力乡梦短:赏读其《春阴》——"关河迢递绕黄沙,惨惨阴风塞柳斜。花带露寒无戏蝶,草连云暗有藏鸦。诗穷莫写愁如海,酒薄难将梦到家。绝域东风竟何事?只应催我鬓边华!"

塞北阴风夹着黄沙吹打着弱柳,荒凉凄惨。颔联和杜甫的"留连戏蝶时时舞,自在娇莺恰恰啼"正好相反,花上露水充满寒意,连蝴蝶都不愿飞来,虽有芳草碧连天,可草中藏着乌鸦,多么阴森恐怖!这和"日出江花红胜火"的江南春天,形成强烈对比,把思念故国的深情,充分地表达出来了。想回故乡需凭梦;要做美梦只好喝酒,可酒薄无力;一场梦尚未到家,人却已醒,真是"酒无通夜力"、"梦短不到家"!后以东风吹白两鬓作结,其故国之思抒发得何其深沉。

阳春三月塞外冬:赏读其《送春》——"风烟节物眼中稀,三月人犹恋褚衣。结就客愁云片段,唤回乡梦雨霏微。小桃山下花初见,弱柳沙头絮未飞。把酒送春无别语,羡君才到便成归!"

此诗抒发了诗人对故国的忠贞和眷念之情,婉转缠绵,有晚唐诗人的风格和情调。阳春三月,江南草长莺飞,而"春风不度玉门关"的塞北是怎样呢?他以"恋褚衣"、小桃"花初见"和弱柳"絮未飞",把塞北春天来迟去速的特点具体地勾勒出来。如只勾勒塞北春天的特点,此诗也就不屑一提,关键是他将对塞北春天的描写和对故国的忠贞与眷念之情融合在一起,达到"妙合无垠"的境界,使这首诗富有崇高的爱国主义精神,表现出诗人高尚的志气节操。

33.菩萨蛮·怀舒翁、舒娇

庐陵父女陶瓷艺,两双妙手出奇迹。百态尽如生,鸟飞惊兽魂。

千家烟盛处,更见舒窑酷。古道叙繁华,无名天下夸。

舒翁、舒娇父女:吉安县永和镇人。宋元时期,吉安县永和的瓷器烧制业非常兴旺,它规模宏大,品类丰富,产品远销海内外。当时瓷窑有数十家,其中舒翁、舒娇父女的"舒家窑"最负盛名。祖传的生产技术、门类,使"舒家窑"的产品,独具特色。父善于烧制玩具,女儿则长于烧制炉瓮,并擅长构图上釉,产品以白釉、绿釉、黑釉、彩绘为主。他们所烧造的各种玩具和绘有佛、仙人物的瓷瓶,造型生动,色彩明快,制作精美,最为人们喜爱。"舒氏父女"是中国瓷塑工艺一代名家,他们的陶瓷作品,代表吉州窑的工艺水平和特色而载入了史册。

千家窑焰竟日夜:吉州窑历史悠久,创烧于唐代,发展于北宋,极盛于南宋,入元以后逐渐衰弱。两宋时期,政府设官监烧,生产规模进一步扩大,永和镇"附而居者数千家,民物繁庶,

舟车辐辏""百尺层楼万余家，连廒峻宇"，形成了一个六街三市的大集镇，出现"烟火数千家""窑焰竟日夜"的盛况。

宋代单日韦《清都观记》云："（永和）镇距城十有余里，濒江带山，聚为井落，凿山火土，埏埴为器，贸易于四方。瓦砾尘埃，所在如是。"唐宋时期习惯以属地州名命名窑厂，吉安自隋至元初，称吉州，吉州辖永和，故称吉州窑；又自东汉至宋，在永和曾置东昌县，所以吉州窑又称东昌窑、永和窑。它在我国陶瓷历史上占有重要地位，《景德镇陶录》云："江西窑器，唐在洪州，宋出吉州。"

格古要论推五窑：据明代曹昭的《格古要论》记载："吉州窑……宋时有五窑。"这"五窑"说的是五个具有一定规模的大的窑场，具体所指并无确切记载。根据出土文物的分类，专家们认为"五窑"应当为当时影响大、质量高、有多座窑的窑场，分别是舒家、陈家、张家、郭家、谢家窑场，每个窑场大概是以某姓氏的家族人员为主。遗憾的是没有史料记载各窑场的生产情况，仅舒家窑的描述散于各种史籍之中，才使我们有幸了解制瓷名师的零星事迹。

神壶宝瓶传世宝：清初时，青原山的药地和尚，是削发为僧的抗清志士、著名的思想家，俗名方以智，他在《游永和记》中记载："今青原殿上所供大净瓶，乃永和窑舒翁之女所画也。白地加釉，五彩烂然，久盛水其中，不变色味。"舒氏父女制作的佛瓶，一直置于著名的禅宗七祖之地的佛殿之上，被僧侣称为"神壶宝瓶"，当做传世的宝物，可见其珍贵。吉州窑的瓷塑玩具，以"舒氏父女"所制者最精，据《景德镇陶录》记载："吉州窑昔有五窑，五窑中惟舒姓烧者颇佳，舒翁工为玩具，翁之女舒娇尤善陶。"当代《中国美术辞典》和《中国工艺美术大辞典》，都把舒娇作为宋代著名瓷塑家入传。曾闻名天下的吉州窑留下文字记载的制瓷大师，仅舒氏父女，虽令人遗憾，但也很值得庆幸的了。

陶瓷史上第一娇："舒家窑"是由舒翁、舒娇父女经管。"翁"是对年长男人的尊称，"娇"是对年轻女子的爱称，具体何名，难以考证。北宋诗人欧阳铁的《青原杂记》，最早记载"舒翁父女"事迹："永和镇舒翁、舒娇,其器重于仙佛,盛于乾道间,余见有元祐、崇宁者。"明代天顺年间的陶瓷著作《新增格古论》中,肯定了他们的事迹及其所作的贡献。清代蓝浦在《景德镇陶录》卷七《吉窑考》中叙述:"吉州窑,宋时吉州永和市窑,即今之吉安府庐陵县。昔有五窑,具白色、紫色,紫有与紫定相类者。五窑中,惟舒姓烧者颇佳。舒翁工为玩具,翁之女名舒娇,尤善陶……花瓶大者值数金,小者有花。"他们在中国陶瓷史上占有重要地位。特别是舒娇,技艺过父,是我国陶瓷史上见于文献记载的第一个女陶瓷家。

吉州瓷塑名天下:陶器是世界各国人民的共同创造,瓷器则是中国对世界的一项巨大贡献,在一万年的陶瓷历史长河中,陶瓷大师们"点泥成金",创造了许多科学技术与艺术相结合的人间瑰宝,雕塑瓷就是其中一个重要品种。陶塑产生于新石器时代,江西商代吴城文化时,已有原始瓷塑;晋代洪州窑生产的青瓷谷仓盖上,常饰以堆塑人物纹和鸟兽纹。宋代江西吉州窑、湖田窑、白舍窑等,均大量生产供人们观赏把玩的雕塑瓷,装点环境,美化生活。吉州窑的瓷塑,具有超越时代的艺术永恒性,在风格和气韵上使人耳目一新。

昔日辉煌仍可瞧:如今的永和镇,仍然可见用古瓷片、匣钵和废窑砖铺砌而成的街巷古道。镇西侧是宽阔平坦的田园,在东西长约2公里、南北宽约4公里的冲积平原上,密集地分布着尹家岭、蒋家岭、曹门岭、肖家山岭、曾家岭等24个窑包,分布面积达8平方公里以上,最大的窑包高20多米,如岗似阜。在窑岭周围,各色古瓷片、古窑具,俯拾皆是,彰显着昔日的辉煌。

34.东风第一枝·怀洪皓

　　仪表端庄,文才超众,不攀权贵为婿。敢截纲米活民,佛子下凡入住。污泥荷骨,立天地、斗迎风雨。赴荒凉、坦荡无戚,闲看岭南飘絮。

　　曾出使、金国遥处,扬正气、义无反顾。更将儒理传扬,品节贯天如柱。纪闻松漠,循飞雁、江南秋熟。却难料、歌舞升平,上下尽欢虚度。

洪皓(1088—1155):字光弼,江西乐平市洪岩乡人。徽宗政和五年(1115)进士,历台州宁海主簿、秀州录事参军。高宗建炎三年(1129),奉命出使金国,被扣留十五载,面对威逼利诱,他始终坚贞不屈,抱着大宋使节印符起卧,不辱使命,终于全节而归。绍兴十三年(1143),迁徽猷阁直学士,兼权直学士院。因忤秦桧,出知饶州;后流放岭南英州(今属广东);绍兴二十五年,主管台州崇道观,卒谥忠宣。有文集五十卷,已佚。清四库馆据《永乐大典》辑为《鄱阳集》四卷,另有《松漠纪闻》二卷行世,《宋史》卷三七三有传。

不做乘龙入奸门:洪皓幼年读书时,曾与石昉、夏康佐、李常、程康国同窗,政和五年进士。大臣王黼、朱勔,见他文才超群,仪表出众,意欲招为女婿。他通过了解,得知王、朱两人,都是奸臣蔡京的党羽,于是就婉言拒绝了。

冒死截米救万人:宣和六年(1124),洪皓任秀州(今嘉兴)司录,遇特大水灾,百姓饥荒难生。他自荐承担救灾重任,但因地方食粮不足,难以确保灾民度荒。此时,浙东路纲米途经秀州北运,他断然决定借留纲米。因截留朝廷纲米罪当杀头,同僚极力反对。他义无反顾:"我愿以性命拯救十万饥民!"地方民众感动地称他为"洪佛子"。事后,廉访使王孝竭,奉旨勘察灾情,见重灾区秀州,百姓各安生计,秩序井然,不像其他灾区那样田园荒芜,百姓四出逃荒。王孝竭对他肃然钦佩,不但没有追究其罪,反而举荐他升任徽猷阁侍制。

万里衔命何惧剑:建炎三年(1129),宋高宗命他领礼部尚书衔出使金国。他率随员11人前往,行至太原,被金人扣留近一年,第二年转至云中(今大同),见到金国权臣完颜宗翰。完颜宗翰不许他请归二帝,逼其到金廷操纵的刘豫政权去当官。他严词拒绝:"万里衔命,不得奉两宫南归。恨力不能磔逆豫,忍事之邪!留亦死,不即豫亦死,不愿偷生鼠狗间,愿就鼎镬无悔。"完颜宗翰大怒,下令推出斩首。两壮士"执剑夹承",拥之以下。他面不改色,从容而行。一贵族见状,深受感动,不觉失声说:"真忠臣也。"遂向完颜宗翰跪以求情,虽免其一死,但把他流放到遥远的冷山(今黑龙江五常境内的大青顶子山)。

忠义可钦雁留声:在金军押送下,他始终抱着通问使印符,打着使臣节旄,艰难行进60天。到冷山后,当地领主、金国陈王悟室非常傲慢,要他献进攻四川之策;他告之宋军防守坚固,金军不可能得川,并警告他:"不要挑起战争玩火自焚。"悟室大怒:"你这个议和官,如此嘴硬,以为我不能杀你吗?"他大笑:"我非常清楚你要杀我。为了使你不背'杀来使'的千古罪名,我建议你将我投入水中,假说我失足坠渊,以欺瞒世人耳目。"悟室性情刚直,敬其是好汉,忠义可钦,对他以礼相待,并请他教自己的八个儿子读书学汉文。在冷山滞留两年多,他将"四书"传授给当地女真族子弟,受到当地人民的敬重。

风节不改十五载:羁留金国15年,他不仅坚持与金国统治者斗争,还写了很多诗文,如《松漠纪闻》等。金国许多有识之士对他非常崇敬,每得其诗文,争相传诵。金国统治者也佩服其才能,曾委以翰林直学士,他不受;后又委其中京副留守,他也拒绝。后来还命他到云中去主持进士考试,审阅试卷。他以身体不适抵制了。在种种引诱面前,他始终保持南宋使者的风节不动摇。

忠贯日月举国尊:绍兴十三年(1143),金主因生太子,实行大赦,允洪皓还乡。他带领剩下的随员张邵、朱弁等火速南归。金军恐其长居北方,了解军政实情,南还后对金不利,急派骑兵追击。但追至淮河边,他已登舟脱险。洪皓南还,举国上下,颂其忠义。高宗和韦太后在内殿接见他,称赞他"忠贯日月"。

痛斥奸宦扬正气:回到临安(杭州),他看到华丽的宫殿和朝廷歌舞升平的景象,痛心疾首。质问秦桧:"临安乃帝王暂居之地,为何将宫廷建得华丽堂皇,难道不想收复中原吗?"并向朝廷揭露秦桧为金将起草受降檄文的丑事。秦怀恨在心,指使李文会向他发难,弹劾他不尽孝道。宋高宗居然准奏,将其降任饶州通判。1146年,他又遭秦桧诬陷,被流放英州。1155年朝廷起用,复为朝奉郎,任袁州(宜春)通判。不幸在途中死于广东南雄,享年68岁。

忠贞气节万古存:他的忠贞气节与汉苏武齐名,是垂范史册的风节名臣。明初诗人刘彦,对他中年出使,忠贞不屈的行为,非常敬仰,写诗歌颂他:"主忧臣辱誓万死,直以只手支扶桑。燕山六月雪花大,节旄零落肤肌伤。关河萧条月色苦,秋风扬沙吹雁行。子卿归来典属国,茂林树老愁云荒。至今勋业昭简策,大书特书垂典章。"洪皓一生著作颇多,有《帝王通要》《姓氏指南》《松漠纪闻》《金国文具录》和《鄱阳集》等流传后世。

35. 水龙吟·怀王刚中

儒心剑胆松风,骨中无媚十年寂。淋漓对策,经纶满腹,雍容大气。夜纵飞驹,孤行险境,遣兵挥戟。看《春秋通义》,飞扬文采;归乡里、存竹意。

治政安民谁匹?蜀风光、这边独丽。广施礼法,恩威将士,柳荫民逸。育吏贤仁,廉风浩荡,满天清碧。待归期去日,妇孺夹道,目遥依泣。

一代名相王刚中:字时亨(1103—1165),江西乐平礼林镇府前村人。他从小聪颖好学,学业优异;出仕后,刚毅正直,勤政爱民,坚持抗金斗争;在学术上也有极深的造诣。他很得宋高宗器重,先后任秘书省校书郎、著作佐郎、中书舍人;在四川出任封疆大吏期间,坚持以礼法制军,废除苛政,整治社会风气,加强民间教化,大施德政,升任宰相后,更是为朝廷殚精竭虑,尽其所为。著书100多卷,其中《易说》《仙源圣记》《汉唐史要览》《春秋通义》在哲学、史学研究上颇有价值。

殿试对策语从容:绍兴十五年(1145),王刚中中进士。在集英殿试对策时,他针对时弊,淋漓慷慨,提出"法祖宗、厚风俗,愿事事以太祖太宗真宗为鉴……"的政治主张,高宗赵构十分赞赏,夸他有阅历,通世故,并亲擢其为殿

试第二。按惯例,新科进士先要拜见当朝宰相;但他不去巴结奸相秦桧。秦桧很恼火,就擅用职权,将他从位居七品的左宣义郎贬到洪州(南昌),当了十年主管学校课试等事的教授,直到绍兴二十五年,秦桧病死后,才提升到朝廷,仕途始锦。

礼法治军施号令:绍兴二十八年(1158),朝廷诏王刚中为龙图阁待制兼成都知府,制置四川。赴任前,高宗召见,赐环带、象笏,加封敷文阁直学士。到川后,他各地巡视,见军事组织软弱涣散,号令不能下贯,下情难以上传。他以礼法治军,既平易近人,又执法森严,对部属,既示之以威,又感之以恩,赏罚分明;对自己以身作则,克己奉公。所以号令严明,上下一心。他从容治理政务,对纷至沓来的公文要件,裁决公正,处理得当,很得人心。

万岁池淤亲疏通:成都有个万岁池,方圆十里,三乡农田都赖以灌溉,因久年失治,污泥积淀填塞。农民靠田、田靠水,没有水岂不成废田?他调集所属士兵,会同三乡劳力,亲自负责疏通,挑走淤泥,修高池坝,在圩堤上栽榆植柳,并用石柱记下这一盛举。春天来了,榆钱高挂,杨柳依依,百姓无不称颂:"王公父母官也。"这里的府学礼殿,是东汉兴平年间建造,已有千年历史,后来又建了新学,也由于年久失修,渐渐倾塌。他又组织群众修缮,恢复原貌。为表贤重道,教育后人,他又组织修复了诸葛武侯祠和张文定公庙。

彰贤惩恶万民赞:当时,封建迷信盛行,许多不务正业的人趁机装神扮鬼,讹诈钱财,不少老百姓上当受骗。有一女巫婆,养了一条蛇,说是"神蛇",要大家供奉祭拜,护佑平安。他听说后,派人杀蛇,并在巫婆脸上刺字,免得再有人上当。南宋初年,皇帝有令:凡是阶、成、岷、凤四个州的壮丁一律在脸上刺字,以防逃避兵役,民众深为忧虑。他上书朝廷请罢此举,皇帝准奏。免符下达时,万民欢声雷动。为保卫四川,他遴选将士,推荐主帅;并选用蜀中名士和幕府贤才,充实地方官佐,四川由此稳定。他任满离川时,当地父老兄弟依依不舍,扶老携幼,夹道相送。

夜驰百里建奇功:自靖康之难以来,宋王朝被迫先后迁都,但金兵仍不断骚扰,几无宁日。绍兴三十二年(1162),金主完颜亮撕毁盟约,积兵马40万,准备南侵。是年八月,金骑兵渡过大散关,攻打黄牛堡,百姓惶惶,而统帅吴璘却浑然不知。他获讯,连夜单人独马,飞驰200里,赶到吴璘住处,慷慨陈词:"作为大将,与国家的命运理应休戚相关,而现在大敌压境,你何可高枕无忧?"吴璘听了,大吃一惊,急忙和他一道,调兵遣将,迎击金兵,大获全胜。而向朝廷报功时,他将己除外,只择选表现突出的将士上报。其部下李焘不解,他说:"将帅之功,我何有焉?"这些做法,深得人心。

不持虚名害实事:隆兴元年(1163),宋高宗退位,孝宗即位后,即起用张浚,追封岳飞,表明对抗战派的支持,王刚中大为称颂。这年冬,金兵犯淮,朝廷诏他回京,授礼部尚书,进同知院事(副宰相职)。他上奏:"战守者实事,和议者虚名,不可持虚名害实事。"申述他一贯反对和议坚持抗战的主张,并提出四条政见:开屯田、省浮费、选将帅、汰冗兵。爱国图治的思想,跃然纸上。

竹坞明志告老翁:隆兴二年(1164)冬,王刚中积劳成疾,告病退居饶州鄱阳城。他由布衣至公卿,无他嗜好,唯读书著文为乐,著书百余卷。他很喜欢竹子,晚年于鄱阳营圃植竹,号称"竹坞"。次年,63岁病卒,孝宗闻讯,十分悲痛,三天未上朝,赠资政殿大学士,光禄大夫,并据其生前事迹,封"恭简"谥号。同时,封其曾祖为少保,公祖为少傅,父为少师,分三公祭祀。因此,府前村又分为上、中、下三村。1983年,乐平考古人员,在礼林镇九林村石榴峰北麓,发掘了他和夫人的合葬墓,墓室内至今保存着鲜艳清晰的人物壁画。

36. 万年欢·怀洪氏三兄弟

乐平洪门,好儿郎、品贤才俊德厚。意气风发昂溢,比肩齐秀。战火狼烟遍地,更奋进、功成名就。丹青里、点点滴滴,盎然新柳无旧。

为兄景伯领首,揽全家事务,开创锦绣。景严风流,《泉志》币国拔岫。景卢《容斋随笔》,纳万象、千秋香久。三兄弟、誉满神州,耀如穹宇星斗。

洪适(1117—1184),字景伯,号盘洲老人,洪皓长子。少年时能日诵书3000言,与弟洪遵、洪迈先后同中博学鸿词科,有"三洪文名满天下"之称。累官至尚书右仆射、右丞相兼枢密使,封魏国公,卒谥文惠。建炎三年(1129),其父洪皓使金,他才13岁,即能理家事,率5个弟弟和3个妹妹奉祖母、母亲避兵鄱阳,把家事处理得井井有条,并且和两个弟弟洪遵、洪迈,苦心钻研学问。高宗赞其:"父在远方,子能自立,此忠义报也。"《宋史》有传。

用兵理财皆智慧:洪适对用兵、理财都很有研究,深得朝廷器重。当金骑南侵时,高宗能在东南维持局面,除因岳飞、宗泽、韩世忠等名将忠勇善战,苦力支撑外,最主要的还是广大民众义军,配合官兵作战。当时,不少朝廷官员把义军当做"土匪"。当完颜亮死后,洪适向高宗建议:"金入侵中国,虽占地很多,但真心投金者极少。应密告中原义士,趁金主刚死,分区反攻,克服的州县由义军自行控制,政府军可屯驻淮泗,广积粮草,和义军呼应。等四川、湖北、陕西各地大兵云集,大举反攻。"此见解非常正确。他在作户部郎中时,总领淮东军马钱粮,虽军务繁重,军用浩大,但他始终调度有方,供应无缺。

著书立说尽斑斓：洪适以文著称于时，有《盘州文集》80卷、《盘州乐章》3卷、《五代登科记》等。他在金石学方面，成就卓越；在知绍兴府任内和家居16年期间，用力尤多。他著《隶释》27卷、《隶续》21卷，这两部著作，先依碑释文，著录全文，后附跋尾，并附以考证说明，开金石学最善之体例，学术价值极大，对后代有重大影响。与欧阳修、赵明诚并称宋代金石学三大家。

洪遵（1120—1174），字景严，洪皓第二子，与兄、弟先后中博学鸿词科，赐进士出身，擢秘书省正字；孝宗即位后，他相继任翰林学士承旨兼侍读、知隆兴元年贡举、同知枢密院事、端明殿学士、提举太平兴国宫，位同宰相，卒谥文安。他是我国著名的钱币学家，对中国钱币的研究作出了重要的贡献。

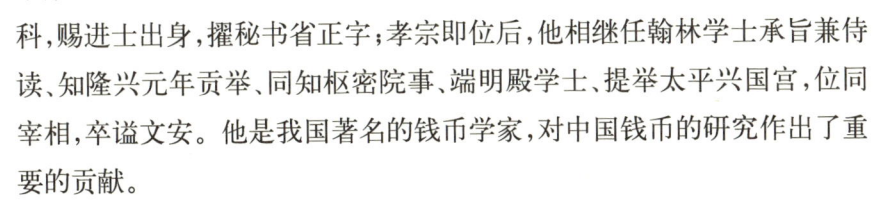

勤躬职守一生贤：洪遵为官一生，宽人荐贤，尽忠职守。绍兴三十一年（1161），完颜亮命尚书苏保衡，由海道窥南宋两浙，浙西副总管李宝，驻兵平江府御之。洪遵受命知平江府，为李宝筹措资粮、器械、舟楫等，为战胜金军提供可靠的物资保障，但不邀功争赏。50多岁的洪遵，还组织民众修筑损坏的圩田。史载"方冬盛寒，遵躬履其间，载酒食亲饷馈，恩意倾尽，人忘其劳，闻者以为盛德"。

捉笔泉志百代传：洪遵于30岁时，写就《泉志》，此书堪称中国钱币学的经典著作；体例严谨，文字精练，考订审慎，引文均注明详细出处，论说均经深思熟虑。中国钱币学源远流长，但古代钱币学专著多已亡逸，幸有《泉志》保留下不少上自南朝、下到北宋人的钱学论说和见闻记录。洪遵对先秦货币之断代等问题有独到见解，于后世钱币学之研究影响甚大。

还著有《订正〈史记〉真本凡例》《翰苑群书》《翰苑遗事》《谱双》《洪氏集验方》《金生指迷方》等。

洪迈(1123—1202),字景卢,号容斋,洪皓第三子,南宋著名文学家。他天资聪颖,自小性格高洁,随兄避乱时,在衢州白沙渡,见绝句《油污衣》:"一点清油污白衣,斑斑驳驳使人疑。纵使洗遍千江水,争似当初不污时。"读后,爱而识之。他于绍兴十五年(1145)中进士,授两浙转运司干办公事。因受秦桧排挤,出为福州教授。这时其父自金返国,出知饶州。他便辞任至饶州侍奉父母,绍兴十九年才赴任。绍兴二十八年归葬父后,召为起居舍人、秘书省校书郎,兼国史馆编修官、吏部员外郎;后官至宰相。卒赠光禄大夫,谥文敏。

节气凛然承风范:绍兴三十二年春,金世宗完颜雍遣使议和,洪迈为接伴使,力主"土疆实利不可与"。朝廷欲遣使赴金报聘,他慨然请行。至金国的燕京后,金人要他行陪臣礼。他坚执不就,其节气秉承父洪皓的凛然风范;既而金将其锁于使馆内,数日不给饮食;他宁愿饿死也不屈从。金大都督怀中提议将他扣留,因左丞相张浩认为不可,于是将其遣还。

容斋随笔洞天宽:洪迈学识渊博,著书极多,文集《野处类稿》,志怪笔记小说《夷坚志》,编纂的《万首唐人绝句》,笔记《容斋随笔》等,都是流传至今的名作。《容斋随笔》集洪迈40余年的成果,分为《随笔》《续笔》《三笔》《四笔》《五笔》,是关于历史、文学、哲学、艺术等方面的笔记,以考证、议论、记事为中心内容。既有宋代的典章制度,更有三代以来的一些历史事实、政治风云和文坛趣话,以资料丰富、格调高雅、议论精彩、考证确切等特点,卓然超越众多的同类著作之上,被《四库全书总目提要》推为南宋笔记小说之冠。读这部书,就像是在书林中穿行,在文海中畅游,在史坛上俯瞰,在政界中视察。

37. 青玉案·怀胡铨

千波岭海遥迢路,把冷酒、邀白鹭,满岛秋光谁与度。浪拍长岸,淡云牵目,剑老挥何处?

江山有士支坚骨,壮志轩昂不言暮。跃马驰骋鞭血雨,引歌长啸,冰河上下,笑看旌旗舞。

庐陵忠简话胡铨:字拜衡(1102—1180),号澹庵,江西吉安人,南宋政治家、文学家,1128年参加殿试,高宗皇帝赞赏其试文,想点其为状元,因有考官以其言词过于直率,将其排于第五。他被授予抚州军事判官,因父逝,回家守孝未赴任。建炎三年,守孝期间,由于抗敌有功,被起用为承直郎兼吉州军事判官。绍兴五年(1135),升枢密院编修官,掌管全国军事文件;八年,因上疏反对秦桧主和,遭秦迫害,贬昭州。因朝臣营救,改监广州盐仓。绍兴十二年被贬新州,十八年又被谪移吉阳军,至秦桧死,才得徙移衡州。孝宗即位,复奉议郎,历任国史院编修官,官至权兵部侍郎。乾道七年(1171),威名震四夷的他,没有选择做皇帝高参,而是告老还乡,定居在佛教圣地吉安青原山南麓,专心为《春秋》《易传》等书作注解。

淳熙七年（1180）病故，享年78岁，谥号"忠简"，著有《澹庵文集》100卷、《澹庵词集》。

不与秦桧共戴天：建炎三年，金兵大举进攻南宋，隆裕太后为避金兵追击，逃至吉州（今吉安市）。在家守孝的他，招募乡勇入城固守，协助官军抵御金兵。绍兴八年，秦桧勾结金人，卖国求荣，群臣敢怒而不敢言。他坚决抵制，奋书《戊午上高宗封事》，劝诫高宗"此膝一屈不可复伸，国势陵夷不可复振"，声明"不与秦桧等共戴天"，要求皇上砍下秦桧、王伦、孙近的头，然后"羁留虏使，责以无礼，徐兴问罪之师"。否则，宁"赴东海而死"也不"处小朝廷求活"。

铁骨铮铮怯敌胆：《戊午上高宗封事》，不仅令"奸谀皆胆落"，而且使"勇者服，怯者奋"。金人以千金购得此文，读后"君臣失色"，惊呼"南朝有人""中国不可轻"。秦桧以"狂妄凶悖，鼓众劫持"罪加于他，将他谪贬到海南三亚。1155年，在流放23年后，秦桧死去。平反昭雪后，胡铨和老宰相李光一道奉诏还朝。然而李光却死在江州归途之上，终年82岁，只有胡铨一人回到了京城杭州。回京城后，仍力主抗金，力排内奸，铁骨铮铮，为世代敬仰。

老骥脖硬誉千年：隆兴元年（1163），孝宗即位，他得到重用。1164年，升任兵部侍郎，兼中书舍人。当时金兵向商、秦之地进发，楚荆、昭关、滁等地先后失守，形势十分危急。62岁的他，一面上表弹劾拥兵不救的大将李宝，敦促他迅速出师救援；一面又亲自带兵上前线抗金。时值严冬腊月，河水冻结，他身先士卒，手持铁锤，下河击冰。将士们深受鼓舞，一鼓作气，奋勇作战，击退了金兵的入侵。

2000年元月，江西省新闻媒体合办了一次"千年回眸"的活动，选评本省千年之中最杰出的十位历史名人，胡铨被评为"脖子最硬的人"。

半生岭海文慷慨：胡铨虽颠沛流离，半生岭海，但志苦心劳，好学不厌。对经史百家之学，均有所得。他文推韩愈、欧阳修，主张以文"传道"。其文章，内容丰富，驰骋古今，如《戊午上高宗封事》《应诏言事状》等，都痛快淋漓、激昂慷慨。杨万里曾为他的集子作序，言"先生之文，肖其为人。其议论闳以挺,其叙记古以则,其代言典而严,其书事约而悉",是中肯之评。

万里投荒诗意轩:其策论闻名天下,而诗更具风采,虽再遭贬谪,却意气不衰;他居留崖州八年,从其间的诗文里,可以看到他充满着血性、激情,看到他对崖州风土人情充满热爱,感受到他报国而无门的怨愤之情。如《鹧鸪天》:"梦绕松江属玉飞,秋风莼美更鲈肥。不因入海求诗句,万里投荒亦岂宜。青箬笠,绿荷衣。斜风细雨也须归。崖州险似风波海,海里风波有定时。"

身陷九渊志不坠:胡铨初到崖州,处境艰难,受秦桧奸党指使的张知军,对他野蛮迫害。强制他每十天到军署,光脚散发如囚犯状,向知军呈报思想动态。他连秦桧都不怕,何况一个小军守?他"身陷九渊,日与死迫"。然而,辱且益坚,不坠青云之志,盼着有朝一日,壮士北上驱胡虏,报雪恨。

胸怀大度仁为先:有一件事,给他的命运带来一线转机。城外黎族头人,听说他博学多才,便送子来拜师求学。一天,他应邀到黎族弟子家做客,见张知军被囚在头人家。头人指着张对他说,此人太贪婪暴虐,你说我该杀他吗?胡铨说:他罪大恶极死有余辜,杀了他,是可解一方民愤。但我想问,令郎之所以跟从我读书,是为了什么?"当先知君臣上下之名分"这一纲纪伦理。此人虽罪该万死,但毕竟是朝廷命官。要控其罪行,先应上告海南安抚司,再到广西经略司,若不能解决,再上诉到朝廷枢密院。头人听其一番话,当下便释放张知军,并要张写一份引咎悔过书。第二天,胡铨回到水南村,姓张的登门忏悔谢罪,感激救命之恩。胡铨以德报怨、宽以待人的品格,为他赢得了仇人的尊敬。

38.水调歌头·怀汪应辰

少中状元榜,才气贯青天。拾柴点火更夜、读万卷诗篇。应对行文畅洒,出语更惊四座,妙句愧诗仙。御策显功底,竟让帝情轩。

存坚骨,行端正,逆谗言。常出舌剑、锋锐游刃庙堂间。流落岭峤岁月,益以修身自砺,洒墨醉夕烟。谁笑扬雄老,策马舞长鞭。

汪应辰(1118—1176):初名洋,字圣锡,江西玉山县人,称玉山先生,南宋官吏、诗人、散文家。18岁中状元,授镇东军签判,召为秘书省正字。当时秦桧主和,他因上疏有忤秦意,先后被贬通判建州(福建建瓯)、广州等。秦桧死后,为吏部郎官,迁右司;因母老,出知金华。母去世服毕后,为秘书少监,迁权吏部尚书。孝宗即位,因事被迫请求调外,知福州。不久,升敷文阁待制,举朱熹自代。出为四川制置使,知成都府。后为吏部尚书,又因事不合,以端明殿学士知平江府(苏州)。韩玉受旨巡视,路过平江,因其没有特别招待,韩回京报复汪,密告宋孝宗,说所到之州县,没有像平江府那样乱的地方。于是连遭贬斥,气病卧家不起而卒,谥文定。《宋史》卷三八七有传。

幼为神童语惊人:汪应辰幼为神童,五岁知书,作联应对,声语惊人,多识奇字。因家贫无灯油,他拾柴点火读书;向人借书,有过目不忘之能。十岁能写诗,曾在乡校游学,郡里的学官戏弄他说:"韩愈十三岁能写文章,现在你像什么?"应辰回答道:"孔子有三千学生听他讲学,只有你还是这样。"

御诗更名为应辰:绍兴五年,他刚十八岁就考中状元。御策用"民力、吏道、兵势"问他,他回答:治理国家的关键,是以诚信为根本;对皇帝而言,要设身处地为天下百姓着想。皇帝看了他的策论,认为他是一个老成的读书人;等引见者带他上前拜见皇上,皇上见其竟然是个年轻人,十分惊异,立即想授予他官职,丞相赵鼎说:"姑且让他到京城外任职,培养他成才。"并赐以御诗,更名为应辰。

正直不避遭侧目:他好贤乐善,尤笃友爱。少从张九成、吕本中、胡安图等人游;又与吕祖谦、张栻为友;他为朱熹表叔,常与之往来研究学问。礼部侍郎张九成被贬邵州后,朋友都和他断绝了往来,唯有汪应辰按时问候。张九成父去世,还有人攻击张,但汪应辰却不远万里,前去吊唁,人们都为他感到担心。

汪应辰刚方正直,敢言不避,又多革弊事,所以遭到许多人的侧目,为人所陷。但他接物温逊,遇事特立不回,坚定不移。虽遭秦桧排挤,流落岭峤17年之久,"蓬蒿满径,一室萧然,饮粥不继,人不堪其忧",却"处之裕如也,益以修身讲学为事"。

厉行节约修自身:任户部侍郎兼侍讲时,他独自承担繁多的事务,节约多余的开支。对浪费弊习,他上书皇上说:"轮到值班的官吏值班三天,给他们增加的饭钱就一万缗;工匠洗器皿仅仅给百余千,而给官吏吃饭的钱就六百千;塑显仁皇帝的神像,半年不到,官吏的饭钱就已支了银三万两、绢六百匹。其他方面的浪费与此类似。"皇上对这种浪费很惊异,命令吏部加以裁减。

勇悖权奸明大义:他针对秦桧主张和谈,上疏力言"因循无备、上下相蒙、不明敌势"的危险性,说:"和谈不成功不是担忧的事,和谈成功了,而就因此不防范就可怕了。常有不同意见不可怕,没了不同意见,上下相互欺骗就可怕了……不要认为与金已和就无忧患,而要像敌人来到一样,常怀忧患进行防备。"此奏,有悖秦意,秦桧不悦,贬他出京城做通判建州,他于是辞官归隐。

家传品节铸诗文:汪应辰著有文集50卷,今传《文定集》24卷。《四库全书》据《永乐大典》及明代弘治年间程敏政摘抄本辑出,收于集部别集类。其作品有不少巨制鸿篇,很多诗作都体现了"好贤乐善,尤笃友爱"的思想品格和个性。如《挽宣扶吴郡王》:"节义家传久,艰难始见忠。一心惟殉国,百战竟平戎。环列周庐肃,管仪道路同。细看麟阁上,谁得似初终?"一方面歌颂了吴郡王的精忠殉国的品格和战功,另一方面是对那些不能坚定不移、始乱终弃之人的辛辣嘲讽,可见诗人品格的一贯性。

君子交友清如水:再看《分韵送胡丈归建康》一诗,也表现了诗人与朋友的至诚至深之情:"先生高卧武夷巅,一旦趋朝岂偶然。报国自期如嗾日,归田曾不待来年。怀铅共笑扬雄老,鞭马今输祖逖先。册府风流久寥落,送行始复有诗篇。"这并非一般迎来送往的应酬之作,而是主客思想共鸣的产物,所以读来给人以真挚诚恳之感。这类作品在诗人创作中占有一定的比例。

品读数诗感其真:《池荷》——"香分净社色专城,冠盖如云照乘明。晓露浥妆秋艳曳,凉风吹月夜经营。"《雪中梅花》——"风弄芦帘掩复开,闭门一室此徘徊。故人难望扁舟至,远信谁凭驿使回。窗外不知飞霰集,座中只觉暗香来。新诗亟报春消息,不待天边看斗魁。"《怀玉山》——"莲宫高耸月峰坳,自与红尘绝世交。万顷田畴天外种,数声钟磬日边敲。地寒春尽花方绽,寺僻僧闲疏不抄。禅月满堂诗句在,恨无砖玉可相抛。"《暮春》——"闭门听风雨,不知门外春。兹辰聊散步,霁色如相亲。日月不吾与,花柳随时新。悠悠竟何事,悚然怀故人。"

39.满庭芳·怀周必大

弘道青原,冲天白鹭,赋诗名噪庐陵。重提轻落,信笔论丹青。多少国朝旧事,任评点、焕目成新。理朝政,躬勤立榜,笃志正言行。

荷髻归故土,晨中暮里,雕版倾情。刻勘百余卷,万世功勋。如若毕昇尚在,把醇酒、对庆相吟。千年史、登高望断,屈指有其名。

青原野夫周必大:字子充(1126—1204),又字弘道,号省斋居士、青原野夫,江西吉安县永和镇周家村人,南宋政治家、文学家。其先世为郑州管城人,祖父周诜,在宣和(1119—1125)年间至吉州庐陵任职,遂定居于此。他出身书香门第,自幼勤奋好学,饱读诗书,少年作文赋诗,名噪庐陵。宋高宗绍兴二十年(1150)进士,授官徽州户曹,二十七年举博学鸿词科。官至左丞相,封益国公。卒谥"文忠"。与陆游、范成大、杨万里等交谊很深。

位至宰相正朝纲:1150年进士,授官徽州户曹,后中博学鸿词科,任建康府学馆的教授。不久,被调到太学任职,宋高宗命每个到学馆任职的人书写一篇策文,其策文,高宗极为赏识:"真是大手笔。"此后,其不断升迁,直至监察御史。孝宗即位后,他任起居郎,后任给事

中；因在用人上与孝宗相左，便辞去职务。久后才被重新起用，先后知南剑州、提点福建刑狱，逐渐迁官至秘书少监，兼权兵部侍郎、礼部侍郎，兼直学士院、同修国史、实录院同修撰等职。淳熙十四年（1187），升任右丞相。在相位上他更加恭谨，勤于政务，得到皇帝及官员们的普遍赞誉。宋光宗即位后，任左丞相，辅佐皇帝。光宗初年，他又进少保，封益国公。宋宁宗时，升任少傅。庆元元年（1195），虑已年高，上表请求辞官归家，获准。于庆元四年去世，享年79岁。

风虎云龙存坚骨：周必大从政期间，无论是辅佐朝廷还是主政地方，总是一片忠心，勤奋治政，处事有谋，风虎云龙。任宰相八年，他"立朝刚正"，言事不避权贵；在内政外交上，充分体现了一个政治家的远见卓识，表现了一个成熟的爱国政治家的骨气。人们敬重他，皇帝倚重他，被朝廷赠官太师，谥"文忠"。宋宁宗还亲自在他的墓碑上题写了"忠文耆德之碑"，以褒扬他的功绩。

抗言直谏惊庙堂：为政期间，他时常不避权贵，敢于直言，始终保持着刚正直言的品质，对于朝廷中的不正之事奋力指责，丝毫不顾及自己的前途和命运。连皇帝也惊叹："我本以为你只擅长于作文章，没想到你竟然如此刚正。"《宋史·周必大传》中记载了许多事迹。一次，孝宗欲提拔宠幸之人为高官，遭到周必大的坚决反对，他谏道："关于此人的任用，以前曾经在朝廷上议论过，大家都认为不可，陛下也觉得这个决定不妥而改变了自己的想法。现在没过多长时间，又作出这样的决定，使贵戚干预朝政，于公于私都是缺失，请恕臣下不能奉诏。"结果，他被罢去京官，外放建宁府。他称病屡辞官不就，由此名声更重。连孝宗也不由得感叹道："卿不迎合，无附丽，朕所倚重。"他为官，以国家大事为己任，忠于职守，曾经谏阻皇帝沉迷于球场，提倡节俭，要求朝廷宽赋养民，在与金朝交往中保持礼仪，在当时赢得了很高的声誉。

雕版印刷有建树：周必大不仅是一位德才兼备的政治家，而且还是一位智识高远、学术精湛的大学问家。他一生不遗余力，致力于雕版印刷和活字印刷术的发展，务政之余，积极进行印刷出版的实践活动，是继毕昇之后,首个试验胶泥活字印刷并获成功的人,为中国的印刷术作出了重大贡献。

醉翁文集万言长:庆元元年(1195),周必大告老还乡,在青原山从事著书、刻书活动。举全力雕版印刷他任丞相时未完成的欧阳修文集,使洋洋百万言的《欧阳文忠公集》共153卷,终于雕刻成功。雕刻版本卷帙浩繁、印装精美、校勘准确,是宋版图书中的上品。其刻本以其校勘精良、刻写俱工,在中国书史上一直享有盛誉,备受推崇。

骈文碑铭多佳作:周必大撰写了不少代表朝廷的重要文章,如《岳飞叙复元官制》,词婉义正,是宋代骈文佳作。其序文如《〈皇朝文鉴〉序》,写得典重雅正。游记如《南归录》所写游石湖,则颇富情致。总的说来,这类散文内容丰富,文采则时有不足。他知识渊博,其散文及《二老堂诗话》中,保存了不少研究宋代文学的资料。其神道碑、墓志铭一类文字,主次分明,颇有章法,后为元代修《宋史》者所取材。著有《益国周文忠公全集》200卷,其中包括《省斋文稿》《平园续稿》《省斋别稿》《二老堂诗话》等24种。

诗雅文锐留篇章:周必大一生先后创作600多首诗,有的善于状物,如《池阳四咏·翠微亭》——"地占齐山最上头,州城宛在水中洲;蜿蜒正作双虹堕,吸住江河万里流。"比喻浅近新颖。又如《游庐山佛手岩雪霁望南山》——"十日顽阴不见山,山中一夜雪封庵。伊予的有寻山分,日照北窗云在南。"气骨稍弱,却清新淡雅。他起初诗学黄庭坚,后由白居易又溯源杜甫。在有些诗里,他喜欢用典,未能摆脱"江西诗派"的影响。

40.七律·怀杨万里

赤胆忧国久成疾,三朝仕老志不移。
行诗断水出佳句,仗笔裁云制神衣。
万种风情咏穷尽,千般感慨叹天低。
文节并举诚斋体,四海美名扬万里。

吉水名人杨诚斋:杨万里(1127—1206),字廷秀,号诚斋,江西吉水县人,是"南宋四大家"之一。宋高宗绍兴二十四年进士,历高宗、孝宗、光宗三朝。宁宗时期,宰相韩侂胄专权,他居家15年不出,忧愤国事,成疾而卒。官终宝谟阁文士,谥"文节"。作诗初学"江西诗派",后学王安石及晚唐诗风,终于自立门户,时号"杨诚斋体"。所作多脱口而出,构思新巧,语言通俗,风格浏亮、清新、活跃、自然,但意境则往往较浅。杨万里一生勤于诗作,是我国历史上写诗较多的作家,现存诗4200多首,有《诚斋集》。

张浚入相用其才:他中进士后,授赣州司户。不久,任永州零陵县丞,得以见识谪居于此的张浚,并常受到张浚的勉励和教诲。孝宗即位后,张浚入相,于是力荐他为临安府教授。未及赴任,父丧,在家服孝期满后,改知奉新县。乾道六年(1170),任国子博士,做京官。不久迁太常丞。淳熙元年(1174),出知漳州,旋改知常州。六年,升广东提点刑狱。不久,母丧去任,召还为吏部员外郎,升郎中;十三年,任枢密院检详官兼太子侍读;十四年,迁秘书少监。

老志难酬不为任:高宗皇帝驾崩,杨万里因力争张浚当配享庙祀事,指斥洪迈"指鹿为马",惹恼了孝宗,出知筠州(江西高安)。光宗即位,召为秘书监。绍熙元年(1190),为接伴金国贺正旦使兼实录院检讨官。终因孝宗对他不满,出为江东转运副使。朝廷欲在江南诸郡行铁钱,他以为不便民,拒不奉诏,因而改知赣州。他见抱负无法施展,遂不赴任,乞祠官(无实际官职,只领祠禄)而归,朝命几次召他赴京,均辞而不往。

文节浩然品不衰:杨万里一生力主抗战,反对屈膝投降,在给皇帝的许多"书""策""札子"中,一再痛陈国家利病,力诋投降之误,爱国之情,溢于言表。他为官清正廉洁,不扰百姓。当时的诗人徐玑,赞他"清得门如水,贫惟带有金"。江东转运副使任满后,有余钱万缗,但杨万里均弃于官库,一钱不取而归。他立朝刚正,遇事敢言,指摘时弊,无所顾忌,因此始终不得大用。他为官却不谋升,做京官时,就随时准备丢官罢职,并预备好了由杭州回家的路费,锁置箱中;又戒家人不许买一物,怕去职回乡时行李累赘。赋闲家中15年,韩侂胄柄政之时,韩新建南园,请他作"记",许以高官相酬,他说"官可弃,记不可作"。以上数事,可见其为人。诗人葛天民夸他"脊梁如铁心如石",并非溢美之词。

开山自创诚斋体:杨万里是南宋杰出的诗人,其诗与陆游、范成大、尤袤齐名,称"南宋四大家"。起初他模仿江西诗派,后感其追求形式、艰深蹇涩的弊病,于绍兴三十二年(1162),尽焚其力作诗篇千余首,决意另辟蹊径。正因他不随人后、不傍人篱下,敢于别转一路,推陈出新,终于自成一家,形成了独具的诗风,号为"诚斋体"。对当时诗坛风气的转变,起了促进作用。

蹊径另辟奇花开:在《荆溪集自序》中,他曾回忆自己所走过的创作道路:"余之诗,始学江西诸君子,既又学后山(陈师道)五字律,既又学半山老人（王安石）七字绝句,晚乃学绝句于唐人。戊戌作诗,忽若有悟,于是辞谢唐人及王、陈、江西诸君子皆不敢学,而后欣如也。"在后来,他还自己写诗,概括创作历变的过程,曰:"传派传宗我替羞,作家各自一风流。黄（庭坚）陈（师道）篱下休安脚,陶（潜）谢（灵运）行前更出头。"

随手拈来尽佳句:他的作品不拘一格,富有变化,既有"归千军、倒三峡、穿天心、透月窟"雄健富丽的鸿篇巨制;也有状物姿态,写人情意,随手拈来,出口成佳,又能曲尽其妙的写景抒情小诗。诗风平易自然、构思新巧、幽默风趣、清新活泼,有很强的艺术感染力。在他的创作生涯中,十分注意学习民歌的优点,大量吸取生动清新的口语、谣谚恰分入诗,给人纯朴自然的感受。如"月子弯弯照九州,几家欢乐几家愁。愁钉人来关月事,得休休去且休休",似脱口而出的山歌,自成天然,反映了他向民歌学习的成就。

春回雨点入怀来:他现存的诗篇,大部分是吟咏江风山月的写景抒情之作。这些作品有的题材过于细碎,缺乏高度的艺术概括,流于粗率浅俗。但不少抒情写景的小诗,由于观察细致深入,描写生动逼真,感情真挚浓厚,因而意趣盎然,颇能动人。如"梅子留酸软齿牙,芭蕉分绿与窗纱。日长睡起无情思,闲看儿童捉柳花""雾外江山看不真,只凭鸡犬认前村。渡船满板霜如雪,印我青鞋第一痕""春回雨点溪声里,人醉梅花竹影中",写得圆转自然,清新活泼,极有思致,和那些专门描摹风云月露的诗人走的是不同的道路。

41.七律·怀朱熹

　　白鹿书院坐紫阳,讲学不倦志刚强。
　　山间树里鸣蝉远,院内台前诲语长。
　　弟子三千传道理,王朝两代奉庙堂。
　　心血汇著千百卷,尽是书山金凤凰。

朱熹(1130—1200):字元晦,一字中晦,号晦庵,别称紫阳,婺源(今属江西)人,宋代理学大家、诗人、哲学家、思想家。宋高宗绍兴十八年进士,曾任秘书阁修撰等职。他广注典籍,对经学、史学、文学、音律以至自然科学,均有涉猎。一生讲学不倦,继承"二程"(程颢、程颐)理学,时称"程朱学派"。他建立了一个完整的客观唯心主义的理学体系,他提倡的理学,在明清两代被奉为正宗儒学,在思想领域居统治地位,是先秦以来儒家系统中的著名代表人物之一。生平著作甚多,有《周易本义》《诗集传》《楚辞集注》《朱文公文集》等。《宋史》卷四二九有传。

　　自幼学勤奋,立志做圣人:朱熹祖辈世代为官,为"婺源著姓,以儒传家",在地方上很有名望。他14岁时,父去世。便遵遗嘱,投靠父

亲生前好友刘子羽。10岁时他就"厉志圣贤之学",攻读《大学》《中庸》《论语》《孟子》。自忆说:"某十岁时,读《孟子》,至圣人与我同类者,喜不可言。"立志要做圣人。以后他又教育学生说:"凡人须以圣人为己任。"他24岁时,徒步数百里,求学于当时著名理学家李侗,李赞扬他:"进学甚力,乐善畏义,吾党罕有。"他全面继承了二程理学,并且进而集理学之大成,成为配享孔庙的"孔门十哲"之一。

仕途步履正,做官行为清:朱熹为官正直,体察民情。1167年秋,福建崇安发生大水灾,朝廷派他前往视察灾情,他遍访崇安,发现"肉食者,漠然无意于民,直难与图事"。因灾情严重,粮食无收,地方官不认真救济,次年在崇安发生了饥民暴动。他与知县共同发起,要求地方豪富,用藏粟赈救饥民;又请求朝廷以"六百斛赈济",平息了饥民暴动。1181年8月,浙东发生饥荒,他受命前往,单车微服,察访民情。当发现当朝宰相王淮的亲戚、台州太守唐仲友"违法扰民,贪污淫虐,蓄养亡命,偷盗钱粮,伪造官会"等诸种罪行时,他不顾个人安危,连续六次上疏弹劾,终于逼迫王淮撤掉了唐仲友的官职。

理学图国治,侍讲正心诚:朱熹一生从事理学研究,又竭力主张以理学治国,虽不被当道者所理解,但他却表现了孔子那种"知其不可而为之"的精神。1162年,上书劝说孝宗以身作则,遵照儒家经典中的义理办事,"任贤使能,立纲纪,正风俗",以期达到国富兵强,抗金雪耻的目的。虽受到孝宗赞许,但因阻力太大,未能得施。宁宗时,他得到宰相赵汝愚推荐,官拜焕章阁侍制兼侍讲。他多次向宁宗大谈"正心诚意",要求皇帝身体力行。宁宗对他由反感到厌恶,仅在朝40日,就被撤职。1195年,他被指控犯有"十大罪",其学被定为"伪学",其人也被定为"伪学首魁";甚至有人上书请斩杀朱熹,使他终于受到"落职罢祠"(取消做官资格)的处分。当朝《伪学逆党籍》中,有59人列为"逆党"。以至门人故交常过其门而不敢入。但他却镇静自若,照常讲学不休,直至老死。

难得鹅湖会,论理各有声:在南宋理学家之中,陆九渊也是名气很大的人物。陆、朱二人在治学目标上基本一致,而其思想方法和认识途径却大不相同。朱熹的"理一元论",把自然界所有都归结为"理"的体现,主张通过多读书,"泛观博览"去达到对"理"的认识。而陆九渊"心即理"的观点,则主张求理不必向外用功,只须"自存本心""保吾心之良",就可以达到对"理"的把握。1175年,为了调和朱、陆之分歧,由著名学者吕祖谦发起,邀请了朱熹和陆九渊、陆九龄兄弟,在江西铅山县鹅湖寺集会,讨论"为学之方"。这便是我国学术史上有名的"鹅湖之会"。朱熹属于客观唯心论者,陆九渊是主观唯心论者,他们的分歧,不属于世界观上的根本分歧,而是殊途同归。

一生重教化,书院立规程:江西庐山白鹿洞书院,曾是唐代名士李渤隐居讲学之处;岳麓书院(长沙岳麓山),原为北宋初期朱洞所创建,皆为宋代四大著名书院之一。1179年,他在"白鹿国学"的基础上,建立白鹿洞书院,订立《学规》,编撰了"小学"和"大学"的教材,并讲学授徒,宣扬道学,诲诱不倦。1194年,他重建了岳麓书院;据《朱子年谱》记载:"先生穷日之力,治郡事甚劳,夜则与诸生讲论,随问而答,略无倦色,多训以切己务实,毋厌卑近而慕高远,恳恻至到,闻者感动。"在我国的书院教育上,朱熹也是功绩卓著。

天光共云影,博学尽缤纷:朱熹既是我国历史上著名的思想家,又是著名的教育家。他学问渊博,于学无所不窥,在先秦诸子、佛道思想、史学文学、天文地理、文字音韵、训诂考据、典章乐律等许多方面,都有相当深入的研究及不小的成就。诗词也写得很有特色,如《观书有感》:"半亩方塘一鉴开,天光云影共徘徊。问渠哪得清如许,为有源头活水来。"读来让人耳目一新。

42. 洞仙歌·怀陆九龄

六杰兄弟，个个怀才气，子寿不凡令人惜。艺高超，谁与堪比双全？弘道统、日用常心受益。

在鹅湖论辩，更显德行，不用难题紧相逼。谨质有操持，表里如一。疾归去、仪风飘逸。叹陨落中年痛戚戚，挚友泣声声，望天长忆。

陆九龄（1132—1180）：字子寿，号复斋，江西抚州金溪人。其父陆贺，悉心研究典籍，其家几代同堂，家道整肃，著闻州里。贺有六子，九思、九叙、九皋、九韶、九龄和九渊，均学识渊博，号称"陆氏六杰"。陆九龄为乾道五年（1169）进士，拟为桂阳军教授，以双亲年老道远，改兴国军，未赴任，时逢湖南茶民起义，他率门生及乡人习武，防御义军入境。后调全州教授，未赴任即病卒。他不但人品好、学问高，而且武艺超群，这在中国古代的士子中是极为罕见的。宝庆二年（1226），特赠朝奉郎、直秘阁，赐谥"文达"。

弘扬理学愿为梯：陆九龄长期跟随父兄研讲理学，为学注重伦理道德的实践。认为"心"是一切事物的基础和出发点。自古以来圣人相传的"道统"即是"心"，离开"心"犹如"无址"

而"成岑"。批评繁琐支离的治学方法,要求"尽废讲学而务践履,于践履中,要人提撕省察,悟得本心",从而做到"习到临利害得失无惧心,平时胸中泰然无计较心"。反对"弃日用而论心,遗伦理而语道"。他对求学者循循善诱,启发这些人去自悟其道。

互为尊师两相怡:他与九渊兄弟互为师。两人之学虽"和而不同",但自小都有"欲平治天下,当今之世,舍我其谁"之慨,此言决非目中无人的狂语。在他们看来,孔子之后,人们经"子夏子张"而走向"支离",在浩如烟海的经传注释中讨生活,甚至使先圣先贤的至理名言,沦为进官场的敲门砖,此可悲可叹亦可惜。而他们要承继的是自颜子、曾子和孟子以来的"心学",回复人们本有、自有的"良心良能和良知"。要人们从"内"中出,而不要由"外"入去。故此,他们才能有如此气魄,如此心胸,如此学问,如此追求。

晨中赋诗出心论:宋淳熙二年(1172),吕祖谦特邀朱熹与九龄、九渊共赴铅山鹅湖会讲。行前,其与九渊说:此番去鹅湖,正为学术之会同,如吾兄弟间先自不同,又何望在鹅湖上能有会同?九渊觉得有理,便与兄致辩,从早至晚,两人毫无倦意。他觉得其弟之思想观点有道理,第二天便赋诗一首云:"孩提知爱长知钦,古圣相传只此心。大抵有基方筑室,未闻无址忽成岑。留情传注翻榛塞,著意精微转陆沉。珍重友朋勤切琢,须知至乐在于今。"九渊认为此诗突出道德之"心"自小有,不必溺于繁琐的经传和注解内讨生活,是非常好的;但说此心乃古圣贤一脉相传,则"微有不安",可进一步商议。

象山贺咏恼朱熹:在鹅湖临会讲开始,祖谦先问:九龄近来于学有何新见?先生吟上诗相答。朱熹一听,回顾祖谦说:"九龄早已上九渊船了"。九渊说在途中和得诗一首:"墟墓兴哀宗庙钦,斯人千古不磨心。涓流积至沧溟水,拳石崇成太华岑。易简工夫终久大,支离事业竟浮沉。欲知自下升高处,真伪先须辨只今。"诗中认定自己开创的心学是"易简工夫",可以永恒长久,为人们普遍接受;而朱熹的理学则是所谓"支离事业",且浮沉不定,难以为人掌握。朱子听后"色变",大为不快,遂各自休息。鹅湖会讲就这样拉开了序幕。

私嘱六弟息意气：鹅湖会上，双方辩论了十余个问题，陆家两兄弟"莫不悉破其说"。而九渊更是年轻气盛，想在会讲中提出一个令朱子难以回答的问题：尧舜之前何书可读？意为至孔子删定诗书后，天下人才有书可读；尧舜之前是无书可念的，那么，尧舜又何以成为了圣人呢？这个问题太尖锐，会令朱子及其门人处于尴尬的境地。九龄私下里要九渊别提此问题，以让会讲保持良好氛围，这充分体现出九龄谦谦君子的宽厚之风。朱熹在鹅湖之会上，虽与陆氏兄弟激烈争辩，但称他们"气象甚好""操持谨质，表里不二"，可谓评价甚高。

平心鹤逝笑归西：九龄为人处世处处谦谦君子，在他患寒热期间，凡见宾客，衣冠必整洁，举动必合礼节。去世的那一天，他对年幼者施以教诲，对来问候者又以言安慰，谈笑自若，并对身边的人说：近来象山弟学问大进，真恨不能日日与其切磋，使学问之道大明。入夜，他正卧，整衣衾，理了理头发胡须，双手叠于腹间，言笑声渐息，溘然仙逝。九渊沉痛写道："先生道德之粹，系天下之望，曾未及施，一疾不起，识与不识，莫不痛惜！"并记之曰："将以十二月乙酉，葬于乡万石塘。"

天涯有朋牵肠念：九龄病重期间，远在福建的朱熹，焦急如焚，不但寄书问候，而且还派专人携药前往，未料携药者尚未返，而先生已然迦鹤西归。

感慨万千泪湿衣：朱熹在《祭陆子寿教授文》中感慨万千："惊失声而陨涕，沾予袂以淋浪。呜呼哀哉！今兹之岁，非龙非蛇，何独贤人之不淑，屡与吾党之深嗟！惟兄德之尤粹，俨中正而无邪。呜呼哀哉！兄则已矣，此心实存。炯然参倚，可觉惰昏。孰泄予哀？"言切切，声哀哀，情深意长，读之令人泣涕皆下。

43. 七律·怀陆九渊

南宋孝宗第一人,敢与朱熹共誉声。
象山结茅传理道,鹅湖对辩论乾坤。
禅宗悟法心为上,孔孟思魂仁至尊。
万物芸生出何处,如泉滚涌源自心。

官任闲职笑作归:陆九渊(1139—1193),字子静,号象山先生,南宋著名哲学家、教育家,江西抚州金溪人。少年时曾读三国六朝史,有感当时"夷狄乱华";后又听长辈讲"靖康之耻",于是剪断指甲,学习弓马,要为大宋复仇。他34岁中进士,先任隆兴建安主簿,后改建安崇宁县;十年后,被荐为国子正,不久,迁敕令所删定官。淳熙十三年(1186),被差管台州崇道观,因是闲职,他便归江西故里讲学。有《象山先生全集》。《宋史》卷二三四有传。

心理合一不相违:陆九渊把儒孟学说与佛教禅宗思想结合起来,提出"心即理也"的命题,认为"心"是万物的本源,强调"自作主宰",认定"心"与"理"不能分二,根本是"心",此为心学的实质。他是中国"心学"的创始人,与当时著名的理学家朱熹齐名,史称

"朱陆"。他的"心学",为明代王守仁继承和发展,被称为"陆王学派",成为明清以来的主要哲学思潮,一直影响到近现代中国的思想界。

治理荆门树榜样:宋光宗即位时,陆九渊任荆门军,此间他清正廉明,秉公执法,治绩显著。有人告状,不拘早晚,亲自受理。断案多以调解为主。如控诉的内容涉及隐私、违背人伦和有伤风化的,就劝说告状人撤回上诉,以便维护社会道德风尚的淳厚。只有罪行严重、情节恶劣和屡劝不改的才依律惩治。所以民事诉讼越来越少,到上任第二年,每月官司不过两三起。荆门原先闭塞的民风和鄙陋习俗显著改变。各级主管部门,交相列举他在荆门的政绩奏报朝廷。左丞相周必大曾强调,荆门军治理成效突出,可作地方长官"躬行"的榜样。

吊民满巷悲泪飞:1193年初,陆九渊在荆门病逝。棺殓时,官员百姓痛哭祭奠,满街满巷,充塞着吊唁的人群。出殡时,送葬者多达数千人。他死后,谥为"文安"。为纪念陆九渊,后人将荆门蒙山改称"象山";在荆门城西象山东麓,他当年受理民事诉讼和讲学的象山书院遗址,兴建"陆文安公祠"。

读书有觉常践履:陆九渊自小静重如成人,求学讲究"读书有觉"。凡遇不明之事,总要问个原委究竟。四岁时,就询问天地何所穷际,因为没有得到回答,深思以至于忘寝食。他提倡读书不能满足记诵,"书非贵口诵,学必到心斋"。又说:"读书固不可不晓文义,然只以晓文义为是,只是儿童之学,须看意旨所在。"凡生活中的事物,他都能体察出一种道理来。在"实勤考索"的基础上,他又主张读书要有疑,认为有疑方有觉,有觉方有进。主张为学当先发明本心,但不应当脱离社会现实生活。所以,重践履也是九渊"读书有觉"的一个落脚点。

讲学无倦语入微:从24至54岁的近30年中,陆九渊的主要活动是建立心学体系、传播心学理论,从而形成有自身特点的学派。他聚徒讲学,对陆氏心学的形成具有重要意义。淳熙十四年,他在贵溪应天山讲学。因嫌应天山与佛教徒有瓜葛,根据山形,改名为"象山"。自称为"象山居士",又称"象山翁"。

他终日讲学不倦,有一段文字描述其讲学:先生常居方丈,每旦精舍鸣鼓,则乘山荞至。会揖,升讲坐,容色粹然,精神炯然。学者少亦不下数十百,齐肃无哗。首诲以收敛精神,间举经语为证。音吐清响,听者无不感动兴起……平居或观书、抚琴。佳天气,则徐步观瀑,至高诵经训,歌楚辞,及古诗文,雍容自适。虽盛暑衣冠整肃,望之如神,和气可掬……讲学的盛况、风格及特点跃然纸上。讲学在陆氏学术体系形成与传播的过程中,具有特别重要的意义。

朱陆再辩各开悟:"朱陆"之争,一次是1172年鹅湖"为学之方"的争议,鹅湖六年后,九渊去拜访南康守朱熹,朱请九渊登白鹿洞书院,为诸生讲"君子喻于义,小人喻于利"一章,九渊的阐发,为朱熹大加赞赏。

另一次是"无极""太极"之辩。淳熙十五年(1188),其四哥九韶与朱熹辩"无极而太极"这一句,认为"太极"上面又加"无极"二字,与周敦颐的《通书》不一样;二程也没有说过"无极"。《太极图说》的"无极而太极"来自陈抟,是老氏之学。朱熹"大谓不然"。九渊支持其兄,并由此进而涉及对"极""中""一"等概念、范畴的辩论。朱陆之争,使道学与心学的基本分歧明朗化,划清界限形成学派;同时,在相互论难中,又促进思考,推动自身学派的发展。太极无极之辩以后,朱熹要门人同志"兼取两家之长,不轻相诋毁"。

心学泰斗千古垂:"陆学"作为一个学派,是在同其他学派相互斗争相互吸收的过程中形成发展起来的。陆九渊的思想经后人充实、发挥,成为明清以来的主要哲学思潮。为纪念陆象山先生,今南昌市的"象山路"以其号命名;陆九渊当年在南昌开坛讲学之处——"象湖"一名也是由其号"象山"而来的。

鹅湖书院:鹅湖会讲后,人们为纪念这次具有历史意义的学术盛会,特建"四夫子祠",并将陆氏兄弟的诗刻于石。后人在此基础之上再建鹅湖书院,逐渐的此地终成"斯文宗主",天下之书生们云集此地,读书、为文,切磋学术,一承鹅湖会讲之血脉,书院遂名闻天下。

44. 满江红·怀赵汝愚

　　大志非愚,出豪语、汗青留座。安社稷、见危无惧,运筹帷幄。出入两官明大势,江山再定功难没。功难没、辅政举贤人,心胸阔。

　　遭算计,难报国。年入暮,还流落。始终支硬骨,立于污浊。内外庙堂多少事,毕生无愧任评说。岁悠悠,看寺里梅花,三两朵。

入京殿试名当先:赵汝愚(1140—1196),字子直,北宋恭宪王赵元佐的七世孙,江西余干县人,祖父于南宋建炎年间,迁居崇德洲钱(今桐乡市)。他少年勤学、有大志,曾说:"大丈夫留得汗青一幅纸,始不负此生。"宋孝宗乾道二年(1166),考中状元,著有诗文《忠定集》15卷,《类宋朝诸臣奏议》300卷及《太祖实录举要》若干卷。《宋史》卷三九二有传。

罢相只因赵姓牵:中状元,授秘书省正字,迁著作郎,知信州、台州,改任江西转运判官,后入朝为吏部郎兼太子侍讲,迁秘书少监兼代给事中。淳熙九年(1182),出任福建军帅;后进直学士,制置四川,兼成都知府。宋光宗继位后,进为敷文阁学士,知福州。绍熙二年(1191),召为吏部尚书,后升知枢密院事;五年(1194),他和外戚韩侂胄一起,拥立赵扩继位为宋宁宗有功,任右丞相。不久,韩借口同姓居相位,不利于南宋社稷,赵汝愚被罢相,以观文殿大学士出知福州。宁宗庆元二年(1196年)被韩侂胄迫害,贬窜永州。

社稷临危敢作为:绍熙五年,太上皇孝宗病死,子光宗向来与父不和,称病不执丧礼。于是两宫隔绝,大臣累奏不复,朝野上下无不忧虑,左丞相留正称病避去,官僚几欲解散,人心浮动。此时,赵汝愚以国事为重,临危不惧,并进两宫做疏通工作,又与工部尚书赵彦边等密议,派知阁门事韩侂胄进宫,禀请宪圣太后垂帘,主持丧事;同时,逼使光宗退位,拥其子赵扩继皇帝位。赵扩虑而坚辞。他劝道:"天子当以安社稷、定国家为孝,今中外忧乱,万一生变,将置太上皇于何地?"于是赵扩即位,称宁宗,改元庆元。他奏请宁宗召还左丞相留正,又荐朱熹待制经筵;召回外出的官员,以安定朝政。留正还朝,自请免兼职,改任为光禄大夫,右丞相,力辞再三,宁宗不允,遂与留正同心辅政。

外戚结党弄专权:外戚韩侂胄,因拥戴赵扩继皇位有功,时常出入皇宫,日见受宠,便开始结党营私。时任待制的朱熹、吏部侍郎彭龟年,以韩侂胄窃弄皇上威福,不铲除必为后患之由,提出弹劾,未果。赵汝愚为人坦荡,对此却不以为虑。韩侂胄遍植党羽,变本加厉,排斥贤良。此时,他已势单力薄,对宁宗皇帝的影响力越来越小。侂胄以同姓居相位,不利于社稷为由,迂宁宗罢免了他右丞相之职,以观文殿学士出知福州。李详、杨简、太府丞吕祖俭、太学生杨宏中等人,以汝愚勋劳卓著,精忠贯于天地,先后上疏挽留,太学生客人伏阁上书,皆遭贬斥。不久,韩侂胄将这些人贬窜打压,并借机指责赵汝愚"倡引伪徒,谋为不轨",对其穷追猛打,将他诏谪宁远军节度副使,贬窜永州(今湖南零陵)。

贬行途中梦魂断:赵汝愚被贬放永州,临行前怡然坦荡,对送行者说:"看侂胄用意,必欲杀我。我死,君等方可无事。"宁宗庆元二年(1196)正月,他行至衡州时,泊古鄘,一夕发病暴卒,终年57岁。敖陶孙作诗悲哭之:

左手旋乾右转坤,群邪嫉正竟流言。

狼胡无地归姬旦,鱼腹终天痛屈原。

一死固知公不免,孤忠赖有史长存。

九原若遇韩忠献,休说渠家末世孙。

至宁宗开禧三年(1207),韩侂胄被诛杀后,党禁才得以解除,朝廷尽复汝愚原官,赐谥"忠定",赠太师,追封沂国公。理宗时诏配享宁宗庙廷,追封福王,谥"思定",祀称"八方王爷";义进时封周王。

后人立祠祭沉冤:赵汝愚仁心厚德,有书道曰:"洲钱赵氏,聚族而居,汝愚所得廪食,常分与旗人,而自奉甚薄。虽贵为丞相,仍布衣蔬食。"洲钱乡人,盛赞他清正贤能,将他出生的故巷,命名为生贤里;巷东头的小桥,命名为生贤桥,相沿至今。又在隔河梁代时期的古刹柢园寺里,建"赵忠定祠",该祠后毁于火灾。在明朝万历三十九年(1611),重建"赵忠定祠",钱梦得为之撰《重建赵忠定公祠记》。清光绪间(1875—1908)又重建。

难道两墓谁真假:长沙汝愚墓,位于天心区妙高峰北麓青山祠,占地约500平方米,列为湖南省文物保护单位。墓葬坐南朝北,南依妙高峰,北砌高约4米的石基,使墓地成为依山之台地。基壁上嵌石碑,碑上首刻"南宋忠定赵福王墓"。下首刻"南宋庆元二年丙辰安葬,清宣统二年庚戌续修",中间为清末长沙名士叶德辉所撰碑记。因赵汝愚死于旅途,葬址说法不一,一说余干之墓为衣冠冢。长沙、余干福王二墓,孰为真墓,孰为衣冠冢,至今仍是未解之谜。

还看梅花依旧鲜:赏读赵汝愚的《金溪寺梅花》——

金溪有梅花矗矗,平生爱之看不足。

故人爱我如爱梅,来共寒窗伴幽独。

纷纷俗子何足云,眼看桃李醉红裙。

酒狂耳热仰天笑,不特恶我仍憎君。

但令梅花绕僧屋,梅里扶疏万竿竹。

相逢岁晚两依依,故人冰清我如玉。

45.鹧鸪天·怀姜夔

妙笔难书榜上名,新风作伴月流音。清空骚雅同相趣,常把凄凄入夜莺。

心寂寂,觅温馨,红尘万事对谁吟。留得淡墨千层纸,待等来人可问津。

白石道人姜白石:姜夔(1155—1221),字尧章,别号拈花惹草白石道人,世称"姜白石",江西鄱阳人,中国宋代音乐家和词人。幼丧父母,在汉阳姐姐家度过了青少年时期。他爱好音乐、文学和书法因屡试不第,一生布衣,奔走四方,靠卖字和朋友接济为生。有《白石道人歌曲》《白石词》《白石诗集》等。《四库全书提要》:"夔诗格高秀,为杨万里等所推,词亦精深华妙,尤善自度新腔,故音节文采,并冠一时。"

不满时政怀忧思:姜夔有忧国忧民之心,对时政不满,支持辛弃疾抗击金朝统治者的事业。因南宋王朝和金朝南北对峙,民族及阶级矛盾十分尖锐,战争的灾难、人民的痛苦,使他感到痛心,他将凄情表现在一生的文学和音乐创作里。他精通音律,能自度曲,其词作格律严密,素以空灵含蓄著称。

以诗为词入法度:清空是宋词的一种创作风格。张炎在《词源》中,谈到了两种类型的"清空":一种以苏轼为代表,另一种以姜夔为代表。其共同点在于"以诗为词";但在具体方法上,却有显著的差异。苏轼是无意为词,他蔑弃一切法度,把词变成一种长短句的新体诗;李清照批评东坡的词是"句读不葺之诗尔"。这种不够本色的词风,在南宋初中期成为词坛的主流。姜夔则是以有意的心态,从事词的创作,将词的音律、创作风格和审美理想,纳入一定的法度之中,认真探讨词创中选曲填词、遣词造句和布局谋篇的基本法度。

凄凉忧郁谁相知:南宋孝宗淳熙三年(1176),白石路过曾遭金兵两次破坏的扬州,所见断井颓垣,感融万端,写出著名的《扬州慢》曲谱和歌词。在被金兵蹂躏过的合肥,写出《凄凉犯》,反映了"边城一片离索"的荒凉景象。这些作品,不仅是艺术创作,也是真实的史料。白石一生处在矛盾的心情中不能自拔。他对自己的幕僚生活感到厌倦,却又处处依附统治集团,留恋那种狭隘空虚的生活,因此,忧郁凄凉便成了他的音乐和文学创作的特色。

殊途同归共骚雅:宋词以"骚雅"为审美理想。词原名曲子词,曲子原是从西域各国传入的燕乐。这种胡夷里巷的俗乐,以其娱人娱己、导欲助淫的独特魅力流行极广。而"名高白雪,声声而自和鸾歌;响遏行云,字字而偏谐凤律"的诗客曲子词,不仅适于歌唱,且有主题专一、情感丰富、归诸雅正的特点。

但入宋以后,因纵欲享乐、不思进取之风盛行,荡子思妇变成了狎客妓女,狂嫖豪赌取代了春闺秋怨。苏轼引诗济词,丰富了词的表现形式,充实了词的情感内容,开辟了宋词诗化的道路。"以诗为词"之风到辛弃疾时达到高潮。弃疾之词,器大声宏,借助诗歌手法达到了情感的骚雅。而姜夔恪守法度,用"言情咏物、节序风物"等近俗题材,通过比兴寄托、咏物吟志等常用的抒情方式,也提升了词意的骚雅。

江湖词派竟风姿:姜夔以其对音乐精神的理解,改造唐宋乐谱,使市井俗乐与传统雅乐的精神相通;从众多的典故中,汲取其共同意义,对词体进行全面的雅化,把具体的情感,升华为空灵模糊的意趣;用近俗的题材,表现出雅正的情感。他从词体特征出发,因势而利导,随俗而雅化,使"清空"与"骚雅"绾结连成一体,形成一种新的词风。南宋中后期,词人极工极变,皆不出姜夔的划域,并且各具姜夔的某种风格或特征。后来这些相近的风格汇集起来,就形成了一个词学流派。这就是以姜夔为典范的南宋"江湖词派"。

若将清茶捧于手,数词引君吟成痴:姜夔词选——

一、《点绛唇·丁未冬过吴淞作》:

燕雁无心,太湖西畔随云去。数峰清苦。商略黄昏雨。第四桥边,拟共天随住。今何许。凭栏怀古,残柳参差舞。

二、《鹧鸪天·己酉之秋苕溪记所见》:

京洛风流绝代人,因何风絮落溪津。笼鞋浅出鸦头袜,知是凌波缥缈身。红乍笑,绿长颦。与谁同度可怜春。鸳鸯独宿何曾惯,化作西楼一缕云。

三、《鹧鸪天·元夕不出》:

忆昨天街预赏时,柳悭梅小未教知。而今正是欢游夕,却怕春寒自掩扉。帘寂寂,月低低。旧情惟有绛都词。芙蓉影暗三更后,卧听邻娃笑语归。

四、《踏莎行·自沔东来,丁未元日至金陵,江上感梦而作》:

燕燕轻盈,莺莺娇软。分明又向华胥见。夜长争得薄情知,春初早被相思染。别后书辞,别时针线。离魂暗逐郎行远。淮南皓月冷千山,冥冥归去无人管。

46.永遇乐·怀李燔

八百春秋,呕心施教、独树风范。受业朱熹,堪当重任、更被门生赞。满园桃李,千红万紫,白鹿洞中花绽。赣江长、轻波万朵,总将敬子呼唤。

一生师表,满怀情重,党禁岂能逆转。格物致知,清风一枕,满耳松声啭。踏三书院,幽径草树,一片天高云淡。流光逝,霞辉依旧,万山尽染。

李燔(1163—1232):八百多年前,有一位业绩非凡的教育家,他就是江西永修人李燔。他出生在永修县磨刀李村,幼时失父,依靠其舅生活,在艾城西门外读书,成年后,取表字"敬子"。南宋光宗绍熙元年(1190),在中进士后的42年里,他有35年倾力于教育第一线,把自己的大半生,献给了教育事业。他把"白鹿洞书院",办成全国的"书院之首",影响着当时众多的书院;他被老师朱熹认定为衣钵传人之一,对我国古代的书院教育事业,作出了重大的贡献。桃李不言,下自成蹊,勤耕教坛,甘之如饴。八百余年弹指间,他悠悠诲人、哺育一代学子的事迹,依然芳香幽溢。

忠直朴实衣钵人:1179年,50岁的朱熹,担任"知南康军"时,17岁的他,曾受教于朱熹;进士及第后,授岳州教授;拜访朱熹,朱熹勉励他坚定求知。后因祖母去世,归乡,朝廷任他为"襄阳府教授"。他赴建阳拜会朱熹,不久辞官随朱熹讲学。1192年后的十几年里,他先后在朱熹开辟或恢复的"武夷精舍""岳麓书院""考亭书院"教学。朱熹一生有511位学生,许多人有不懂的地方,朱熹都先让李燔教习启发他们,学子非常敬服。朱熹多次宣示,李燔"交友有益,进步可畏,处事一丝不苟,忠直朴实",就是自己学术的衣钵传人。

直面党禁念师恩：据《续资治通鉴》记载，朱熹与学生，时刻挂念国家强盛，探求世间真理。1196年，权臣韩侂胄、沈继明、施康年等，污蔑和禁止朱熹及其门徒活动，要求诛杀朱熹，并迫害理学党人，历史上称为"庆元党禁"，政治黑云翻滚，一些学生被迫与朱熹划清界限；他也遭到迫害，回地方教学。1200年，朱熹逝世，施康年说："朱熹在浙东，那么浙东伪学就兴盛，在湖南则湖南伪学兴盛……学生用各种方式纪念朱熹……"，他们下令：禁止为朱熹送葬。可是，他和黄干、蔡沈等人，顶住"学禁"的压力，出面主持朱熹的葬礼，率领学子上千人，共同为朱熹办理丧事。

引领书院成头雁：朱熹去世后，他率南康学子，回星子先后创办"修江书院""白石书院""竹梧书院"，继续研究和传播儒家思想。可以说，他从中进士以后的42年，都是在教育与研究儒学中度过的。南宋时期，有书院442所，很有名的有265所（私塾级别的书院不算），与朱熹有关的就有67所，不少都留下了李燔教学的身影。李燔在白鹿洞书院，担任书院堂长期间，各地学者云集，曾达到上千人，使白鹿洞书院走向鼎盛，成为天下书院之首。这是当时书院风潮中，教育界能够达到的最高境界。《宋史》中评价："讲学之盛，它郡无比。"

不尚空窗尚巽升：现在南昌市"进贤门"和"书院街"上，有"三大书院"遗址：东湖书院、豫章书院、友教书院。这三大书院，都供奉着李燔等大贤。当年，李燔在拜谒太师祖罗从彦的南昌西山故居时，曾写下感怀教育的诗:"半窗明月半空字,一枕清风一枕瑟。闲来独倚栏杆外,满耳松声韶护音。"他的诗歌超脱,诗如其人,如《题竹斋指南诗》:"元量清标酷似僧,诗情书意两相承。於今自有高人处,不尚空窗尚巽升。"今人余秋雨在《千年庭院》中写道:"教学,说到底,是人类的精神和生命,在一种文明层面上的代代传递。"李燔用其一生的实践,执著地传递着这种"精神"与"知识"。

格物致知互砥砺:李燔和朱熹的很多学生一样,不求功名,推崇"格物致知"的书院精神:博学、审问、慎思、明辨、笃行。他们依靠人格的感召力,凝聚同志,布衣粗食,朝乾夕惕,相互砥砺,探究学问,很多学子"不远千里而聚首执简"。朱熹曾勉励他要"致远固以毅,而任重贵乎弘也"(实现远大理想需要勇敢,而肩负重任更可贵的是要坚定),他于是自号"宏斋先生"。李燔提出:人于世,非求得做大官,才算是建功立业;据己之能,做利人之事,即为功业。又说:"为卿相高位,也不可失去寒微朴素之色。"

桃李满园下蹊深:史臣李心传,对宋理宗谈起当时高士,累召不起的人,认为李燔是国内第一人。朝廷根据他一生的功绩,盖棺论定,赠与他"文定"谥号。据《史记》《史记正义》记载,谥号"文定"的人,要合乎"经纬天地,道德博厚,勤学好问,慈惠爱民,愍民惠礼,赐民爵位;大虑静民,纯行不爽,安民大虑,为民清正"的优秀品质,类似于现在的"卓越的教育家、思想家",封建社会中,获得过这个"谥号"的人,一共只有60人。

李燔一生桃李满园,在众多学生中,名人英才辈出。有一心为国为民、担任过国子监国子正职的魏了翁,有为朝廷倚重20多年的宰相赵葵,有担任兵部尚书的饱学大儒宋斌……《宋史》高度评价李燔说:"居家讲道,学者宗之。"

47. 浪淘沙·怀陈自明

良甫有家传,医术精端。治疗杂病去伤寒。
贫富无欺同对待,看病不难。
　　总把秘方摊,不弄虚玄。名流千古立医坛。
整体施医求辩证,著作非凡。

陈自明(1190—1270):字良甫,晚年自号药隐老人,江西抚州临川人,南宋著名医学家,与崔嘉彦、严用和、危亦林、龚廷贤、李梴、龚居中、喻昌、黄宫绣、谢星焕,并列为江西历史上"十大名医"。他祖上三代行医,其学术上最有成就,成为当时一大名医。南宋嘉熙(1237—1241)间,为建康府明道书院医学教授。他治学十分刻苦,正如其在《外科精要》自序中说:"仆三世学医,家藏医书若干卷,既又遍行东南,所至必尽索方书以观,暇时闭关静室,翻阅涵泳,究及末合。"于医学理论加以深刻探讨,对中医妇科与外科进行了精深的研究和全面的总结,著有《管见大全良方》(已佚,仅在《医方类聚》一书中存有散在内容)、《妇人大全良方》、《外科精要》等。

自小有悟学业强:陈自明从小随父学医,

非常有悟性。14岁即已通晓《内经》《神农本草经》《伤寒杂病论》等经典医学著作，并将名家医论与祖传经验相结合，在临床实践中加以应用。当时，有一乡妇怀孕得病，一到中午就痛苦不堪，泪流不止，很多医生束手无策。他知道后，遣人告诉其家属：这是内脏燥热引起的，应用大枣汤治。病人家属不信，请人查证医书，正如他所说，用此方一剂病就好了。成年后，陈自明更是医术精进，名扬四方。

妇人大全良方：他不但临床医术精湛，而且对于中国医学理论的发展，也作出了重大贡献，特别是关于妇产科病理的研究，为中医妇产科奠定了坚实的基础。他任"明道书院"医学教授之职时，我国中医妇产科尚不完备，也没有专著。医书《大方脉》虽有涉及，但内容简略，或有论无方，或有方无论，医家难以为据。他认为"医之术难，医妇人尤难，医产中数症，则又险而难"，因此，他耗时20年，潜心钻研中医妇产科，遍览医籍，博采众长，结合家传验方进行整理，于嘉熙元年（1237），编成我国史上最早的一部妇产科专著《妇人大全良方》，为促进我国中医妇科学的发展作出了重要贡献。

癌症研究开先河：该专著是一部有方有论的综合性妇科大全，共24卷，将妇产科疾病归纳为：调经、众疾、求嗣、胎教、妊娠、难产、产后等8门，260余论，1118方；每门有病理分析和医治方案，内容丰富，条目清楚，论述简赅，处方精妙。其中对妇人乳悬、乳疬、乳硬、带乳、乳位、吹乳诸症都有独到见解，特别是论述乳岩（癌）尤为精辟。指出此疾"早期治疗或可内消；若不予治疗，乳将巉岩而崩烈如热瘤，或内溃深洞，血水滴沥，后果险恶"。对癌症观察、研究先于世界各国。该书集宋以前妇产科医术之大成，为宋、元、明、清以至现代医学治疗妇科疾病的重要参考资料和开展这一学科研究的理论基础。明代王肯堂著《女科准绳》、武之望著《济阴纲目》均受其不少影响。

辨证施治著篇章：陈自明还精通外科，于1263年著有《外科精要》3卷传于世。该书对于外科痈疽的治疗，他从病因、病机、辨证、治疗到预后，均作了较为系统的论述，颇受后世医家赞赏。他十分重视患者脾胃的盛衰；

认为"外科疮疡",不是单纯的局部病变,而是人体脏腑气血寒热虚实方面盛衰变化的后果;在治疗上不能局限于针对局部;而应着眼于内外结合,服敷结合,标本结合,从整体考虑,全身治疗。这种重视整体,辩证施治的观点,对中医外科具有深远影响。汪机著《外科理例》,王肯堂著《疡医准绳》,均大量采录陈氏之说。此外,陈自明还著有《备急管见大全良方》10卷、《诊脉要诀》1卷。

五善七恶善明辨:陈自明论述外科,强调火热为病变的主体,将痈疽的病因总结为"一天行,二瘦弱气滞,三怒气,四肾气虚,五饮冷酒,食炙煿,服丹药"。对痈疽的病因,从正气与邪气两方面加以归纳,这些认识颇为深刻。他所提出的"辨五善七恶",多为后世医家效法,即"饮食如常,一善;实热而大小便涩,二善;内外病相应,三善;肌肉好恶分明,四善;用药如所料,五善。渴而发喘,眼角向鼻,大小便反滑,一恶;气绵绵而脉涩,与病相反,二恶;目不了了,睛明内陷,三恶;未溃肉黑而陷,四恶;已溃青黑,腐筋骨黑,五恶;发痰,六恶;呕吐,七恶"。认为五善见三则病可愈,七恶见四则有危。

十大名医美名扬:陈自明的医疗思想非常积极,认为"世无难治之病,有不善治之医;药无难代之品,有不善代之人"。其医德非常高尚,治病不论贫富,一视同仁,随到随诊;对特殊困难者,不取分文。对贪人钱财的庸医,斥为"用心不良"。当时有的医生得到一两个验方,便秘不外传,有的还将常用的验方改头换面当做祖传秘方,予以炫耀。他十分反对这样做,将自己家传的许多验方记入上述两书中,公之于世,因而为人们所称道。

48. 沁园春·怀江万里

万里家学,满屋儒风,正气入霄。看赣江白鹭,翠拥书院,门生济济,广育英豪。殿上忠言,论议风采,倾动朝颜唇做刀。钢骨气,要相拼沙场,提振宋朝。

古稀敌忾不消,励弟子天祥奋举刀。凿芝山止水,借文明志,静观局势,笑待惊涛。大敌当前,从容抚髯,誓与江山共暮朝。今回首,问苍茫大地,谁比风骚?

江万里(1198—1275):字子远,号古心,江西都昌阳丰乡府前人。宋嘉定十五年(1222),贡入大学,太子赵昀(宋理宗)对他极为赏识。宝庆二年(1226),以舍选登进士第,所作策论《郭子仪单骑见虎》,尽表对郭子仪爱国情操仰慕之情,主考官阅后动情,欣然批道"立意新而措词妙,高古文也"。宝庆六年,任池州教授;后历任著作佐郎、吉州知军、江东特运吏、湖南安抚吏、参知政事等职,封南康郡公,后拜左丞相兼枢密使。元兵入侵饶州,他携子从容投水而死。后恭帝闻之,辍朝志哀,并诏赠太傅、益国公,后又加赠太师,谥文忠。

家学渊源品如溪:祖父江鳞,一生隐居,教授乡里。父江烨,宋理宗时登进士第,曾任都尉、知县、大理司帅参等职,一生专注于程朱理学。母陈氏,理学名儒陈大猷之女,陈灏之姊。

万里家学渊源,幼年在祖父所建的书馆内读书,神隽铎颖,连举于乡,后从父教,学《易经》;稍长,赴白鹿洞书院深造,后又游学于隆兴府东湖书院,从朱熹弟子林夔孙为师问学。

开办书院御书题:从政之余,他特别热心教育。淳祐元年(1241)于庐陵赣江之心,创建白鹭洲书院,广泛收藏图书,收授门徒。使"缙绅德之,吏民怜之,悍卒化之"。理宗御书赐题"白鹭洲书院"。第二年,在隆兴任知府,他又建精舍,广聚生徒,讲学其中,理宗又为之御书匾额。这期间,他还为扩建"周程(周敦颐、程颐、程颢)书院"尽心尽力。

耿正不私力主战:淳祐五年(1245)三月,与理宗谈论诸事得失,曾说:"君子只知有是非,不知有利害"。十一月上书弹劾林光迁等依权附势之徒。十二月不顾主降派反对,劝说理宗起用赵葵主持兵事、陈韦单主持财政,使主战派一度得以执掌朝政。为此,屡遭主降派攻击。淳祐六年,江万里升迁监察御史兼侍讲;不久升殿中侍御史。此时,他"器望清峻,论议风采,倾动于时"。但忤者嫉妒,谤言兴起,言其母病未能及时到家送终,使其遭受酷罚,坐废十二年。

敢纵唇枪斗奸狸:宝祐三年(1255),陆德兴为其辩白,江万里才得以起用,任福建转运使。1259年,入京湖宣抚大使贾似道幕下,任参谋官;贾似道入相时,江万里也入朝兼国子监祭酒。次年,升吏部尚书,后进迁端明殿学士。开始虽为贾似道所用,但他秉性耿直,临事不能无言,常触怒贾,故其间职位时上时下。度宗即位后,于咸淳元年(1265),任他同知枢密院事兼参知政事,又与贾同朝。贾擅政后,位极人臣,推行卖国主张,国势日危,他不能奈何,遂奏请归田,未允。十二月,贾以辞职要挟度宗,度宗涕泣,欲拜留,他当即携扶度宗帝说"自古无此君臣礼,陛下不可拜"。又一次触怒了贾。平时,度宗于朝廷,每问起经史及古人姓名,贾不能对,而他常从旁代答,使贾积怒,而谋逐出江万里。

还将夙愿嘱弟子:咸熙九年,76岁的江万里奉旨再度出任荆湖南路安抚使兼知潭州。此时,其再传弟子文天祥,任湖南提刑。同年夏,天祥去潭州拜见,师徒两人,感情深厚,天祥敬其学问道德,风度气概,常比之为范仲淹、司马光。万里也素知天祥气节。谈及国事,他慨然道:"吾老矣,观天时人事当有变。吾阅人多矣,世道之责,其在君乎,君其勉之!"天祥感动不已,流涕再拜而去。

芝山止水志不移:咸淳十年正月,他以年老多病辞去湖南官职。是年,元军大举侵宋,而权臣贾似道等不理朝政。他观大势已去,补天无力,退居饶州芝山,并凿池于芝山后圃,名其亭曰"止水",借物明志,表示将于此以身许国。

玉碎从容恸天地:德祐元年(1275)二月,饶州被元军攻破,他从容坐守,以为民望;等到元军将至其住第,他握住门人陈书器的手,与之挥泪诀别:"大势不可支,我虽不在位,当与国家共存亡。"言毕,偕子江镐及左右,相继从容投池死,一时尸积如叠。后来,南宋抗元将领张世杰,收复饶州,得悉其事,奏报朝廷,满朝上下,为之震动,其所识与不识者,莫不伤心流泪。文天祥有祭文云:"星折台衡地,斯文去矣休。湖光与天远,屈注沧江流。"

读其词句还凄凄:一、《水调歌头·寿二亲》——"生日重重见,馀闰有新春。为吾母寿,富贵外物总休论。且说家怀旧话,教学也曾菽水,亲意尽欣欣。只此是真乐,乐岂在邦君。吾二老,常说与,要廉勤。庐陵几千万户,休戚属儿身。三瑞堂中绿醑,酿就满城和气,端又属人伦。吾亦老吾老,谁不敬其亲。"二、《劝农》——"农岂犹需我劝农,且从人意卜年丰。喜闻布谷声声急,莫为催科处处穷。父老来前吾语汝,官民相近古遗风。欲知太守乐其乐,乐在田家欢笑中。"三、《梅花》——"草际春回残雪消,强扶衰病傍溪桥。东风不管梅花落,自酿新黄染柳条。"四、《梅花》——"床头周易用心来,旧卷经年病不开。到得初冬梦颜子,欠伸俄健起寻梅。"

49.鹊桥仙·怀马廷鸾

　　家徒四壁,饭牛而诵,磨砺终成大器。披肝沥胆面俗尘,毋畏惧、一身正气。
　　隐归故里,芋羹豆饭,林下水边弄笔。格言四句励来人,意切切、堪称精辟。

马廷鸾(1222—1289):字翔仲,号碧梧,江西乐平人,宋末元初著名诗人、政治家。南宋淳祐七年(1247)进士,历任池州教授、秘书省正字等职,咸淳五年出任右丞相。他为官清正,敢与奸斗,上书弹劾把持朝政的宰相丁大全,受到百姓推崇,得到皇帝重视,因而被拜为宰相。但当时外戚当权,朝政腐败,自感无力挽救危亡的他在为相三年后,归隐故乡,潜心著书立说。著有《碧梧玩芳集》24卷、《语孟会编》、《楚辞补记》、《读庄笔记》等,在《四库全书总目》又录有其《六经传集》等书。元大德二年(1298),因病逝世,终年66岁。

家徒四壁才学佳:马廷鸾曾在《祭亡弟总干文》中道:父丧时"兄才九龄,弟甫四岁,我生七年……母抱群雏,家徒四壁",家贫之状,溢渗字里行间。贤母节衣缩食,送其兄弟

读私塾。虽然先生不收学费，但孤儿寡母，无人耕种，他只好"带经而锄，饭牛而诵"。苦读六年后，他参加县考，成绩斐然。三年后考中州学秀才，成为远近闻名、文才出众的青年学子，被聘为童子师。

盖世文章难与华：他在乐平万全书院任教时，每临宴席，就思念在家蔬素为餐、守贫度日的慈母，酒肉难咽。耿耿忧思，砺其奋发读书上进，不出数年，名扬饶、徽二州。当时，浮梁知县丁大全，想拉拢他，但他不与之深交。淳祐七年，他赴京应试，会试名列贡士第一，廷试第四。他文章盖世，忠贞爱国，理宗、度宗两朝圣旨、诏书，重要的馆阁文书，大都由他起草；理宗遗诏和度宗登位诏，都是他撰写拟定；南宋末年重要史稿《经武要略》也是由他主持编修。

敢论朝政谏对策：南宋宝祐年间（1253—1258），丁大全勾结马天骐，向阎皇后献媚取宠，从萧山县尉，跃升朝廷重臣，与宦官董宋臣等结成帮派，驱赶了宰相董槐，当上了右丞相。朝中文武，敢怒不敢言。时有民谣："阎马丁当，国家将亡。"皇帝召马廷鸾咨询朝政时，他提出"强君德、重相权、收直臣、防近习"的对策。理宗对他非常赞赏，将他升为秘书省正字，因此名重天下。

不畏权奸天下夸：皇帝常召他论对试策，议论国家大事。一次论对前，丁大全疑马廷鸾会弹劾自己，派党羽王持扈前往打探。马廷鸾与王是旧交，即将弹劾内容告之，王劝他要明哲保身。然他正言："仕当报效朝廷，岂能畏而不尽责！"丁大全得知，命人在午门阻其上殿。第二天，又使同党朱熠诬告他，罢其官职；还串通董宋臣，派宫内卫士，前往马家，强索奏稿，予以烧毁。马廷鸾虽被罢官，但他忠君爱国，敢于与奸臣斗争的精神，得到朝野上下和广大百姓的敬重。

毋畏人言行端正：理宗开庆元年（1259），丁大全隐瞒元兵逼近鄂州这一紧急军情事件败露后，被弹劾流放，吴潜出任宰相。当时，丁大全虽已倒台，但董宋臣、朱熠之流却还握有实权。他上奏皇上，罢免了董宋臣等人。后来朝廷又打算起用董、朱等。他再次上书，说服了皇帝，没有再用那些奸佞之臣。上疏前，宰相吴潜曾致书，叫他不要再上奏此事，免得别人说是以公报私怨。他义正词严地表白："这是从社稷利益出发,毋畏人言,毋避私嫌。"

四留格言今无瑕：马廷鸾自小饱尝贫穷之苦,为官后,艰苦朴素的本色不变。他要求子孙后代,诵记其格言："留有余不尽之巧以还造化,留有余不尽之禄以还朝廷,留有余不尽之财以还百姓,留有余不尽之福以还子孙。""四留"格言,很有现实意义。而"留有余不尽之巧以还造化"一言,告诫子孙要珍惜自然界对人类的恩赐,内含朴素的环境保护主义思想。

勇退激流显睿智：理宗贾皇妃之弟——贾似道拜为右丞相后,与元勾结,卖国求荣。马廷鸾多次上疏,请求组织力量,抵抗元军。1274年,眼见南宋将亡,无力回天的他,辞官归里,过起了隐士生活。1279年,南宋彻底灭亡。他激流勇退,不失为明智之举。

豆饭芋羹诗酒花：归故里隐居后,他住的是茅屋。《和许膝啸韵》中说"奎文忽到茅檐下",还有"因之酹茅茨,招唤西邻翁"等诗句。吃的是农家饭。《示程介夫》诗"豆饭芋羹才足欲,水边林下即心安";还有"野摘堪供菜肚翁",吃的是"豆饭芋羹""菜饼",过着简朴的农家生活。

马廷鸾热心于公益事业,出资兴学,创办乐平县慈湖书院,由其子马端临出任山长,免费教育子弟,坚信教育救国,为复国培养人才。他培养人的目标是：正直为民、敢于直言、"謇谔论邦国"的栋梁之材。终于造就出像马端临这样的大史学家、文学家。他以文会友、以诗会友,写诗填词,选韵唱和,苦中有乐,兴味盎然。他还多次捐资修水利,改善农田灌溉条件,受到家乡人民的爱戴。

50.南乡子·怀池梦鲤

梦鲤跳龙潭,老骥夺魁举天欢。更待乾坤新气色,依寒,喜气难冲社稷安。

何处望江山?满目疮痍日影残。才志何酬徒泪泣,辛酸,半壁沉沦魂不甘。

特科状元池梦鲤(约1224—1279):字德华,出生于江西赣州城南市街,后居七里镇。南宋绍兴年间(1131—1162),其祖父池溥,河南西平县人,在广东连州为官,返乡途经赣州,爱其山川之胜、风俗之淳,故"择地赣之东镇而家",成为赣南池氏始祖。溥生二子旭、郎。旭生四子纪鲤、梦鲤、叔鲤、季鲤。梦鲤自幼读书,后为南宋太学中舍生,南宋咸淳十年(1274)中甲戌特科状元,是赣州城区历史上唯一的状元,历任浙西江东制置使,知平江(今江苏吴县)府。宋亡后,他和当时许多崇尚民族气节的士人一样,隐逸山林,不愿仕元,于祥兴二年前后去世,葬于赣县茅店太阳坪村。

帝御点列第一:池梦鲤是"特科状元"。"特科"又称"制科",唐代即有之,到宋代更受重视,但时断时续,在两宋三百多年中,制科御试有22次。宋朝是"重文轻武"的朝代,官员薪水比历朝历代都高。据史载:两宋三百余年,贡举登科者共十一万多人,平均每次录取的人数为唐代的十倍。唐代登科后,还要经过吏部身、言、书、判的考试,才能走上仕途;而宋代士人及第,即可释褐入官,因而更能吸引广大文人参加科举。

半百功业名将赞:池梦鲤50余岁中状元后,抗元名将张世杰,在他住宅前建的"释褐坊"牌坊上题写了赞文:"名甲金榜,宴赐琼林,京兆行驺,仪曹敏勤,诗轶六朝,功拟五臣,忠良并誉,千古斯文。"高度评价他的文才和功业。

马过木桥不失蹄:关于他中状元,民间有许多传说,其中有"状元桥"的故事。"状元桥",位于章贡区水东沿坳村竹山。当年他和表兄,同从赣州骑马进京赶考,表兄的马走上木桥上时,受惊把主人摔下河淹死了,而他却安然无恙地渡过了木桥。中恩科状元后,人们在村北修建了这座用红条石砌成的单孔桥,命名为"状元桥",还在桥边筑了一个风雨亭。传说那年皇帝梦见鲤鱼跳龙门,让处境艰难的度宗龙颜大悦,遂下旨从全国各地荐50名进士,进京考状元,而池梦鲤则荣登这一年的"特科状元"。

金榜难酬凌云志:然而,"城南杀气似黄埃,三十年间黯不开",他虽有名甲金榜的才华和荣幸,却没有机会能像欧阳修、王安石那样干一番安邦治国的伟业,而是"一封朝奏九重天,夕贬潮阳路八千"。甚至无法圆一个同代人文天祥那样壮烈殉国的梦,唱出"人生自古谁无死,留取丹心照汗青"的绝句。就在他名甲金榜不久,元军分三路进兵,大举南侵。皇帝钦点状元的喜气,也没能冲破横扫欧亚的铁蹄,大兵压境,度宗忧郁而终。

江山沉沦愤归西:度宗死后,继位的恭帝与主政的谢太后,不久被元军掳去;而最后一个皇帝赵昺,则与大臣陆秀夫一道投海自尽,1279年,南宋灭亡。这位最后的恩科状元,未能施展其才华,于国亡的同年悲愤而死。后人作诗叹曰:"文登榜首能占魁,身处代末不逢辰,满腹才志未酬展,半壁江山已沉沦。"

池家宗祠今仍在:为纪念他,后人在七里镇其旧居址上,建起一幢"赣南池氏族人"的总祠堂,系砖木结构,硬山顶,檐柱采用红石柱,宗祠有戏台、天井和封火山墙，占地450平方米，外观雄伟气派，内部设计精致考究。1997年列为赣州市文物保护单位。池溥的后裔繁衍至今，遍布于江西的赣州、会昌、兴国，福建的宁化、武平、上杭及广东的始兴、梅州等地。

白发考生还叹奇：在"以一日之长""决取终身富贵"驱使下，自隋科考以来，不知有多少人像《儒林外史》中的范进一样，终身陷入科举场。相比而言，池梦鲤50岁中状元并不算太晚。宋朝梁颢82岁中进士，他咏道"也知年少登科好，怎奈龙头属老成"。1699年，广东100岁的黄章，仍进京参考，凌晨进场时，曾孙提着上写"百岁观场"的灯笼开路。1736年的参考人中，80岁以上者3人，70岁以上者40人。1761年应试者，80岁以上者7人，70岁以上的19人。鸦片战争爆发那一年，104岁的长沙监生余会来未考中，皇帝感动，赐其举人。

51. 八声甘州·怀谢枋得

　　看丹青浩渺耸叠山，气节向云天。赞烽烟疆场，宝刀未老，奋勇当先。敢裸男儿硬骨，烈士暮年轩。悲梦十年隐，不见欢颜。
　　情系宋朝故土，似雪中松柏，傲立峰巅。恨难酬壮志，举剑舞长鞭。羁京都、不朝元殿，效伯夷、宁死拒食烟。流年逝、志节风范，浩荡人间。

谢枋得（1226—1289）：南宋文学家，字君直，号叠山，别号依斋，江西上饶弋阳人。南宋理宗宝祐四年（1256）与文天祥同榜进士，次年复试教官，中兼经科，任抚州（江西）司户参军；应吴潜征辟，组织民兵抗元；同年任考官，因得罪贾似道而遭黜斥，咸淳三年（1267）赦还。德祐元年（1275），被朝廷任为江东提刑、江西招谕使兼信州知府。元兵犯境，战败城陷，隐遁于建宁唐石山中，后流寓建阳，以卖卜教书度日。宋亡，寓居闽中，元朝屡召出仕，坚辞不应，终于被强制送往大都（今北京），坚贞不屈，绝食而死。

披麻只为国已倾：德祐二年（1276）正月，南宋叛将吕师夔，与元军将领武秀分别侵占江东。时任江西招谕使兼信州知府的谢枋得，组织军队抵抗失利，走入安仁（江西余江），会同

谢枋得

张孝忠部队,在团和坪与吕师夔军决战。后安仁失守,元军进取信州,城失守。五月,景炎帝授其江东制置使,往弋阳组织抗元义军。七月他攻铅山,兵败。于是乔装打扮逃奔福建建阳县唐石里(今黄坑乡)。沿途逆旅中,他每天穿着麻衣草鞋号啕大哭,以抒发对宋朝的悼念。

不仕元朝气节存:元朝屡召谢枋得出仕,他坚辞不应,隐居建阳卖卜教书,被元朝当局察觉,将他挟持到建宁(今建瓯)。到建宁赋律诗:"雪中松柏愈青青,扶植纲常在此行。天下久无龚胜洁,人间何独伯夷清。义高便觉生堪舍,礼重方知死甚轻。南八男儿终不屈,皇天上帝眼分明。"这是他北上前的诀别诗,用伯夷耻食周粟、饿死首阳山以及王莽篡汉后龚胜拒绝做官,绝食、绝言十四天而卒的典故,立下必死的决心。他被强行解到元大都北京后,坚不做官,绝食20多天,在悯忠寺(今法源寺)逝世,享年64岁。其子扶棺归信州,葬故乡弋阳。明景泰七年(1456)九月,他与文天祥同赐谥,文天祥赐"忠烈",他赐"文节"。

诗骨坚沉溢松韵:谢枋得的诗伤时感旧,沉痛苍凉,诗风朴素端正,有时也饶有韵致。如《武夷山中》:"十年无梦得还家,独立青峰野水涯。天地寂寥山雨歇,几生修得到梅花。"述其转徙山中的十年岁月,颇含隐痛。《初到建宁赋诗一首》起句即以"雪中松柏愈青青"自喻,高风亮节,视死如归,亦感人至深。所著《叠山集》16卷,有《四部丛刊》影印明刊本。在文学上,他著作颇丰,有《诗传注疏》《易说》《十三卦取象》《文章轨范》等,以及杂著、诗文64卷行于世。

评点思辨留兰馨:谢枋得是宋代评点修辞史上的重要人物,评点著作有《文章轨范》《檀弓解》《唐诗解》等。其丰富的辨证修辞思想,主要体现在他对胆大与心小、曲与直、繁与简、正与反、粗与细、俗与雅、豪荡与纯粹,以及句子的长与短、整与散、抑与扬、继承与创新、字句章篇等几种修辞现象之间关系的思辨上。只可惜如此文武双全的才俊,却逢奸臣当道,以致受尽颠沛流离而亡;同时,也正因生逢"国破山河在"的动乱年代,才成就了他以身殉国的青松气节。

忍赠天祥岳飞砚:南宋抗金名将岳飞使用的端石紫砚,在岳飞被害百年后,被他买得,他考证砚铭文,证实此砚为岳飞所用之物,便在砚背刻:"枋得家藏岳忠武墨迹,和铭字相若,此盖忠武故物也,枋得记。"文天祥与他同榜进士,交情甚笃,他割爱将此砚赠给天祥。天祥将此事刻在砚背上:"岳忠武端州石砚,向为君直(即谢得枋)同年所藏,咸淳九年十二月十有三日,寄赠天祥。"并刻有:"砚虽非铁磨难穿,心虽非石如其坚,守之弗失道自全。"经元、明至清光绪时,状元吴鲁(任安徽督学时)在皖南得此砚,如获至宝。以后辗转,今下落不明。

悲歌尽在沁园春:宋亡后,元朝不断南征。其间,他一直隐居在闽中,直到1289年,福建参知政事魏天佑,为了向朝廷取媚,强迫他北上。在寒食节,他过郢州时,写下《沁园春·寒食郢州道中》:"十五年来,逢寒食节,皆在天涯。叹雨濡露润,还思宰柏;风柔日媚,羞见飞花。麦饭纸钱,只鸡斗酒,几误林间噪喜鸦。天笑道:此不由乎我,也不由他。　鼎中炼熟丹砂。把紫府清都作一家。想前人鹤驭,常游绛阙;浮生蝉蜕,岂恋黄沙?帝命守坟,王令修墓,男子正当如是耶。又何必,待过家上冢,昼锦荣华!"

这首词他先抒发思乡之情,继而抒发自己报国之情;上片虽沉痛悲愤,但基调却厚重低沉;下片则变为至大至刚,充满了视死如归的精神。这首词精彩之处,在于注重心理刻画,含有感染力,全词慷慨悲歌催人泪下。因此,具有很高的思想境界和艺术魅力。

今南昌市区的叠山路,便是以宋朝文学家、爱国将领谢枋得的号"叠山"而命名。

52.西江月·怀刘辰翁

举目庐陵明月,赣江碧水苍茫。宗邦沦覆志不殇,依旧豪情万丈。

每饭思君难忘,气节词里留香。怒将剑骨立山冈,阅尽人间万象。

南宋庐陵刘辰翁:字会孟(1232—1297),号须溪,江西吉安人,南宋末期辛词派中成就较大的爱国词人。幼丧父,家贫力学,23岁举于乡,景定元年(1260)补太学生,受知于国子祭酒江万里。景定三年进士,廷试对策时,其"济邸无后可恸,忠良残害可伤,风节不竞可憾",皆针对权奸贾似道而发,因而被置进士丙等,得耿直之名,还几乎为贾所害。他深知将不容于权要,又不愿同流合污,便托词亲老,请为赣州濂溪书院山长。咸淳元年(1265),任临安府学教授;后在江万里处任幕僚。1275年,丞相陈宜中荐居史馆,他辞而不赴;后授太学博士,因元兵进逼临安,未能成行。当年文天祥起兵抗元,他曾参与其江西幕府。宋亡后隐居不仕,甘居淡泊,埋头著书,以此终老。

每饭不忘故国容:刘辰翁生逢宋、元易代之际。出生第三年,蒙古贵族统治者窝阔台,灭了女真族建立的金国,对南宋造成很大威胁,民族矛盾加剧,朝廷处境困难。加上皇帝昏庸,听任奸臣贾似道摆布,人民生活在水深火热之中。江万里、陈宜中等,知其学识渊博,为人正直,相继荐官,他都固辞不就。宋亡后,隐居不仕,埋头著书;虽此,他仍然发出像杜甫一样的"我亦每饭不忘君"的呼声,眷怀故国,鄙弃新朝。其高风亮节,赢得时人及后世的推崇。和他同时的张孟浩赠诗:"首阳饿夫甘一死,叩马何曾罪辛巳。渊明头上漉酒巾,义熙以后为全人。"

气宇轩昂笔如剑:刘辰翁著述甚丰,但其成就主要表现在词上。他愤权奸误国、痛宋室倾覆,满腔爱国热忱,时时寄于词中。在南宋末年的词人中,其爱国思想与民族情绪反映得最为强烈,是辛弃疾一派的爱国主义传统的继承者。《四库全书总目》称他:"于宗邦沦覆之后,寄托遥深,忠爱之忱,往往形诸笔墨,其志亦多有可取者。"这是对他为人和词作的正确评价。他尝刻一印章,文曰"三代人物",这是他以古代高士自许的表现。在他的词中,凡属书甲子的词,都是暗示自己不承认元朝的统治,感怀时事、追念故国的作品。

飘零独在爱恨中:他最有价值的作品,是感怀时事的爱国词。南宋亡前,有些词就强烈地反映了当时的社会现实。如《六州歌头·乙亥二月,贾平章似道督师至太平州鲁港,未见敌,鸣锣而溃。后半月闻报,赋此》,以贾丧师败绩之事,直接抨击腐败政治;全词冷嘲热讽,淋漓痛快,读后无限愤恨。他更多的爱国词写于宋亡后,结合"乱后飘零独在"的身世,抒发对故国、故土的眷念与哀思。如《丙子送春》采用象征手法,用"春去"暗喻南宋灭亡。清人陈廷焯在《白雨斋词话》中言:此词"题是'送春',词是悲宋,曲折说来,有多少眼泪"。

两鬓白梅阅风浪:在《西江月·新秋写兴》中,把自己与普通人对照,借七夕来抒发寄寓故国之思:"天上低昂似旧,人间儿女成狂。夜来处处试新妆,却是人间天上。不觉新凉似水,相思两鬓如霜。梦从海底跨枯桑,阅尽银河风浪。"上片写七夕儿女幸福欢快景象;但"儿女成狂"寓有微意,"人间天上"也含讽意。用"却是"二字,言外有意:沦陷后的山河,如人间地狱,而眼前的景象却截然相反,仿佛人们忘却家国之痛,叫人无限悲痛。下片直抒感受:由于怀念故国的"相思",两鬓已如白梅。"梦从海底跨枯桑,阅尽银河风浪。"借梦来表达对世事沧桑与人事巨变的感受,突出全文寄意,起到了画龙点睛的作用。

一腔赤血荡心胸:其《柳梢青》词:"铁马蒙毡,银花洒泪,春入愁城。笛里番腔,街头戏鼓,不是歌声。那堪独坐青灯。想故国,高台月明。辇下风光,山中岁月,海上心情。"读之无不感到他的炙热情怀。这首词,倾吐了诗人对故都汴京的怀念;对身伏山中,家人离散,处境凄惨的回味;特别是对临安陷后,爱国志士逃往海上,仍奋力抗击,直至殉国的坚贞操持的钦敬之意!

遗民潜意常相伴:他的词作心态也非常复杂,难仅以爱国为论。抗节不仕、思念故国是他心态的主流。但这种爱国思想又是复杂、宽泛的;有时也是矛盾的。考其心态源流,除了深受儒家忠君爱国思想浸染外,还应与佛道思想存在着不可分割的联系。以儒家思想为主体和佛道等思想的交融,形成了他的遗民精神,并在此支撑、伴随下,他度过了宋元交替这段非常时期。

创作批评相映红:其著作分两类,一是文学创作:门生王梦应称之为"韩欧后,惟先生卓然秦、汉巨笔"。所著《须溪集》有百卷,但在明代就很少见到。韩敬选订晚宋诸家之文,"尝以不得辰翁全集为恨"。今传《须溪集》十卷,系乾隆时四库馆从《永乐大典》中辑出的;还有《须溪四景诗集》四卷。二是文学批评:他曾先编、批点自汉、唐迄宋代诸大家诗文。《四库全书》收录的有《评点班马异同》《评点王右丞集》《评点李长吉诗歌》和《放翁诗选后集》等。

53. 七律·怀文天祥

被禁囚船绝水粮,千古绝唱伶仃洋。
高风浩气贯朝庙,铁骨丹心恋故乡。
国破依然节未破,君降却有臣不降。
江山社稷谁堪负,万卷丹青树天祥。

文天祥（1236—1283）：初名云孙，字天祥，也字宋瑞、履善，号文山，江西吉安人。宝祐四年（1256）状元，历任湖南提刑，知赣州。德祐元年，元兵东下，他集义兵万人入卫临安。次年任右相，被派往元营议和，遭扣押，后于镇江脱险，至福建募集将士，抗战到底。终为元兵所败，被俘监禁三年，先后拒绝南宋恭帝赵㬎和元世祖的亲自劝降，在狱中作《正气歌》。至元十九年十二月，在柴市（北京东城符学胡同）从容就义。他是伟大的民族英雄，也是宋末著名的爱国诗人。有《文山先生全集》，《宋史》卷四一八有传。

招募豪杰卫山河：北方蒙古族于1271年，结束了争夺皇位的相残局面，建立元朝，侵略矛头直指南宋。南宋朝廷长期为投降派所把持，早在1259年，宰相贾似道便以称臣、割江

北地区和岁纳银20万两、绢20万匹为条件，暗中屈膝求和。蒙古巴邻氏伯颜，意在灭宋。1275年，将贾似道13万大军消灭，南宋无兵可用。此时，宋恭帝仅四岁，太皇太后谢氏临朝听政，发出《哀痛诏》，号召天下四方迅速举兵"勤王"。当时，担任赣州知府的他，"捧诏涕泣"，并立即行动，捐献家资充当军费，招募豪杰，组建了一支万余人的义军，开赴临安。

幸脱虎口再挥戈：1276年正月，伯颜兵临皋亭山，左相留梦炎已降。伯颜要南宋右相陈宜中，去元营洽谈，当晚陈逃。临危中，文受太后命前往。此时"战、守、迁皆不及施"，他也欲观敌虚实，以谋"救国之策"。但不料，他在敌营指斥伯颜，他的义兵则在同时，被投降派命令解散。1276年二月初九，他被押送大都（北京），行至镇江，在义士的帮助下，逃脱了虎口。不久，他被诏至福州，任右丞相。七月，他在福建南平打起帅旗，号召四方英雄豪杰起兵抗元。

宁将丹心护正义：1277年三月，文天祥统兵进军江西，收复南部数十州县，同时围困赣州，湖南、湖北皆起而响应，震撼了江南。元忙调40万大军，解赣州之围，另派兵五万追击文天祥。文部不过五千余人，八月，于空坑战败，部将数人牺牲，文妻及子女皆被俘，赵时尝在紧急中假扮他，吸引了元军，他才得以逃脱，赵被杀。1278年十一月，他收拾残军，移兵广东潮阳，不幸兵败五坡岭，他吞服冰片自杀，却在昏迷中被俘。元将张弘范让他写信招降张世杰。他说："我不能保护父母，难道还能教别人背叛父母吗？"张一再强迫他写信，于是他将前些日子所写的《过零丁洋》一诗抄录给张弘范。张读到"人生自古谁无死，留取丹心照汗青"两句时，也受感动，不再强逼文天祥了。

膝骨坚硬奈我何：被俘的文天祥只求义死不求苟生，他对伯颜说："宋状元所欠一死报国耳，宋存与存，宋亡与亡，刀锯在前，鼎镬在后，非所惧也，何怖我？"阿合马来囚所劝降，要他跪。他说："南朝宰相见北朝宰相，何跪？"阿威胁说："你生死由我。"他凛然道："亡国之人，要杀便杀，道甚由不由你。"后来元丞相孛罗提审，命跪，他昂然而立，只对孛罗行个拱手礼。孛罗令左右强制他下跪。他竭力挣扎，坐在地上，坚抗不屈，凛然道：

"天下事,有兴有废,自古帝王及将相,灭亡诛戮,何代无之?天祥至此,幸早施行。"元世祖又让降元的宋恭帝来劝降,他长跪于地,痛哭流涕,对恭帝说:"圣驾请回!"并言"社稷为重,君为轻"。他并不对帝王愚忠,而只无条件地忠于国家和民族。

谁说英雄不纵泪:在狱中,他曾收到女儿来信,得知妻子和两个女儿都在宫中为奴。他深知女儿的来信是元廷的暗示:只要投降,家人即可团聚。尽管心如刀割,他却不愿因妻子和女儿而丧失气节。他在写给妹妹的信中说:"收柳女信,痛割肠胃。人谁无妻儿骨肉之情?但今日事到这里,于义当死,乃是命也。奈何?奈何!……可令柳女、环女做好人,爹爹管不得。泪下哽咽哽咽。"

向南无愧气巍峨:至元十九年十二月八日,元世祖亲自劝降。他长揖不跪,世祖未强其跪,只说:"你在此日子久了,如能改心易虑,用效忠宋朝的忠心对朕,朕可在中书省给你官位。"他回答:"我是大宋的宰相。国家灭亡了,我只求速死。不当久生。"元世祖又问:"你愿怎样?"他答:"但愿一死足矣!"元世祖十分气恼,即下处死令。次日,他被押解到柴市口刑场。监斩官问:"丞相如有话回奏还能免死。"他问监斩官哪边是南方,得知后,便整了整衣襟,向南而跪:"我的事情完结了,心中无愧了!"于是引颈就刑,从容就义,年仅47岁。

回首沧桑多磨难,后人铭咏正气歌:死后在他的衣袋中,发现一首诗:"孔曰成仁,孟曰取义,唯其义尽,所以仁至。读圣贤书,所学何事?而今而后,庶几无愧。"寥寥数语,成为光照日月、气壮山河的绝唱,成为民族精神财富的宝贵部分。

54.一剪梅·怀马端临

不仕新朝隐草堂。手把清茶,四壁书香。一坛佳酿度流光,休管浊尘,屋外炎凉。

多少春秋静夜长。相伴灯烛,寂感寒凉。皇皇巨制论沧桑,《通鉴》《通考》,恰似鸳鸯。

宋末乐平马端临:字贵与(1254—1323),号竹洲,江西乐平众埠镇楼前村人,宋末史学家。其父马廷鸾,在咸淳年间曾任右丞相。马端临早年师从朱熹学派的曹泾,深受其影响,20岁那年,漕试第一,以荫补承事郎。不久,父亲因反对奸臣贾似道,遭到排挤而离职回乡,他随父回家,侍奉父亲。1279年,南宋为元所灭,他隐居不仕,消极抵抗;当时,投降元朝并担任吏部尚书的留梦炎,曾招他出来做官,遭其拒绝。他历20余年专心著述《文献通考》。父卒后,在元朝的压力下,他才被迫出任慈湖、柯山二书院山长。1322年,又出任台州儒学教授,仅三个月,即告老还乡,不久病逝,享年70岁。所著《文献通考》348卷,记上起三代、下终南宋宁宗嘉定五年(1212)的典章制度,为三通之一,具有重要参考价值。另有《大学集注》

《多识录》。

采摭诸书藏于心：其父藏书丰富，治学严谨，对端临教育极其严格，而端临自身天资聪明，学习勤奋，这些都为他以后的治学，打下了坚实的基础。年轻时就"有志于缀辑"，决心以《通典》为蓝本"采摭诸书"，重编一部记述我国历代典章制度的专著。但因"顾百忧熏心，三余少暇，吹竽已滥，汲绠不修"而未曾动笔。

致力半生终问世：马端临注重学问的积累和资料的搜集整理，认为这是治学的门径。他特别推崇唐朝杜佑《通典》和南宋郑樵《通志》。而对班固等写断代史的作家，则持批评态度，认为他们丢掉了"会通因仍之道"。他认为修史的目的在于考察历代统治者兴亡盛衰的原因，为封建统治阶级提供经验教训，这就必须对历代王朝的典章制度做一番考订工作。他从咸淳九年（1273）开始准备，元朝至元二十七年（1290）开始撰写，历二十余年的努力才告竣，取名《文献通考》。至治二年（1322）开始刊行于世。

精研覃思释古今：马端临编纂《文献通考》的目的，是为了弥补《通典》的不足。他认为"杜书纲领宏大，考订核洽，固无以议为"。但"时有今古，述有详略，则夫节目之间，未为明备，而去取之际，颇欠精审，不无遗憾"。因此，他以严肃的态度另行撰写。"凡叙事则本之经史而参以历代会要及百家传记之书，信而有征者从之，乖异传疑者不录"，"凡论事，则先取当时臣僚之奏疏，次及近代诸儒之评论，以至名流之燕谈稗官之记录，凡一语一言，可以订典故之得失，证史传之是非者，则采而录之"。如果"载之史传之纪录而可疑，稽诸先儒之论辩而未当者"，他就"研精覃思"，"窃以己意而附其后"。这样，他就完成了一部既有翔实丰富的史料，又有深思独到的观点的史学名著。

天宝以前鉴通典：《文献通考》是一部记载历史上典章制度沿革的文化通史，共348卷，上起三代，下终南宋宁宗嘉定末年（1224），共24门。因唐代杜佑编撰的《通典》，迄于天宝。天宝以前的内容，包括田赋、钱币、户口、职役、征榷、市籴、土贡、国用、选举、学校、职官、郊社、宗庙、王礼、乐、兵、刑、舆地、四裔等19门。马端临在《通典》基础上，广搜史料，加以考证，去伪存真，归类分目；同时在各条后面夹录前人和当时文人学士的议论，最后再用按语的形式阐述见解。其按语，贯串古今，折中恰当，力求从历史事实出发，作出审慎的结论，尤其对于土地制度、兵役制度所发表的见解为前人所未有。

另续五门独自新：天宝以后至宋嘉定之末，则另行续写；经籍、帝系、封建、象纬、物异等五门，为《通典》所无，全部是他搜集新材料写成的。他生活在宋末元初，深知南宋政治腐败，是导致王朝灭亡的主要原因。因此，他对宋代制度的研究功夫最深，对典章制度，记载也特别详细，对两宋政治的黑暗面进行了揭露，从而使书中有关宋代的记录较为真实可靠，史料价值超过同类其他著作。

读史还需邀司马：《文献通考》与司马光的《资治通鉴》起到相辅相成的作用。人们说，读《通鉴》而不读《通考》，就好比读"纪、传"而不读"志、表"，只知一代的人物事迹，而不知一代的典章制度。相反，如只读《通考》而不读《通鉴》，犹如知"志、表"而不知"纪、传"。所以，只有两部书结合起来读，才会对我国上下几千年的历史，有个较全面的认识。可见《通考》在我国浩渺的史籍中，具有很重要的地位。他的卓越贡献，当为世代敬仰。

皇皇巨制人叹惊：《文献通考》是一部皇皇巨制，部门广，内容多，竟成于马端临一人之手，其学问之广，功夫之深，令人赞叹。《通考》以后，出现了不少续作，有明王圻的《续文献通考》254卷，清朱奇龄《续文献通考补》10册48卷，清乾隆时敕撰《续文献通考》252卷，近人刘锦藻《清续文献通考》等，可见《文献通考》影响之大。

55.玉楼春·怀朱思本

凡身道骨迷幽静,两度玉隆痴月影。从容阅尽半边天,唯有历经心淡定。

江山满目文如锦,唯物自然开悟性。十年冬夏路艰辛,《舆地图》真如对镜。

元朝抚州朱思本:字本初(1273—1333),号贞一,元朝地理、地图学家,江西抚州人。因"厌世混浊",他入龙虎山为道士。道教在元代颇受朝廷重视。第36代天师张宗演及徒张留孙,受到元世祖忽必烈的信任。张留孙被封为上卿,赐宝剑;至元十五年,又被授为玄教宗师,赐银印。大德三年(1299),朱思本奉命来到大都北京,协助张留孙等处理道教事务,多次奉旨代皇帝祭祀嵩、衡等名山。至治元年(1321),出任杭州玄妙观住持提点。次年调任南昌玉隆万寿宫住持,长达10年之久。其间,与大宗师吴全节一起倡议,筹措资金,修缮殿堂。1330年又进大都,次年南归玉隆万寿宫,直至去世。他还善诗文,与文坛名流虞集、范梈、柳贯、袁桷、许有王等交往甚密。著有《贞一斋诗文稿》2卷。

予幼读书拜道门：其祖父,以科举入仕,宋末任淮阴宰。其父对元统治者不满,没有走科举入仕之路,家道因此中落。他在南宋臣民的破落之家,生活贫苦,自小"早奉父母"为家分忧。祖辈丰富的藏书,为他"幼读书"提供了方便,从小"家学有所从",受到良好教育。14岁拜张留孙名下学道。龙虎山是道教正一教派的中心,在江南影响广泛。他在此潜心读书,"嗜圣经史传、诸子百家,若饥渴然"。由于勤奋好学,博览群书,在正一教中的地位不断上升。

厌世混浊不入仕：他不走仕途而入道门,重要的原因是对现实不满。至元十二年(1275),他4岁时,家乡被元军占领。父不满元、不仕元的做法,对他产生了重要影响。他离开龙虎山去大都时赋诗："胡为舍此去,乃与尘俗萦,人生有行役,岂必皆蝇营。"抒发他不做蝇营狗苟之人的"厌世混浊"的心情。他在《御河》《广陵行》等诗中,还记述"平时忧国心,愿睹斯民康"的情思,表达他对人民疾苦的同情,对欺压百姓的官吏的不满和仇恨。因其诗文精深,受到范椁、吴宽等文学大家的推崇。仁宗朝的中书平章政事李孟,欣赏其才学,多次劝他返儒入仕,为朝廷效力,都被婉言拒绝。

十年心血终大成：至大四年至延祐七年(1311—1320),他利用奉命代天子祀五岳四渎等名山大川的机会,周游南北,足迹遍及今河北、山西、山东、河南、江苏、江西、湖北、湖南等地,进行实地考察,验证《要迹图》《樵川混一六合郡邑图》等古地图。并利用职务之便,常到中央、地方的有关机构,遍查《水经注》《通典》《元和郡县志》《元一统志》等前人的地理著述、地方档案材料及总志、方志中的地理资料。"参考古今,量校远近",将书本知识和实地考察所得资料,加以筛选,去伪存真；对于"涨海之东南,沙漠之西北,诸蕃异域"的情况,凡"言之者既不能详,详者又未可信"的材料,宁缺毋滥。历时10年,用画方之法,先绘制各地分图,然后合成长宽各7尺的《舆地图》。

地图史上添重彩：他是继裴秀、贾耽之后,对中国地图学的发展作出重要贡献的人物。《舆地图》有三个特点：一是偏重山川位置分布的记载,对郡县乡镇的方位距离注意不够,所以,图中"山川悉,而郡县则非";二是首次系统地使用几何符号,表示自然地理、人文地理等内容;三是在我国地图史上,第一次将星宿海及从西南方向流来的水道,绘作黄河河源。

贡献非凡惠后人:《舆地图》是元、明、清初各代绘制全国总图的范本。被明代罗洪先缩绘增广、大量刊行之后,在社会上产生广泛影响,成为当时官方绘制新图的主要蓝本,同时为民间绘图者所效仿,形成了主要以《广舆图》为模式的朱思本系统的地图,它支配着明清地图绘制达200多年。朱思本还根据社会发展需要,以元代政区为框架,编撰了全国总志《九域志》80卷,在方志学发展史上,占有地位,今仅存序言和残本8卷。此外,在地理方面还有一些论著。

霜鬓旋身迷星相:朱思本身为道教法师,却不信星相之说,在《答族孙好谦书》中,揭露星相者揣度人意、媚悦于人,以图其利的伎俩。他不相信风雨雷电是神的使然,认为"雷者,阴阳之气,磅礴奋激,固天地之怒气也"。具有朴素唯物主义思想。在这种思想指导下,他注重实地调查,尊重客观事实,这也是他在地理学上能取得重要成就的原因之一。可是,由于受出身和历史的局限,晚年终于滑入迷信歧路,相信相师沈无庵对他所算的命,信起占卜星相来了。

总见词中道骨痕:《水龙吟·送闵道录醮玉隆竣事归东湖》——"几年南北声名,有纯孝子骞苗裔。逃儒自爱,倚闲天赋,神仙标致。归隐东湖,醉游南浦,满襟清气。想当时、宦海风波浩荡,从前错,如今是。追念父师恩重,恨年华、暗随流水。锦帷夜醮,黄坛春静,绿章封事。香雾空蒙,步虚嘹亮,孝通天地。玉皇优诏答功勤,寿甲子,三千岁。"

56. 七律·怀彭莹玉

人称和尚彭国玉,立志反元举义旗。
少幼为僧修静寺,古稀成仁跨铁骑。
立地九尺吞云气,挥血一腔洒沃泥。
若问平生遗憾事,未将顺帝送归西。

彭莹玉(? —1353):又名彭国玉、彭明,号称彭祖,人称彭和尚,元末农民起义领袖,江西宜春人。出身农家,幼时至袁州慈化寺为僧,后用白莲教宣传、组织群众;他会治病,因此颇受农民群众喜爱和拥护。元顺帝至元四年(1338),与门徒周子旺在袁州起义,被元军镇压;他走淮西,秘密传布教义,组织起义力量。至正十一年(1351)秋,与邹普胜等,聚众响应刘福通起义,占领湖北浠水,建立天完农民革命政权,任军师。后率领红巾军攻克江州(今九江)、饶州(今波阳)等地,被天完政权任命为江南行省参知政事。红巾军纪律严明,所到之处,劫富济贫,多方打击元代在江南的统治。顺帝至正十三年(1353年),在瑞州(今高安)之战中牺牲。

举旗衣佛御刀枪:至元四年,他和徒弟周子旺,在袁州聚众五千造反,周子旺自称"周王"。彭和尚以白莲教名义,极力"宣传弥勒佛下生,当为世主",其徒众都在背心上,大书一个"佛"字,言此可刀枪不伤。但"弥勒佛"却没有发挥神奇的作用。地方上的元兵前来镇压,当农民军见对方的刀,居然能劈死人,吓得一哄而散。周子旺及其老母、两个儿子天生、地生全被杀。彭和尚侥幸逃走淮西,继续传教。

伯颜总惧汉人强:元丞相伯颜(蒙古蔑儿乞部)很不喜欢汉人,并一直提防汉人,曾对顺帝说"陛下有太子,休教读汉书"。至元元年,停了科考,断了汉族读书人的出仕之道,惹起骂声一片。至元三年、四年汉人屡屡起义,他益发不高兴,要朝中汉官提出诛捕办法,算作投名状,以表忠心。另外,他还建议朝廷,欲尽杀张、王、刘、李、赵五姓汉人,以此削弱汉人之势,便造不起反来。

暴政难求天下宁:元朝末年,政府横征暴敛,土地高度集中,社会经济衰败,统治阶级内部政局动荡,阶级矛盾和民族矛盾激化。元帝国已处于暴风雨的前夜,天下已不宁静。到处有人宣称弥勒佛出世、明王出世,并借此发动起义。当时广为传播的,是一种含混不清的多元宗教。说它是明教也可,说它是白莲教也可,说它是弥勒教也无妨。老百姓喜欢听什么,就宣扬什么。南方与北方,都有人在利用这种宗教宣扬迷信思想,为改朝换代准备力量。

百万义军越长江:至正十一年(1351)秋,彭和尚与邹普胜等,聚众响应刘福通起义,占领湖北浠水,建立天完农民革命政权。次年,他与徒弟项普略率人马过长江,兵锋直指重镇江州(九江),元朝江西行省右丞孛罗帖木儿望风而逃,江州总管李黼抵抗,兵败被杀。下旬,红巾军自江州南下攻南昌,驱马扬尘,旌旗蔽空,号称有百万人马。元朝江西平章道童,见此声势,抱着官印躲了起来。而郎中普颜不花、左丞章伯颜,则组织人马,仗着城高池深,死守五十余天。红巾军见难以攻克,主动撤围东去。

所向披靡弥野赤：彭莹玉率领红巾军向东进发，于三月间攻占饶州，杀元将魏中立。当地农民积极支持红巾军，自制绯红色战袍参战，一时间"弥野皆赤"，满地赤红。接着又攻占乐平、余干、浮梁、德兴、信州等地。闰三月下旬，攻入安徽境内，夺徽州、破婺源；四月间攻克休宁、黔县、歙县等地，大军所过，不掠民财，唯索丁壮为兵。七月，红巾军又越过昱岭关，攻到杭州城下。十日，红巾军由杭州北门攻入城里，杀江浙行省参知政事樊执敬；杭州路总管宝哥，在西湖舟中躲了三天后投湖自杀。江南是财富之地，元王朝自不甘心轻易让出，随即纠集力量反攻。红巾军孤军无继，战败退出杭州。

和尚造反破天荒：彭莹玉是那个时代里，最富神秘色彩的人物。其亲传弟子皆以"普"为字辈，知名的有邹普胜、项普略、赵普胜、陈普文、王普敬等。这些普字辈的人物，在天完政权里起着举足轻重的作用。然而他本人，虽为领袖之尊，却并不以个人地位为念。当年袁州起义时，他把王位让给周子旺，在天完政权里，又把领袖位置让给徐寿辉。作为多次起义的领袖，却又从来不自居首位——这在历史上也是绝无仅有的，以至有人怀疑，历史上是否真有其人。

天完虽未立社稷，江山笑还朱元璋：元顺帝至正十一年至至正二十七年（1351—1367）九月，元代农民进行了反抗并推翻元封建王朝的武装斗争。在刘福通起义的影响下，大江南北许多地方相继爆发了人民的反元斗争，均属红巾军系统。在诸多起义军中，以北方刘福通，南方徐寿辉、彭和尚两支为最强。这两支义军的发展，将元统治区切成两段，使南北隔绝，有力地打击了元朝的统治。为朱元璋北上伐元，最终推翻元朝的黑暗统治起到了重要的作用。

57.渔家傲·怀周德清

　　散曲品精今有价,诙谐小令迷俗雅。笔下江山均似画,均似画,江帆几片随风驾。
　　音韵中原皆效法,国音鼻祖成标塔。幽默人生常潇洒,常潇洒,童真不变和高寡。

高安杨圩周德清:字日湛(1277—1365),号挺斋,江西高安市杨圩镇老屋周家人,元代文学家、戏曲家,我国古代卓越的音韵学家,北宋词人周邦彦的后代。他工乐府,善音律,终身不仕,著有音韵学名著《中原音韵》,贾仲民的《录鬼簿续篇》对其散曲创作评价很高。作为一介布衣,他从事乐府创作30年,是位极有才华的散曲家。吉安、南昌、九江、庐山、北京,均留下了他的足迹。其散曲声律格调端谨流畅,遣词造句功力极深,对当时产生了很大的影响。《全元散曲》录存其小令31首,套数3套。至正二十五年(1365)卒,享年89岁。

用韵正言中原音:《中原音韵》成于1324年,共2卷,前为韵书,后为附论,列《正语作词起例》及作词诸法,为北曲的用韵而作,目的是要纠正作曲家的用韵不一。他在自序中

说:"言语一科,欲作乐府,必正言语,欲正言语,必宗中原之音。"也就是说,作戏曲必须"正言",正言的依据就是中原语音,即作曲家应依据中原语音作为作曲的用韵。该书成后,戏曲作曲、唱曲都有了规范,促进了戏曲用韵的统一,在中国音韵学与戏曲史上都有非凡影响。

曲韵之祖后人赞:《中原音韵》所定的韵部,以及它反映的声纽和调类,是以当时北方的实际语音为依据,大半与现代北京音相符,代表了我国13、14世纪北方话口语的语音系统。因而,此书是研究近代汉语普通话语音形成、演变的重要资料,为现代汉语普通话奠定了基础,在汉语语音史上,有很大的价值。清代刘熙载在《中原音韵序》中称他"不阶古音,撰《中原音韵》,永为曲韵之祖"。音韵学家赵荫棠评论此书说:"这书本为戏曲而设,我们现在尊它为国音的鼻祖,乃是它的副产;副产的效用比正产还大,这是原作者所料不到的。"

小令珍贵溢真情:周德清不仅对音韵、戏曲有很深的研究,而且他还是个优秀的戏曲作家。从其存世作品小令31首、套曲3套来看,包括三个方面内容:他的咏史曲类作品,盛赞民族英雄,痛斥卖国奸臣,高扬民族气节。如《满庭芳·看岳王传》:"披文握武,建中兴庙宇,载青史国书。功成却被权臣妒,正落奸谋。闪杀人望旌节中原士夫,误杀人弃丘陵南渡銮舆。钱塘路,愁风怨雨,长是洒西湖。"此曲慨叹岳飞被害,怒斥南宋统治集团苟安卖国的罪行,表现其爱国主义激情。此南宋史事,离元朝很近,又是在异族统治的朝代,稍有不慎,即属犯禁。因此,是极少有人去碰此类题材的。在散曲中,这类作品显得尤其珍贵。

江山美景入诗境:他的对自然景物描述类作品,以其开阔的视野,清新的笔触,生动的比喻以及逼真的视觉效果,勾勒出自然界中的山川飞流和乡村田野。如《正宫·塞鸿秋·浔阳即景》:"长江万里白如练,淮山数点青如淀。江帆几片疾如箭,山泉千尺飞如电。晚云都变露,新月初学扇,塞鸿一字来如线。灞桥雪拥驴难跨,剡溪冰冻船难驾;秦楼美酝添高价,陶家风味都闲话。羊羔饮兴佳,金帐歌声罢,醉魂不到蓝关下。"另外还有"枫林霜叶舞,荞麦雪花飘,又一年秋事了""几声沙咀雁,数点树头鸦,说江山憔悴煞""竹篱疏半掩柴门,一犬汪汪吠行人。题诗桃叶渡,问酒杏花村"等等。没有灰色的愁绪与低调的忧伤,而是以明快、洗练的笔触,描绘千姿百态的江山美景,表达对大自然的深情呼唤。

柴米油盐趣横生:他对社会摹态刻画的作品,通过细心描摹,深刻揭示一般市民潜意识心理状态,尤显诙谐幽默,妙趣横生。但人们对其作品有不同看法的,也多集中于此。仅录两曲:《双调·折桂令·柴米油盐酱醋茶》——"倚蓬窗无语嗟呀,七件儿全无,做什么人家?柴似灵芝,油如甘露,米若丹砂。酱瓮儿才罄撒,盐瓶儿又告消乏。茶也无多,醋也无多,七件事尚且艰难,怎生教我折柳攀花?"《中吕·朝天子·书所见》——"鬓鸦,脸霞,屈杀将陪嫁。规模全是大人家,不在红娘下。笑眼偷瞧,文谈回话,真如解语花。若咱,得他,倒了葡萄架。"

折柳攀花常自嘲:《中国散曲史》据《折桂令·柴米油盐酱醋茶》内容,认为他生活十分清苦,穷到如此地步,惟一想到的是"无法折柳攀花",这恐怕是故作潇洒的自我解嘲。谈及《朝天子·书所见》认为:"他也确能写'折柳攀花'式的情曲。"评其内容时言:"描写一个美艳丫环的娇媚以及作者的垂涎之态。"上述评论不够准确。

难免潜意露心声:《朝天子·书所见》是一种客观的审美心理描述,爱美之心、审美之心,人皆有之。生活中,人们面对一个赏心悦目的审美对象,会出现赞叹、惊羡等心理状态。甚至于瞬间潜意识中,产生某种不切实际的欲望。这种无形的虚幻闪念,决不能以"垂涎之态"来界定。这种雅俗共赏的戏剧效果,是散曲的独到之处,也是它与元曲杂剧有着千丝万缕联系的关键所在。

58.扬州慢·怀汪大渊

　　缘起泉州,马龙车水,少年渐动奇心。渡汪洋大海,阅万象风情。历风雨、波涛起落,浪高风啸,铁胆不惊。望穹天、西月弯弯,同照乡人?

　　越洋两度,《岛夷志》、异彩纷呈。记"绝岛"习俗,西方智者,孤寡奇闻。滚滚浪涛千古,绝行迹、无处觅痕。看苍茫辽海,轻涛哭念英魂。

汪大渊(1311—?):字焕章,江西南昌人,航海家,著有《岛夷志略》。他两次从泉州出发,浮海周游东西洋,横穿波涛汹涌的印度洋到达非洲;他在世界航海史上的地位,甚至超过75年之后的明代郑和。《岛夷志略》分为100条,其中99条为其亲历,对220多个国家和地区的疆域、土产、地名、风土、人情作了详细记载,对研究元代中西交通、海道及诸国的历史、地理有重要参考价值。

鲜为人知汪焕章:西方学者在研究中国古代"海上丝路"时,惊叹汪大渊为"东方的马可·波罗"。究竟是何动力让他向往大洋的彼岸,并两度在无垠的波涛中,航行到达遥远的澳洲和非洲? 究竟何因,让这位探索"海洋文明",且功盖郑和的先驱,鲜为人知,被滚滚波涛掩盖了更多的踪迹?

平生两度渡重洋：泉州——当时中国南方最大的商港，也是世界最大的商港之一。汪大渊游历泉州，看到各种肤色和操各种语言的人们，摩肩接踵；看到琳琅满目的中西商货，堆积如山；港湾里停泊着来自世界各地的大小船只，特别是那些中外商人、水手所讲的生动、有趣的外国风情……深深地打动了他的好奇心。

风雨八年漂异域：至顺元年（1330），年仅20岁的他，首次从泉州，搭乘商船，出海远航，历经海南岛、占城、马六甲、爪哇、苏门答腊、缅甸、印度、波斯、阿拉伯、埃及；又横渡地中海，到摩洛哥，再回到埃及；出红海，到索马里、莫桑比克；再横渡印度洋，回到斯里兰卡、苏门答腊、爪哇，经澳洲到加里曼丹、菲律宾，返回泉州，前后历时5年。至元三年（1337），他再次从泉州出航，历经南洋群岛、阿拉伯海、波斯湾、红海、地中海、莫桑比克海峡及澳洲各地，于至元五年（1339），返回泉州，前后历时近3年。

岛夷志略献故乡：在他第二次出海回来后，应泉州地方官之请，开始整理手记，着手编写《岛夷志》，把两次航海所察看到的各国社会经济、奇风异俗记录成章，作为资料保存下来。泉州地方长官，对此书大为赞赏，将其收入《泉州路清源志》中。后来，汪大渊回到故乡南昌后，将《岛夷志》节录成《岛夷志略》，在南昌印行，这本书才得以广为流传。但《岛夷志》一书，大部分在元末兵乱中散失，明朝后终于失传。

志中不书非所见：他写《岛夷志》，态度严肃，书中所记"皆身所游焉，耳目所亲见，传说之事则不载焉"。著名文人张翥为其作序说："汪君焕章，当冠年，尝两附舶东西洋，所过辄采录其山川、风土、物产之诡异，居室、饮食、衣服之好尚，与夫贸易，用之所宜，非亲见不书，慢信乎其可征也。"后来，明朝永乐年间，随郑和七下西洋的马欢说："随其（郑和）所至，历涉诸邦……目击而身履之，然后知《岛夷志》所著者不诬。"可见该书的内容，是真实可靠的。

海外到处有华商：《岛夷志略》中记载：台湾属澎湖，澎湖属泉州晋江县，盐课、税收归晋江县。书中多处记载了华侨在海外的情况，如泉州商人居住于古里地闷（今帝汶岛）；元朝出征爪哇部队，有一部分官兵仍留在格兰岛；在印度东岸的讷加帕塔姆，有中国人在1267年建的中国式砖塔，上刻汉字"咸淳三年八月华工"；真腊国（柬埔寨）有唐人；而龙牙门（新加坡）"男女兼中国人居之"；甚至伊朗西北部的马腊格的酋长，是中国临漳人陈氏等等。

澳洲见闻出绝岛：《岛夷志略》记载澳洲的见闻有两节：一、麻那里；二、罗娑斯。当时中国称澳洲为罗娑斯，把达尔文港一带称为麻那里；泉州商人、水手认为澳洲是地球最末之岛，称之为"绝岛"。他记载当时澳洲人的情况：有的"男女异形，不织不衣，以鸟羽掩身，食无烟火，惟有茹毛饮血，巢居穴处而已"，有的"穿五色绡短衫，以朋加刺布为独幅裙系之"。令西方人尴尬的是，在汪大渊发现澳洲这个地方200年后，欧洲人才知道世界上，还有这样一块大陆。

踪影难觅令人伤：1982年，福建南平发现了郑和第七次下西洋前，祈求"风调雨顺"的大铜钟；在长乐有今人修铸的郑和广场及其雕像；南京牛首山下，有郑和的衣冠冢。令人不解的是：在汪大渊家乡南昌，人们却找不到他留下的任何痕迹。其一生，仿佛是一艘海上航行的大船，行进的踪迹，被无边的波涛掩盖着。但有一点可以肯定，他第二次航海回到南昌后，当时著名文人虞集，被其诗打动，于是在他的邵庵书斋里，赋诗唱和起来。最终，其晚年生活，也无记载可寻，他是追波沉海、客死异乡？还是在家乡，孤独了却后生？至今无人能解。

59. 洞仙歌·怀吴伯宗

马蹄轻越,揽三元及第。气宇轩昂显新气。帝出题,挥洒行笔如流,答语妙,太祖欣然满意。

纵才无忌避,率性直肠,不顾龙颜色严厉。但看仕维艰,却是逍遥,仍依旧,禀风不易。恨难奈清辉染白头,壮志五十休,尽囊如洗。

吴伯宗(约1334—1384):名祐,字行,明初金溪县新田人(今属江西抚州市东乡县),天文学家。洪武四年(1371),廷试第一,官至武英殿大学士。

三元及第气轩昂:他是明朝开科第一状元,10岁即通举子学业,在洪武三年(1370)乡试中举,名列第一,为解元;洪武四年会试中第一,为会元;接着在廷试中,38岁的他又得进士第一,为状元。可谓"三元及第",被称为"明开科第一状元"。廷试时,太祖朱元璋非常重视,亲自策问。殿试结束后,考官拟定郭翀为第一;可朱元璋觉得此人貌不惊人,难显大明帝国的新气象,故将气宇轩昂、相貌堂堂的吴伯宗点为第一,并赐给冠带袍笏,授礼部员外郎。同时,命他与宋濂同修《大明日历》及后妃功臣传,书成后,又赐其衣袜。

敢借杜诗应君王：吴伯宗的《荣进集》中，有《大驾春巡诗应制》一诗，写得很有意思："君王马上索诗篇，杜甫诗中借一联。金勒马嘶芳草地，玉楼人醉杏花天。"因仓促间，没词可写了，于是他从杜甫诗中，"偷"了"金勒马嘶芳草地，玉楼人醉杏花天"一联。但奇怪的是，在《杜甫全集》中，却找不到这一联。如果说这一句，是他化用杜甫的诗句，但在宋代的《五灯会元》卷十九中，就引用了这一句，且一字不差。难道我们今天看到的杜甫全集在明朝有遗失？

外柔内刚品端正：吴伯宗为人温厚谦恭，但却外柔内刚，不附权势，不屈奸邪。当时，左丞相胡惟庸在朝廷当权，胡结党营私，玩弄权术，他不肯随附迎奉。于是，胡惟庸便怀恨在心，借事将其谪居凤阳。但他对此并没有畏缩，仍然上书直论时政，指斥胡惟庸专横跋扈，不守朝廷法纪，建议朝廷对其不宜委以重任，否则，将危害国家。疏中列举了许多事实，分析合情合理。太祖朱元璋，看过奏折后，将他从凤阳召还，并赐衣钞。

不媚太祖朱元璋：他出使安南（今越南），不辱使命，得四只驯象而归，授国子助教，进讲东宫，改任翰林典籍。有一次，朱元璋出10题，命他即赋，他才思敏捷，挥笔立就，词意清新，气势磅礴，甚得太祖朱元璋的赞赏，赐予织金锦衣，并封他为太常寺丞，但他却辞谢不就；改任国子监司业，他又不去。因而被贬为金县（今甘肃省榆中县）教授，上任途中又将其召回，任其为翰林检讨。洪武十五年（1382），晋为武英殿大学士。

奉命翻译回回历：洪武十五年九月，他奉命与翰林学士李翀，回回大师马沙亦黑、马哈麻等人，翻译《回回历》《经纬度》《天文》等书。次年二月，译完《天文》一书，吴伯宗写序曰："西域天文书，与中国相传殊途同归。刻而列之，与中国圣贤之书并传并用，岂惟有补于当今，抑亦有功于万世。"

囊空如洗魂归乡：洪武十六年冬，他因为胞弟吴仲实在为三河（今河北省三河市）知县时，荐人不当而受到株连，降为翰林检讨。洪武十七年夏，因洪武帝朱元璋偶有询问，他却以"非所职掌，难以为答"而触怒朱元璋，被谪居云南，后暴卒于途中。东宫太子，悼其不幸，令其家护丧归葬。吴伯宗无子,殁时囊空如洗,赖妻龚氏勉力维持,才得以返里。

诗有洪涛涵日月:吴伯宗在文学上多有成就,诗作题材广泛,词语雅洁,风格多样,尤其推崇李白诗风,具有唐诗遗风。他在《题李氏栖碧楼》中,称道李白"风骨特高妙",并说"予亦爱其人"。《长江潦水诗十二韵应制》是他写景的佳作:"巴蜀已消雪,长江潦水浑。洪涛涵日月,巨浪浴乾坤。迥拥三山出,雄驱万马奔。大声如拔木,远势泻倾盆。洗荡川原混,微茫岛屿蹲。漫漫连两岸,渺渺接千村。"全诗气势宏阔,声势振人,颇得李白之风。

雍容大气入雅堂:《奉使安南国闻角》是他出使安南国时的作品,表达了报国未酬的失意:"海水盈盈漏转筹,霜风吹角到谯楼。梦残明月三更晓,心逐闲云万里秋。玉帛几回宾上国,诗书半世客南州。平生事业浑如昨,无奈青灯照白头。"朱元璋称他为才子。《四库全书总目》评他:"诗文皆雍容典雅,有开国之规模。明一代台阁之体,怀胎于此。"其散文文字简洁,说理透辟。著有《南宫集》《使交集》《成均集》共20卷,《玉堂集》4卷,均为罕见传本。《四库全书》部别集类,收入其《荣进集》4卷。

60.雨霖铃·怀黄子澄

烟消尘寂,启丹青页,烈血依滴。削藩战烟连起,诸王落定,唯余朱棣。建文错怀恻隐,妇仁待残敌。让燕王、兵入京城,社稷江山乾坤逆。

满怀正气无屈意,面威逼、视死从容立。任凭断手何惧,更笑对、五驹分体。却叹亲族,几百无辜惨入冥地。恨似水、东去滔滔,逝浪难寻觅。

明朝分宜黄子澄:又名黄湜(1350—1402),江西分宜县大岗山澧源村人,明代大臣,建议削藩的主要人物之一。明洪武十八年(1385年)会试第一、殿试第三。授翰林编修,升修撰,迁任春坊讲读官,伴读东宫,课教太孙,累得提升,直至任太常寺卿,兼翰林学士,与齐泰同参国政,共谋削藩。削除周、岷、代、齐、湘五王后,又削燕王,燕王朱棣起兵反抗。建文帝优柔仁弱,对朱棣动了恻隐之心,一再贻误战机,最终虽拥有绝对优势却失败了。而以"清君侧"为名,公开举兵叛乱篡位的朱棣,攻下京城南京,夺得皇位,是为成祖。他被俘不屈,肢解而死,其家族被惨杀445人,姻党悉罚戍边。

五藩被削是功臣:朱允炆为皇太孙时,曾问黄子澄:诸叔藩王皆拥重兵,如有变端,怎么办？黄子澄答道："诸王仅有护兵，只能自守，倘若有变，可以六师监之，谁能抵挡？"太孙允炆十分认同。此后，尊称他为黄先生。朱允炆（建文帝）即位后，任命黄子澄兼翰林学士之职，与齐泰同参国政。建文帝有意削藩，齐泰打算先动燕王朱棣，黄子澄不同意，认为"周、齐、湘、代、岷诸王，在先帝时，尚多不法，削之有名。今欲问罪，宜先周。周王，燕之母弟，削周是剪燕手足也"。他的意见被采用，周王等五个藩王先后被削藩。

燕王起兵齐黄贬：按照黄子澄和齐泰的计谋，朝廷调走朱棣手下精兵，又在北平燕王府一带调动军队，以监视燕王。朱棣先以病重为借口，请求朝廷容许留在京城的三个儿子返回北平。齐泰反对放还，黄子澄却说："不若遣归，示彼不疑，乃可袭而取也。"朱棣待儿回不久，于建文元年（1399）七月，上书指称黄子澄和齐泰为奸臣，以"清君侧"为名起兵叛乱。建文帝派耿炳文讨伐，初战不利。建文帝听从黄子澄的建议，以曹国公李景隆接替耿炳文，齐泰反对但无效。李景隆接任后，更令人失望，屡战屡败，损失数十万人。朱棣趁着李景隆战败之时，又上书朝廷，大力批评他和齐泰，建文帝便免去二人官职，但仍暗中与二人议事。

胜败起落失京城：建文二年（1400），李景隆战败后被撤换，建文帝要赦免李。黄子澄哭求皇帝治李之罪，帝没有接纳。他说："大势去矣，荐景隆误国，万死不足赎罪！"当盛庸在东昌大破燕军后，皇帝于建文三年正月，恢复了黄、齐二人的官职。盛庸三月在夹河战败后，又再次免去二人官职。建文四年（1402），燕军逐渐逼近南京，建文帝谋求与朱棣谈和，便把黄子澄和齐泰，贬谪到外地，仍密令二人募兵。南京陷落前，建文帝召黄子澄回京。还没到达，南京便已失守。

可分七尺难分志：朱棣的叛军逼近南京时，黄子澄在苏州募兵，没有逃跑、投降，决心与建文朝共存亡，还将妻儿拉入了血腥战场，这迂腐的书生行为，在当时可是忠臣义举。不久，南京陷落，朱棣当上了皇帝，黄子澄在嘉兴被人告发，被押解到南京。朱棣亲自审问，要他写认罪书，他写道："我作为先帝文臣，没有尽到责任，上书削藩时间太晚，最后成了如此凶残的局面，后人要谨慎，不足以效法。"朱棣看后，勃然大怒，下令砍去他的双手,处以五马分尸的酷刑,并"诛九族",共有445人被杀,遇害人之多,仅次于当时的方孝孺家族。其妹被朱棣发付教坊司当娼妓,受到无法想象的凌辱,遭轮奸后还生下孩子。

丹青幻变终成仁:朱棣对其家族实行"瓜蔓抄",但忠良之后得到许多人的保护。南京城破之前,其妻许氏与儿黄圭、黄玉、黄润、黄泽,从江西老家到了苏州府,决心与他共赴国难。知府姚善见局势难以挽回,及时改变他们的姓名、户籍与身份。黄子澄遇难后,二儿子黄玉已改名为田彦修,又有昆山口音,无人知其真实身份,终于逃过一劫。黄玉极有胆量,以昆山县衙役的名义到南京,取回父的骸骨,藏匿在镇江焦山,后葬之江苏昆山的马鞍山。朱棣死后,明仁宗朱高炽,改变了朱棣的政策,对黄子澄的后人较为宽容。明正德年间,明武宗为他平反昭雪,称其为忠臣,后人立祠纪念。

还谈削藩多少憾:朱允炆是个开明仁君,但仁慈有余、武猛不足,是一个500年来受到史学家怀念与同情的皇帝。朱允炆"削藩"是强化中央权威、维护政令畅通、消除地方割据势力的正当之举,方针正确,也是名正言顺、师出有名的正义行动。黄子澄作为主要辅政大臣,对燕王的认识与对形势的判断也是正确的。朱允炆如若认同他的"先发制人能制人、后发制人制于人"的策略,乘朱棣称病之际,派兵突袭燕王府,削藩大业即可告成功,明朝历史就可能改写。

忠骨难寻匿烟尘:黄子澄是为建文朝的仁政,流尽最后一滴血的名臣,是与方孝孺齐名的重要历史人物。方在南京与浙江受到高度景仰,在雨花台的墓修得庄严肃穆,为南京一景;而黄子澄与之相比,反差强烈,实属遗憾。

61.念奴娇·怀杨士奇

　　如烟往事,品酸甜苦辣,怎堪回忆。励志执著唯奋进,梅骨迎寒香溢。年少当家,开堂执尺,施教常游历。台阁诗派,更成一代迥异。

　　寒士拜相风光,两千宰辅,谁事朝五帝?孤影京城妻种地,一块石碑哀寄。坦坦端行,绳愆纠缪,为政施良计。仁宣之治,贞观伯仲难比。

绳愆纠缪杨士奇:又名寓(1364—1444),字以行,号东里,江西泰和县澄江镇人,明代名臣、台阁体诗派创始人。幼年家贫,在外祖父的教导下,学业大进。20岁后,为开阔眼界,他离家去游历教书。建文元年(1399),他被荐入翰林任编修官,修《太祖实录》。永乐元年(1403),被选入内阁管理机务。洪熙元年(1425),升礼部侍郎兼华盖殿大学士。他历事五帝,辅佐君王40多年,一直为内阁重臣,深得皇帝器重和厚爱,被赐与"绳愆纠缪"银章,参与咨询议事,制定方针政策,及时纠正失误。他刚直敢言,提出了许多有利于国计民生的好意见。明初政通人和,社会安定,经济发展的仁宣致治的好形势,他功不可没。正德九年(1444)病逝,享年80岁。赠太师,谥文贞。

自学成才全靠鸡:杨士奇自学成才,寒士

拜相,为世人所称道。史官称他是"质金相,通达国体""大雅之明哲焉"。他一岁多丧父,5岁随母改嫁到吉水罗子理家,改姓罗。他常潸然泪下,私下里用土砖作神主,每日独自焚香跪拜,祭祀先祖。后继父看见,很受感动,恢复他姓杨。9岁时,继父任德安郡守遭到弹劾,谪戍陕西;继父死后,他与母回泰和,生活十分贫困,但他边劳动边读书,立志成才,奋勉努力。母亲很支持他,常把养的母鸡拿去与人换书给他看。

不嫌寒气侵入骨:14岁时,外祖父把历年的江西乡试题目拿来考他,他对答如流。这年冬天,他和表哥去拜访刘东方老师。这天,大雪初霁,老师以《雪霁诗》为题,叫他俩赋诗言志。表哥诗:"十年勤苦事鸡窗,有志青云白玉堂。会待香风杨柳陌,红楼争看绿衣郎。"杨士奇诗:"寒雪初停酒未消,溪山深处踏琼瑶。不嫌寒气侵入骨,贪看梅花过野桥。"老师批评表哥境界不高,十年寒窗,只博"红楼争看绿衣郎",而赞士奇志趣高远,表现了在苦寒中锻炼成长的美好情怀。由于学识渊博,加之品行和才干出类拔萃,15岁时杨士奇就应乡里之聘,开馆授徒。

简静知乐石慰妻:杨士奇居官奉职甚谨,在家里绝不谈朝廷公事。在京城为相几十年,妻子却在家乡躬勤家业。妻死后,他十分悲痛,因公务在身,无法回去为亡妻举葬,只买一块石板刻上碑文寄回。61岁时,仁宗皇帝为褒奖他本想为他在家乡盖造公宅,并拟赐良田200亩,他都婉言谢绝。宣德六年一日晚上,宣宗皇帝亲临其住所,见其居室破旧,要为他修葺,他坚辞。数月后,宣宗把东华门外的一座庭院赐予他,他却分出一半与别人同住。

内阁首辅多智慧:杨士奇具有很高的政治智慧。朱棣即位初,长子朱高炽、次子朱高煦、三子朱高燧皆有争夺皇太子之意,朱棣宠爱悍勇的朱高煦。后几经周折,才确定长子朱高炽为皇太子。在这场争斗中,他采取了灵活的策略,虽被牵连下狱,但处境较好,很快被释放,不像解缙因之送了性命。1424年,朱棣去世,高炽即位,他被提拔为礼部左侍郎兼华盖殿大学士。不久,成为内阁首辅,列于内阁其他同僚之上。

恭谦厚人品如溪:杨士奇宽厚待人,清廉律己,谦虚厚道,不图虚名利禄,好称道别人的长处,检讨自己的不足,常以大局为重,不记私怨。洪熙元年(1425)正月,朝廷任命他兼礼部尚书。如此显赫的高官,他却辞而不受,他说:"我任少傅、大学士之职,已经超过了能力所限,尚书的职位更不敢当。"皇帝说:"黄淮、金幼孜都任三职,只有你二职,人们将会怎样看待这个问题?我的主意已定,你不要推辞。"他只好答应任职,但不要尚书的薪俸。

雅善知人縠寒士:他的政绩还在于知人善任,史称他"雅善知人,好推縠寒士"。他爱才重才,不拘一格举荐人才。他认为:各级官吏的好坏,关系到百姓的安危,应任人唯贤,不能任人唯亲,不重资历、学历,不管出身如何,即使是死刑犯的人家,有贤能子弟也应破格选拔,加以重用。他荐举的人,大都有政绩,如周忱、况钟以及后来赫赫有名的于谦等,皆得力于他的引荐。

台阁诗派见云低:杨士奇在文学上也颇有成就,他与杨荣、杨溥,形成明代初以"三杨"为代表的"台阁体"诗派,杨士奇为诗派盟主。先后担任《明太宗实录》《明仁宗实录》《明宣宗实录》总裁。据《明史·艺文志》记载,其著作主要有《周易直指》10卷、《三朝圣谕录》3卷、《西巡扈从纪行录》1卷、《东里全集》97卷、《别集》4卷、《北京纪行录》2卷、《东里集》25卷,另有诗3卷等。其诗歌雍容典雅,创造了一种辅扬功德、建缀太平的诗风,左右了当时诗坛。明人王世贞对其诗评论说:"少师韵语妥协,声度和平,如潦倒书生,虽复酬作驯雅,无复生气。"大致概括了杨士奇的诗文特征。

62. 七律·怀解缙

敏颖小荷冠神童,中天日落醉寒冬。
心中志趣如兰雅,笔底诗文胜霞红。
敢谏激言惊仕场,常出妙语愕皇宫。
八斗才气堪重任,朗朗乾坤永乐中。

解缙(1369—1415):字大绅,号春雨,江西吉水人,为中国乃至世界大百科全书的鼻祖。他生于书香门第,父教之书,应口成诵;7岁能属文赋诗;10岁日诵数千言;12岁尽读四书五经;19岁时与兄解纶、妹夫黄金华同登进士第,授庶吉士,仕至翰林学士,是明朝第一位内阁首辅,历明太祖、建文帝、成祖三朝。初甚受朱元璋爱重,后因"抗直敢言"而罢官;建文帝时,始再出仕。成祖不容其耿直,1407年,谪贬广西。1410年,他入京奏事,适值成祖外出,乃谒见太子而还,被诬罪下诏狱,于永乐十三年(1415),冻死雪中,年仅47岁。主持撰修的《永乐大典》,为世界最早最大最全的百科全书。

敏捷过人非童孩:解缙自小聪颖绝伦,才思敏捷。一年春节,他在后门上贴了一副春联:

"门对千竿竹,家藏万卷书。"对门的员外看了,不悦。心想,只有像我这样的人家,才配贴这副对联,命仆人把竹子砍了。不一会,家人来报,春联改成了"门对千竿竹短,家藏万卷书长"。员外听罢,非常恼火,令人把竹子连根挖出,不料解家的春联又改为"门对千竿竹短无,家藏万卷书长有"。

明朝大帝誉其才:初入仕时,他很受朱元璋宠爱,常侍奉左右。一日,太祖对其说"与尔义则君臣,恩犹父子,当知无不言"。他上书万言,剖切陈词。太祖阅闭,赞他"有安邦济世之奇才,治国平天下之大略"。解缙不仅才华横溢,且禀性直耿,对同僚大臣常施实评:某人诞而附势,虽有才而行不端;某人可算君子,却短于才华……被他藐视的大员,皆恨他;他屡次上疏,针砭弊政,由此导致他一生坎坷,时宠时辱时升时贬直至被人迫害致死。

君臣趣对堪巧妙:一次,明成祖召见他说"我有一个联语:'色难',一直没有对出。你能对吗?"他说"容易",明成祖连问"你说容易,为何还不对?"他说"我刚才已经对了"。成祖才醒悟,哈哈大笑。一天,成祖突然对他说"你知道昨夜宫中有喜事吗?你就此吟首诗吧"!他由"有喜"想到可能是皇后生产,便吟:君王昨夜降金龙,把皇子喻"金龙"。皇帝却说"是个女孩";他即道:化作嫦娥下九重。一个"化"字,将生男改为生女,巧妙自然,天衣无缝。皇帝叹曰"可惜刚出生便告夭折";他脱口应道:料是人间留不住。皇帝又说"已将尸体扔到池塘里去了"。他转口又吟:翻身跳入水晶宫。这场君臣对话,充分表现了解缙出口成章,应付自如的才华,将避讳之事,施以巧妙妥帖的解释。

讽谏彪虎顾徘徊:明成祖与皇后生有三子,立谁为太子久难定。次子高煦,因打仗有功,备受成祖宠爱,帝征解意。解说:"皇长子仁孝,天下归心。"成祖默语。不久,成祖出示一张虎彪图,命廷臣应制作诗。他即写诗道:"虎为百兽尊,谁敢触其怒?唯有父子情,一步一回顾。"成祖知解缙借端讽谏,群臣也主张立皇长子高炽为太子。明成祖即决定立长子为皇太子,即后来的仁宗。

招来皇子刻骨恨:高煦深恨解缙,于永乐五年(1407)借机将其谪贬广西。永乐八年,他入京奏事,遇成祖北征未归,故觐谒太子高炽后而返。高煦乘机进谗言,说他私觐东宫,必有隐谋,成祖震怒。当时,他同检讨王去了广东。一路上,见赣江两岸旱情严重,便上疏请凿赣江通南北,引水灌田。成祖愈怒,将其逮捕入狱,受尽严刑拷打,并株连多人,入狱关押达五年。

酩酊赤身被雪埋:永乐十三年正月,锦衣卫头子帅纪纲上囚籍,成祖见解缙名字,问"解缙还在吗?"稍露怜惜之意。高煦得知,害怕成祖重新起用解缙,便密令纪纲,将其灌醉,扒光衣裳,将他拖出丢在狱中小院,埋在雪堆中活活冻死。性格耿直,为官清廉而敢于直谏的一代才子解缙,就这样受害冤死。

开天辟地修大典:解缙一生最足称道的是主持撰修《永乐大典》。解缙入朝初,即向朱元璋提出编纂一部大型类书的建议,当时未受重视。永乐元年(1403),成祖下诏编纂。其初率百余人,耗时一年,完成《文献大成》。成祖以其内容不够宏广,又令儒臣文士2100余人,重加修辑,用时五年,于永乐六年冬告成,成祖改名为《永乐大典》。全书22877卷,目录60卷,装成1.2万册,总计约三亿七千多万字。惜后来大部分在抢、盗中流失海外,国内仅存200多册。

文林秀木名不衰:解缙不仅在学术上成就卓越,在诗歌、书法、散文等方面也很有成就。其古体歌行,气势奔放,想象丰富,逼似李白;律诗绝句,亦近唐人。他是明初书法名家,既精于小楷,又擅长行草,其草书开晚明狂草先河。明何乔远《名山藏》曰:"缙学书得法于危素、周伯琦。其书傲让相缀,神气自倍。"足见其书法的成就。著有《白云稿》《东山集》《太平奏疏》等。现在留存下来的有《解文毅公集》16卷及《春雨杂述》1卷、《古今烈女传》3卷。

63.江城子·怀况钟

  出生贫贱寄人房,姓更黄,历风霜,勤奋埋头,遇事敢担当。吏满九年得受荐,鱼入海,栋国梁。
  苏州知府任留香,惩豪强,减苛粮,不带寸棉,襟广对清江。归柩万民来祭送,《十五贯》,美名扬。

  况钟(1383—1442):字伯律,江西宜春靖安县人,明代官吏、诗人。幼时因家境贫寒,被送给黄氏收为养子。他资性颖异,勤于学,秉心方直,习知理义,不苟言笑,处事明敏。在靖安县衙任职时,深得知县俞益的赏识,遂向好友尚书吕震力荐,为吕震所重视,荐其为仪制司主事。明成祖永乐年间,为礼部郎中。宣德五年(1430),升任苏州知府。正统七年(1442)12月,卒于苏州知府任上,年60。朝廷赠正议大夫资治卿,并准许城邑建祠以祀。对其刚正清廉、深入实际的求实精神,戏曲《十五贯》作了较深的刻画。

  一贯贤能得器重:明太祖掌朝时,推行三途并用之策,到明成祖时,依然遵此而行。1414年,况钟吏满九年,按例赴京考职。此时,俞益向礼部尚书吕震极力荐况钟,说他非常贤

能。吕震与况交谈后,对其大为器重。永乐十五年,朱棣北巡,他执掌行中一应事务,筹划安排得当,深受赏识。九年考满,加升礼部仪制司郎中。1429年,他向皇帝陈明因由,请求恢复况姓,获准,颁给改姓诰命,由黄姓改为况姓。

果敢回天纠吏风:当时苏州,豪强污吏相互勾结利用,百姓赋税繁重,是有名的难治之府。况钟上任后,面对许多要处理的问题。开初,群吏观其如何理事。他假装不懂,左顾右问,只按群吏的欲望办事,群吏们甚喜,以为他很容易欺侮。几天后,他召集群吏宣布:前几天某件事应该做的,是谁不让我做;某件事本不应做,是谁强行我做的!有些人长期玩弄此手段,罪当死!于是,将罪大恶极的数人处以死刑,并训斥贪虐庸懦的官吏。全府为此大震,上下风气为之一变。

青天用权扶良善:他刚正廉洁,孜孜爱民,为民办了许多好事。苏州因元末为张士诚之地,为张氏据守,朱元璋建国后,为泄其愤,加重苏州税赋,致使百姓难以承受,赋税旧制难以推行。他协同巡抚周忱,悉心筹划,为百姓奏免赋税粮七十余万石。贪官污吏动辄对百姓处以酷刑,他先后酌情纠免者一千四百余人。他兴利除弊,不遗余力,除豪强,扶良善,是明代著名的清官。因此,百姓对他奉之若神,称之为"况青天"。

万民请词归孝匆:1431年三月,况钟继母去世,他奏闻朝廷,回家守孝,百姓都挽留。走后不久,"秋粮应减者,倍加收敛,奸吏舞法,故弊丛生"。百姓更加思念他,作歌道:"况太守,民父母。众怀思,因去后。愿复来,养田叟。"还有歌唱道"郡中齐说使君贤,只剪轻蒲为作鞭。兵杖不烦森画戟,歌谣曾唱是青天。"近四万民众告请词。于是,皇帝下旨,召他由家乡径回苏州知府任上。

两旨复任破明史:正统五年(1440),况钟九年职满,准备赴京候升,而"饯送者数百里不绝"。苏州近两万民众,联名上疏挽留,说苏州非况太守不可。最后皇帝下旨:"既有军民人等保留,着复任,吏部奏升正三品,署知府事。"次年正月,又降旨:"升按察使正三品职俸,署苏州府事。"此为明朝建国以来,七十余年所没有的规格和礼遇。由此可见其政绩的卓著和品德的高尚。

起用人才敢迎弓：况钟开办地方学校，重视培养人才，以儒教培养学生。还重视招收贫困学生，并予以救济，使很多穷门寒士得以成就学业，邹亮便是其中一位。邹亮才学俱佳，他荐其当官。有人写匿名信，诬陷邹亮，他看后说，"这是促我速用之"。不久，邹亮被任用，后升御史，成为明代"景泰十才子"之一。

不取膏腴民爱戴：况钟为官清廉，为民所爱戴。去世那天，郡民停市，如哭私亲，苏州七县绅耆人士，奔赴哭奠，连邻近的松、常、嘉、湖的百姓，都络绎不绝前来吊丧；归柩之日，倾城出送，白衣白帽，两岸夹舟，略不断绝。"检点行囊一担轻""如水襟怀对大江""不带江南一寸棉"，是他真实的写照。

诗文质朴流清风：况钟诗作以规劝诗为主，有一定的思想性、艺术性。如《劝农诗》——"嗟我微材愧牧民，车驱有句向农申。人生务本惟耕凿，世道还醇重蜡齘。粒粒皆从辛苦出，般般无过朴诚遵。迩来弊革应须尽，并戴尧天荷圣仁。"是表现他精神面貌的代表作。艺术上，其诗明晓通达，不追求形式美，质朴自如，热忱奔放。《又勉子侄诗》——"存心立品贵无差，子孝臣忠两尽嘉。惟有一经堪裕后，任贻多宝总虚花。膏腴竟作儿孙累，珠玉还为妻女瑕。师剑古箴传肖者，取之不竭用无涯。"身为封建官吏，能如此对待自己和教育后代是难能可贵的。

其主要著作多收集在《况太守集》，全书 16 卷，卷首、补遗各 1 卷，为光绪十年（1884）刊本，今上海图书馆有全本藏书。另《况靖安集》，全书 8 卷，首尾各 1 卷，为光绪十七年（1891）刊本，原为靖安县城双溪陈氏藏版，今存江西省图书馆。

64.临江仙·怀严孟衡

不诱过责行榜样，任官更敢施为。一身正气自成威。蜀天观碧月，立业树丰碑。

天府丰饶盈富产，清廉两袖风飞。常嚼青菜对空杯。扁舟如羽驶，只载重石归。

严孟衡

清廉大臣严孟衡：字平葊（1385—1446），又字衡中，江西新余市分宜县介桥人，明朝清廉大臣，是严嵩的高祖。他秉性峻洁，一生勤奋俭朴，刚正不阿。永乐九年中举，十三年（1415）中进士，初授行人司行人，随后授山西道监察御史。他一身正气，按法办事，公正廉明，对一些朝廷大官的不法行为，敢于上疏弹劾，故所在地官吏不敢为非作歹，一些正派的官员则慕其风采。因他工作出色，提升为浙江按察司副使。但刚到任，却因衙门失火而被撤职。一年后官复原职，调任四川按察司副使；任职九年，明英宗朱祁镇以其工作得力，将他升为从二品的四川右布政使。但只任职三年，便因病逝在任上，享年62岁。

衙门失火揽自身：提任浙江按察司副使后，在他到任的当天晚上，新官上任，还未布政施治,由于官吏们对防火的警惕性不高,衙门不慎失火,所有案牍焚毁一空。火灾出现后,官吏们相互推诿,并通过种种关系,逃避罪责;而他却不顾问责之险,站出来甘愿承担责任,以致他到任不久,便被撤职,归家闲居。一年后,朝廷不少官员,上书替他抱不平,说这是冤枉。结果,明宣宗朱瞻基给他平了反,将其官复原职,后调任四川,任按察司副使。

肃整吏治有建树:明成祖朱棣,是个非常残暴的君主,嗜杀戮,对他的旨意有所违背,或杀头,或打入监狱。因此,当时法网密布,受冤枉关进班房的人不少,京城如此,地方亦然。严孟衡在四川任按察司副使时,朱棣已死上十年,其时国家正处于调整政治、经济、人事方面政策的所谓"仁宣之治"的好时期。于是,他大刀阔斧,肃整吏治,并亲自审卷问案,认真清理冤假错案。有时有一个案子,便给数十人平了反,因而广获好评、深得民心。

廉石压舱雁留声:在其家乡分宜介桥村塘边,有方扁平的灰白色石块,宽约二尺,长三四尺,厚四五寸,人们称它为"布政石"。为何叫"布政石"呢?据《分宜县志》载:严孟衡,任四川布政使,做了十几年不小的官,后死在任上;归葬分宜老家时,行李却寥寥无几。涉江时,载棺船激荡厉害,为保安全,便在道旁,搬一巨石上船压镇。以后,这石便作为为官清廉的象征,把它留下来,美称曰"布政石"或"廉石"。至今介桥人尚说:严孟衡为官手脚干净,在四川做官多年,死后只带回一块石头。

庸蜀著清垂千史:据载,不知何因,该石曾落在新余河道岸边。为纪念这位清官,有人将它取回,并于上镌刻:"扁舟羽驶,是作满羸,沛淮仗信,庸蜀著清"十六个字,意为:归葬扁舟因载物过少,在水上像毛羽一样飘荡,而放上此等石块后,才充盈稳重,他在沛淮一带为官有好名声,在四川更以清廉著称。人们又将"布政石"称为"廉石"。"廉石"是人们对三国时郁林太守陆绩为官清正的歌颂。说他卸任回吴郡(今苏州)老家时,行囊了了,行船颠簸厉害,便搬块大石头压船,这才安全行驶到了家。以后,为歌颂明代清官、苏州太守况钟的清廉,又将这石,移至苏州况公祠前面。

薄己厚民传为神:韩中甫《大室山人集》中有则趣事记载:"四川严布政使,为人峭直洁清,自入任至掌藩政,历三十年,每食一蔬,人谓之'严青菜'。"有一年,四川新滩洪水暴发,河岸崩塌,水急波漩,行舟下泻,纵是善操舟者,也十之有九要葬身鱼腹,因有鬼怪兴风作浪。一天,他乘舟路过那里,即在船上祷告神明:"吾日食蔬而厚殖民,神当福我。"祷罢,端坐船头,命舟直下,安然无恙,人以为神。说水中有鬼怪和有神保佑是假,这是托言鬼神来歌颂严孟衡廉洁爱民的美德。

遗风清廉难全正:严嵩对其高祖孟衡,也是非常敬佩,常写诗称颂(见《钤山堂集》),并刻字立碑。严嵩故里"毓庆堂"内有块墓碑,上书"四川布政使"等字,便是严嵩为礼部尚书时,于清明时节,回家为高祖重修墓坟所立。

八世一品有美称:严孟衡故里介桥村,是千年古村,坐落于分宜县城郊东南角,背倚袁岭,古迹悠悠,有宋元古樟群、明清古祠群、市级文保单位毓庆堂、严嵩故居瑞竹堂、古牌匾、古井、古方塘、介溪、古廊街、石砌古巷、古水沟、严氏祖公墓等文物古迹。因严嵩与其曾孙严云从,都贵为一品,隆及亲人,使获得一品官职或朝廷诰封的达8人之多,所以该村又有"八世一品"的美称。

65. 蝶恋花·怀王一夔

祖上遗风廉育后，继往开来，更舞清风袖。
宦海扬帆无错咎，平生坦荡悠折柳。
重教解囊施惠手，两代皇师，正道纠荒谬。
慧眼洞悉识俊秀，今朝叹赞敬其酒。

大韶丹青有声名：王一夔（即谢一夔，1425—1487），字大韶，号约斋，江西新建县古源村人，是明中叶一位颇著声名的大臣、学者及卓有建树的教育家。王一夔系1460年的庚辰科状元，仕途一帆风顺，授翰林院修撰，官至工部尚书；受敕太子少保，翰林学士，先后为宪宗、孝宗授学。他曾捐俸办学，对当时教育理论有独到认识，其与父王得仁，同列《明史·第五十三》。他不仅"为文章，不为奇崛雕刻之词，而纯畅渊永，人共推服……每以伟器期之"，而且预修《英宗实录》《宋元通鉴纲目》《续资治通鉴纲目》等史书，俱能"据事直书，得史官体"。他的著作甚多，有《古源集》（即《谢文庄公集》）、《宋元通鉴纲目》《力余满》《东藩唱和诗》行世。卒后，追谥"文庄"。

父辈清廉得民心：王一夔出生于小官吏家庭，自幼受到良好的家庭教育。祖上原姓谢，其祖父谢永亨，因避仇人报复，隐姓埋名，依匿外祖父王氏家中，遂从姓王。父亲王得仁，初为县府卫吏，以办事"廉能勤敏"，升至汀州府推官，有"廉惠得民心"之美誉，在去任时，汀州人为其建祠以祀。家庭环境的熏陶，对王一夔日后的成长，有着极其重要的影响。明成化七年（1471）十二月，他奏请朝廷，要求复姓谢，被皇帝准允。

三千洋洋入头榜：王一夔受业于同乡著名学者、翰林侍讲尹直的门下，深得尹直垂爱。尹直曾向一夔传授《蔡氏书》，当览其所作之经义策论时，抑不住拍案称赏，并向在座的诸生们叹道："大韶他日所就，吾不及也，吾于文字间见之矣。"渊博的学识，使他在科举中脱颖而出，不仅乡试名列前茅，且在天顺四年会试中，"以书经冠天下士"。廷对时，他上推唐虞三代之盛，下及汉唐宋沿革之详，洋洋三千余言，英宗皇帝大加赞赏，钦点为头名状元。

倾力教育惠乡人：王一夔对教育有一种特殊的感情。中国古代的学校教育发展到明代，已臻于完备：在中央设有国子监（亦称国学、太学），在地方建有府州县学，以及作为基础性教育补充形式的社学、私塾。但就数量和质量而言，仍然发展不足。他任左春坊左谕德不久，归省家乡。面对家乡落后的教育，责任感油然而生。父亲未能为他留下什么田产、房屋，自己出仕时短，薪俸微薄，但他仍慷慨解囊，创办义学，"教族党、乡间之子弟"。为解决贫困学生的后顾之忧，又置义田、义仓，使更多的人能享受到学习和受教育的机会。

两代帝师见心血：他直接教授的学生不多，却有两个不同寻常的学生：明宪宗、孝宗父子。宋明时期，由儒臣为帝王讲授儒家经典，称为"经筵"，儒臣们在给帝王讲授"四书五经"的同时，阐述治国、平天下的道理。他任翰林修撰时，便担起了经筵任务，负责给宪宗讲授书经。宪宗曾一次奖赐给他银 20 两，钞 2000 贯，纻丝 2 表里。1478 年二月，皇太子即孝宗出阁，诏简儒臣充东宫讲官，他与彭彦实等，以学行选侍讲读。明孝宗在史上是备受称赞的一位，在位有"弘治中兴"之誉。于此，不能否认有谢一夔等人当年对他的教导之功。

儒家伦道正言行：一日为师，终生师表。王一夔始终以"儒家伦道"正言行，作为帝王之师，他能真正做到知无不言，言无不尽。成化七年，朝廷以星变求言，百官多缄默不语，怕祸随言至，他则无所畏惧，上疏力陈五事：一、正宫闱以端治本；二、亲大臣以询治道；三、开言路以决壅蔽；四、慎刑狱以广好生；五、戒妄费以足财用。条条切中时弊，"多人所不敢言者，士大夫翕然称之，虽不识公者，读其疏，亦皆感叹，想见其为人"。

慧眼鉴贤识才俊：王一夔曾多次受命出任科考官，始终坚持以文取人，从不徇私舞弊。著名学者罗伦、王鏊、娄廉等，都是他在乡试中发现的，"慧眼识才秀"，同僚们"皆服其鉴"。他认为，选拔人才应德才兼备，切忌重才轻德。他在为门生娄谦出任南京国子监祭酒而作的赠语中指出："其才之云，岂直工文词？必其蹈仁义、履忠信，而才行兼全，斯可尚也。"提出"论人才，不专于文，而必本之行"。

常与吕原话闲云：王一夔与吕原颇有交情。吕原，嘉兴人，明正统七年（1442）进士，历官翰林学士、右春坊大学士等职。吕原一生好著述，常为考证一事得不到结果，数日闷闷不乐；一旦得之，则欣喜若狂，对门人说："进升我两阶，还不如得此可喜。"一次，他们两人对酒听箫，谢出对云："吕先生品箫，须添一口"；吕云："谢状元射策，何吝片言？"真是语妙绝伦，棋逢对手，难分高下。

66. 七律·怀邓茂七

平生豪壮存虎胆,敢反朝官铲平王。
号令平民抗租税,挥手百姓举刀枪。
城头战戟挑弯月,史册英名撼山江。
愿做人杰潇洒去,甘为鬼雄亦不降。

起义领袖邓茂七:原名邓云(？—1449),江西南城县人,明代农民起义领袖。他年青时勇悍有智,性格豪爽,为众所信服。明正统初年,他因愤杀豪强,与其弟一起,避匿在福建宁化陈正景家中,分别改名为茂七、茂八。不久,地方官府,以邓茂七常聚众圩场,骚扰地方为名将他驱赶。邓氏兄弟被迫流亡到沙县二十四都黄竹坑(今属梅列区),以佃耕为生。正统十三年(1448),他号召佃农拒送"冬牲"和拒绝"送租"。官军前往镇压,茂七率众起义,称"铲平王",起义队伍迅速发展至数万人,严词拒绝官府的诱降,除围攻延平(今福建南平)外,还连续攻下福建二十余州县。十四年,茂七被叛徒出卖,在攻延平时中埋伏,英勇牺牲。《明史》卷一六五中有详述。

初为总甲御军袭:明正统七年(1442),浙江庆元人叶宗留与叶希八、王能等,聚众千余人,进入浙、闽、赣交界的仙霞岭,开采银矿。因地方土豪劣绅的逼迫,难以维持生计,被迫铤而走险,举旗起义。永丰知县邓容,以招抚欺骗手段,很快将起义镇压下去。叶宗留率众逃到处州(浙江丽水)、云和(今属浙江)、政和(福建松政)等地,积聚力量,伺机再起。1447年,叶宗留重举义旗,自称"大王",攻城略地,很快控制了闽、浙、赣交界地带,声势大振。为防范义军的进攻,沙县官府组织乡民编为甲,自制兵杖以护地方。邓茂七因平时好抱打不平,又武艺高强,被推为二十四都总甲,率领民兵负责地方防务。

铲平贪官非狂客:沙县旧例,佃户逢年过节,须于田租之外另送田主鸡、鸭等物,俗称"冬牲"。田租负担已经够繁重了,哪还有钱送"冬牲"?于是,邓茂七带头拒送"冬牲",并倡议破除佃户送租谷到田主家的旧例,改由田主自备脚力挑回。地方豪绅以其聚众闹事为由,向官府告发。官府派弓兵前去拘捕,他杀死弓兵,拥众起义。延平府闻报,派兵300人前往镇压,邓茂七设下埋伏,把官兵"杀伤殆尽"。众乡亲一不做二不休,便拥戴他为领袖。明正统十三年(1448)二月,他在陈山寨杀白马祭天,与参加起义的将士歃血为盟,宣告正式起义,自号"铲平王"。参加起义的将领,也委派以尚书、都督、都指挥等官职。

声震闽北威风疾:农民义军以铲平封建剥削为目标,锋芒直指地主豪绅,极大地鼓舞了四周不堪官府苛捐杂税勒索的贫困农民。"其他县游民皆举金鼓、器械应之",10天之内,义军达数万人。蒋福成、兰得隆等人,也起兵响应;义军力量撼动八闽。他率领义军攻占沙县,并在延平郊外一带设立总甲、里长,建立起农民政权的基层组织。同年四月,他率军攻占杉关,连下光泽、邵武、顺昌等县。蒋福成组织农民一万多人,攻占了尤溪县城,声援邓茂七。他与蒋福成并肩作战,全歼前来"进剿"的官军2000余人,并包围了闽北重地延平府。

笑拒招抚显豪气:明朝廷见军事镇压不能奏效,便改用招抚。连续派出御史张海、丁瑄前来"招抚"。送书使者威胁邓茂七等人,要他们"早早投降,以免一死"。他笑道:"我等不是怕死之辈!待我攻下南平,直取建宁，占领分水、桐木二关，封锁江西、浙江与福建的通道，然后挥师南下，八闽大地谁有我的办法！"他撕毁招降书，杀死使者。张海、丁瑄恼羞成怒，率军4000人进剿。义军伏于延平双溪隘口两旁，等明军过后，用木栅堵塞道路，四处伏兵冲出，官兵溃不成军。邓茂七乘胜进攻延平，在城外大败明军。

何惧大军来进击：张海、丁瑄两御史上疏朝廷，请求增兵"进剿"。朝廷派都御史张楷，率大军入闽镇压，被浙江起义军堵截受阻。邓茂七乘机分兵进击德化、永春、安溪，进攻泉州，自己率部进攻建宁。朝廷惊惶万分，命陈懋为征南将军，率京营及江浙诸路大军近五万前往镇压。此时，张楷也冲过浙江起义军的阻挠，率军由浙入闽，并且招降了起义军首领罗汝先、张繇孙及黄琴等人。

错施战略叹狭隘：此时，邓茂七仍在努力执行"取延平、塞二关、据八闽"的战略，忽视了同闽、浙边界叶宗留矿工义军的合作。当叶派人来商量军事合作时，出于狭隘心理，他傲慢地拒绝了。正统十四年（1449）二月，他听信内奸罗汝先的谗言，在敌强我弱的形势下，再次向延平进军。官兵布置了使用火器、弓箭的伏兵，趁义军过渡时，伏兵枪、箭齐发，起义军损失惨重，他在混战中阵亡。他牺牲后，分散在各地的部队还坚持斗争，直至景泰元年（1450）。

民间还传邓茂七：至今，在福建三明的黄竹坑和陈山寨一带，还流传着邓茂七锄强扶弱的故事。

67.宝钗分·怀费宏

少年时,知对错,受笞襟胸阔。戴冠华年,挥洒入魁座。笑瞻风起云流,任凭变化,去惊色、醒知清浊。

面危祸,敢举长剑迎敌,从容气轩勃。意气书生,肩顶泰山落。四朝国事躬勤,银章厚薄,自有价、任人评说。

费宏(1468—1535):字子充,号健斋,江西上饶市铅山县横林人。16岁中举,20岁独占鳌头,成了明朝成化23年间最年轻的状元。他"持重识大体",历事四朝,三次入阁,官至首辅,为政宽和,恤民务实,勤政清廉,刚正耿直,决断果敢,不畏权奸,不被物质利益驱使;常为奸佞所不容,屡遭构陷、排挤,故而两落三起。其兄弟、儿子均为进士,并与他同朝为官,这在明代是不多见的。嘉靖十四年,他在明世宗赐其"旧辅元臣"银章后,不久便病卒,享年68岁,朝廷加等抚恤,赠"太保",谥"文宪"。著有《湖东集》《鹅湖摘稿》《宸章集录》《遗德录》《惭愕录》,均不存;只有《费文宪集选要》7卷,现存《四库全书总目提要》。

名师严父启其蒙:《文宪公年谱》称:"公生有奇质,少读书过目成诵。"六岁时,父费璠

"教之甚切",聘"江州义门"之后陈受诲为家庭塾师,陈"严毅方正,克尽师道"。先生上课,父陪,对所授课文,他若能朗然成诵,父便喜形于色;若稍有差错,就不高兴。他就是在这样的督责下启蒙,读了三年书。

伏地受笞知责深:费宏爱下棋,一次与朋友同寅对弈,二人发生争执,以致失和。其父知道后,命老仆送来竹板一块,附诗"翰林事业如许多,博弈何劳枉费心",以诗句示责。他甚感惶愧,在老仆前"伏地受笞",又主动去同寅处谢过,两人终成莫逆交。成化二十三年(1487年),他终不负众望,考中状元。父亲的严格要求,蒙师的克尽师道,伯父费珣、费瑄的模范和诫勉,五叔费瑞的帮助和砥砺,费訚等前辈的教授和推介,造就了明朝中叶这一位颇具影响的政治家。

以其不争终成业:费宏刚入仕途时,就写下一条规诫自己的箴言:"毫末之污,终身可耻。心之神明,岂可欺蔽之。"《明史·费宏传》云:"费宏等皆起家文学,致位宰相。宏却钱宁,拒宸濠,忤张、桂,再踬再起,终亦无损清誉。"确实把握了他一生最主要的方面。他处在明代最为腐朽、黑暗的时代,皇帝荒淫无度,宦官把持朝政,大臣互相倾轧,构成这一时代腐朽的内部原因;而各地藩王兴兵反叛,连年不断的农民起义,边境鞑靼的劫掠骚扰,又是这一时代黑暗的外在表现。他历宪宗、孝宗、武宗、世宗四朝,仕途两落三起,但他"进则辅君,退亦恤民","以其不争",而成为最终的"是以能争"。

坚拒贿赂为清臣:费宏47岁时,宁王朱宸濠为谋求恢复被革去的王府护卫和屯田,派车运巨额金银到京师贿赂朝贵,他坚拒宁王及其同党的贿赂。尽管费宏极力反对,但武宗还是下诏准予恢复。从此,宁王等对他恨之入骨,窥测时机给予报复。后终在宁王攻讦陷害之下,被迫辞官返乡,在家乡闲居达8年。

遇险化吉剿叛乱:当时,他与兄弟罢职后,乘船回江西,宁王暗中派人尾随其后,焚其坐船,他们幸免逃脱。回到家乡后,适逢其族人与地方奸匪李镇发生讼争,宁王便唆使"据险作乱"的李镇杀他。李纠集恶人冲到费家,没有抓到他,便毁其家产,掘其祖坟。后正德十四年(1519)6月,宁王纠十万叛兵,在南昌发动叛乱,陷九江,破南康,围安庆,上下震动;他积极组织力量与宁王对抗,并支持、配合王守仁,将叛乱一举剿灭。

入阁辅政勤躬耕:费宏受宁王迫害九死一生,又为剿灭叛乱立下功勋,声望大增,官员争相上疏,谏召其重任首辅。武宗死后,世宗嘉靖遣人请他入阁辅政,加少保头衔,赐玉带蟒衣。嘉靖三年入阁为首辅,授谨身殿大学士,这是他政治生活最为辉煌的时期。在朝7年,他老成持重,为人谦和。

面对构陷存泰色:在剧烈的权力角逐中,他又遭受到以张璁、桂萼为首的佞臣的排挤和打击。在"大礼议"事件中,浙江温州人张璁,支持极为孤立的嘉靖,投机成功,被皇帝引为知己,从此平步青云。而身为首辅的他,"揣知帝旨"而不迎合,虚怀若谷,坚持正直的做人和为官品格。为除去政敌,张指使奸人王邦奇,对他的诬陷有恃无恐。面对群小的连番攻击,他处之泰然,表现出一个政治家宽容忍让的风格。于是,60岁时的他,再次请求退休,得到嘉靖批准后,张璁终于心满意足地以大学士的身份当上了首辅。

虚怀若谷一盏灯:嘉靖十四年,张璁丢了相位,嘉靖追念费宏的宽厚平和,请他再度出任首辅,且"眷遇益厚",受到"周览殿庐",赐"旧辅元臣"银章的殊荣。两个月后,他因劳瘁,疾骤发而卒。其一生,是在剧烈复杂的政治斗争环境中度过的。在与宁王的斗争中,他拒绝拉拢收买,维护国家利益,即使身处逆境,也决不软弱妥协;当国家利益受到威胁时,他身居草野却能挺身而出,体现了一个致仕官员的爱国情怀。

68.天仙子·怀夏言

善纵青词不弄媚,君子言行常含锐。国臣两度尽忠诚,轻进退,斗奸鬼,坦荡襟怀心似水。

却叹怀蛇奸作祟,欲言未出头颅坠。屈魂何处雪沉冤,天落泪,地也颓,逝水虽遥难面对。

夏言(1482—1548):字公谨,号桂州,江西鹰潭市贵溪人。明正德十二年(1517)进士,先后担任礼部右侍郎、礼部尚书等。嘉靖十五年(1536)加少保、太子少师,兼武英殿大学士;十七年为内阁首辅;十八年加少师,特进光禄大夫。二十一年七月,被严嵩排挤免官;二十四年,重新被起用为首辅,二十五年他支持陕西总督曾铣收复河套,而世宗犹豫不定,严嵩乘机诬陷,二十七年他再次被免职,严嵩乘势捏造罪名,十月被杀,时年67岁。夏言诗文宏整,又以词曲擅名,有《桂洲集》。隆庆初年,恢复旧职,谥文敏,赐祭葬。

眉目疏朗有俊颜:夏言刚入仕途时就一心为民。嘉靖二年,他受命巡察各地皇庄,回京后力主归还被侵占的百姓田产,禁止勋戚受献庄田,颇得嘉靖皇帝赞许。嘉靖是个狂热的道教徒,在位 45 年,其中很长一段时间不顾军国大事,躲在后宫专心修道,而夏言写的道家青词,最合嘉靖心意。史书记载,夏言长得眉目疏朗,美须飘飘,吐音弘扬,一口标准的官话,不杂半丝乡音,作为经筵日讲官,大获嘉靖欢心。也许是因为如此原因,他从部曹小官,扶摇直上到一人之下、万人之上的内阁首辅,总共只花了不到十年的时间。

器重严嵩祸无边:夏言任内阁首辅不久,即荐严嵩接任礼部尚书,却不知埋下了祸根。严嵩系江西分宜人,最初只是翰林院的小官,他知夏言是江西同乡,就几次前往夏府求见,未果。严嵩并不死心,他又想在家中宴请夏,再次遭拒;严却极为谦恭,跪在堂前一遍一遍,高声朗读自己带去的请柬,夏终于被感动赴了宴。宴席上,严使出浑身解数取悦夏,给夏留下了非常好的印象。从此,夏言非常器重严嵩,一再提拔他,使他步步高升;甚至向皇帝推荐他接替自己的首辅位置。严嵩逐渐受到重用,心里很高兴。但他的权欲远远没有满足,他知道,必须搬开夏言这块大石头,他才能大权独揽。

不卑不亢总君子:夏言刚毅正直,看不惯飞扬跋扈的宦官,对皇帝派来办差的太监,从来不苟言笑;而严嵩则总是亲迎亲送,还常贿赂太监们。因此,回宫的太监们总是赞严毁夏。他在皇帝面前不卑不亢,始终保有君子之风;而严嵩则柔顺谄媚,一副诚惶诚恐的样子。尽管夏言写得一手好青词,但并不信道教。嘉靖帝曾赐给他和严嵩各一领道袍、一顶道冠。他只是随意谢恩,并不穿着;而严嵩不但天天穿着这道袍,还把道冠仔细装饰。皇帝看在眼里,喜怒生于心中。

起落难防弄权奸:严嵩一看时机成熟,便勾结皇帝宠幸的一个道士,在皇帝面前说了夏言很多坏话。嘉靖一怒之下,罢免了夏言的官职,令严嵩代之。后来皇帝觉察到严嵩专权,于是再度起用夏言,且位在严之上。夏言复职后,严嵩表面上不动声色,从不提意见,暗地里却收买皇帝身边的太监,让他们不时地在皇帝面前揭夏言短处,同时又不露痕迹地说严嵩的好话。

不随帝意遭攻陷:终于,严嵩抓住了一个机会。很早以前,北方少数民族入侵河套地区，不断扰乱北方边关。嘉靖二十六年，兵部侍郎曾铣上疏力主收复河套，得到皇帝赞赏。但皇上又觉得没把握，犹豫不定。夏言对皇上的反复不知如何是好，干脆上表请皇帝亲裁，使嘉靖很生气。而严嵩摸透了皇帝的意思，极力宣扬河套不可收复，并乘机攻击夏言专权。皇帝大为愤怒，免去了夏言的所有职务。

死于奸手今古怜：严嵩要置他于死地，散布流言说他离朝时心怀不满，曾口吐怨言，大骂嘉靖帝出尔反尔；又造谣说他收了曾铣的贿赂，两人狼狈为奸，说得有鼻有眼，惹得嘉靖龙颜大怒。接到嘉靖斩首的圣旨，夏言朝南跪下，磕了3个响头后从容赴死。恃才傲物、一身正气的君子，竟这样不明不白地被那个自己一手提拔起来的奸诈小人整死了。从此严嵩稳坐首辅之座达15年之久，再也没有人能和他分庭抗礼了。

沉冤旧案终昭雪：夏言死后，严嵩大权在握，独霸朝纲，为所欲为；嘉靖帝日渐难控，对处斩夏言，慢慢后悔起来。待嘉靖之子穆宗继位，柄政祸国二十余年的严氏父子终于败死。隆庆初年，夏言的家人上书申冤，穆宗下诏，恢复夏言的旧有官职，重祭安葬，并追溢"文敏"，使他的冤情得以昭雪。

月寒依旧叹夏言：夏言有《桂洲集》18卷及《南宫奏稿》传世。他的部分创作，能揭露社会矛盾，一些写景抒情之作技巧也比较纯熟。《安乡道中观妇人插田》中写道："南村北村竞栽禾，新妇小姑兼阿婆，青裙束腰白裹首，手掷新秧如掷梭；打鼓不停歌不息，似比男儿更普力。自古男耕和女织，怜尔一身勤两役。吁嗟乎！长安多少闺中人，十指不动金满身。"

69.喜朝天·怀毛伯温

　　流落他乡,受人恩惠,情怀耿耿植心内。涌泉为报丁家惠,后人依旧热情沸。
　　戎马一生,风消云碎,腰横秋水刀锋锐。嘉靖御酒饯戎行,奇功屡建江山翠。

龙城九派毛伯温:字汝厉(1487—1544),江西吉水人,"龙城九派"毛氏后裔、明朝杰出的军事家。正德三年(1508)进士,任御史、大理寺丞、工部尚书、太子太保、兵部尚书等职。他戎马一生,叱咤风云,屡建奇功。嘉靖十八年总督宣大山西军务,边防得以加强;受命征讨安南,进驻南宁公布檄文,谕以恩威利害,安南莫登庸纳图籍降服,受命年余,不发一矢而事定。二十三年秋,因守军获罪被削籍,杖八十,疽发于背而死。天启初,追谥襄懋。有《毛襄懋集》《东塘诗集》。

鸦鹊巢堂挚情深:明弘治初,广东惠州府博罗县主簿丁震,遇见游至其家落脚的少年毛伯温,丁震对他"一见深器",将其收留,并供他读了三年书。正是由于丁震的

倾心养育，他才得以从一个落难少年，成长为明朝大员。任兵部尚书、都察院右都御史后，为报答丁家恩情，他出资在丁家村，建造了宏伟壮观的"鸦鹊巢"。"鸦鹊巢"堂内分上厅、下厅，中间设有天井，厅上由八根直径40厘米的石柱，支撑起大厅的木构梁架，呈三角形屋顶。梁托上雕有人物、动物、花草、鸟兽，千姿百态，栩栩如生，属于典型的客家建筑风格。数百年来，这里一直是丁氏一族最重要的议事中心和活动场所，同时也成为一个文化教育中心。丁家人经常用毛伯温的故事来教导后人，要真诚待人、知恩图报。

御酒饯行壮豪气：明嘉靖十八年（1539）七月，安南莫登庸再度侵犯明朝国土，并占领钦州、四峒等地区。嘉靖帝命兵部尚书毛伯温统兵南征，亲斟御酒饯行，并赠《钦命伯温征交趾临行》诗："大将南征胆气豪，腰横秋水雁月刀。风吹鼍鼓山河动，电闪旌旗日月高。天上麒麟原有种，穴中蝼蚁岂能逃。大平待诏归来日，朕与先生解战袍。"表现了作者对南征必胜的信心和对主将的殷切期望。整篇诗声势雄壮，意气高扬。送臣子而有真实感情，不同于一般的御制诗。

兵不血刃舞旗旌：在受命讨伐安南一年多的时间里，他既用军事攻势，又用政治攻势。他调集两广、福建、湖北等地官兵12万余人，兵分三路，包围莫登庸；又向安南官兵宣传"揖让"政策，昭明只要"归顺明朝，既往不咎，官复原职"。起初，莫登庸自恃勇悍，企图负隅顽抗，后来他看到毛伯温治理的军队装备精良，纪律严明，斗志昂扬，加之下属将士、州府官吏受"揖让"政策的感召，已分化瓦解，纷纷归顺明朝。莫登庸无可奈何，归顺了明朝，称臣纳贡。毛伯温不费一刀一箭，不折一兵一卒，使安南臣服、边疆安定，创造了明朝有史以来，兵不血刃的伟大战绩，充分显示了他卓越的军事及政治才能，在我国军事史上写下了光辉的一页。

两朝诰书多盛赞：平定安南凯旋后，嘉靖帝颁布"诰书"，分别加封他为"特进尔阶光禄大夫，勋柱国锡"，对其妻谢氏"兹特加赠为一品夫人"，对其祖父毛超、父亲毛荣都"特加赠为光禄大夫、柱国太子太保兵部尚书"，对其祖母、母亲都"特加赠为一品夫人"。明万历元年（1573），神宗皇帝又颁发"诰书",盛赞毛伯温"往征南粤,克清万里之妖氛",念毛伯温"晚遂优游,久闻沦谢,眷老成之在念,宜恤典之荐加","兹特赠尔为少保,锡之诰命"。

一着功成见太平:毛伯温《咏棋》:"两国争雄动战锋,不劳金鼓便兴兵。马行二步鸿沟渡,将守三宫细柳营。摆阵出车当要路,隔河飞炮下重城。幄帷士相多机变,一着功成见太平。"

韶山八都同一脉:吉水八都《毛氏族谱》载:"二十一世,传至伯温公,官太子太保,兵部尚书。"在《韶山毛氏族谱》上明确记载:"二十一世传至伯温公,官太子太保、兵部尚书。考据西江宗人,执谱相访。"由此可见,吉水县八都镇龙城,是毛伯温祖籍,也是毛泽东的祖籍,他们同出一门,都是吉水县八都镇"龙城九派"毛氏后裔。这里的"二十一世",是从江西吉水毛氏始迁祖、宋朝工部尚书——毛让算起的,从毛让到毛伯温(北宋到明中后期),其间约500年。

灵秀郁积风流人:宋代以前的毛姓名人,多出自黄河流域的陕西一带;宋至清代毛姓名人,多出自长江中下游的江浙一带。在中国历史上,毛姓并不是一个大姓,但十分活跃。江山代有才人出,随着姓氏的迁徙,人才重心也在不断变化。迄近代,迁居到湖南的毛姓,经历数百年的发展,灵秀郁积而磅礴,终于在时势的推涌下乘时而起,走出了一代伟人毛泽东!

70.渔家傲·怀舒芬

　　古代豫章门数座,进贤门里状元过。大度让墙能示弱。秦皇没,长城万里云天阔。

　　难忍昏君闲里堕,直言敢谏迎灾祸。杖下依然存气魄。中日落,郁积满腹魂孤默。

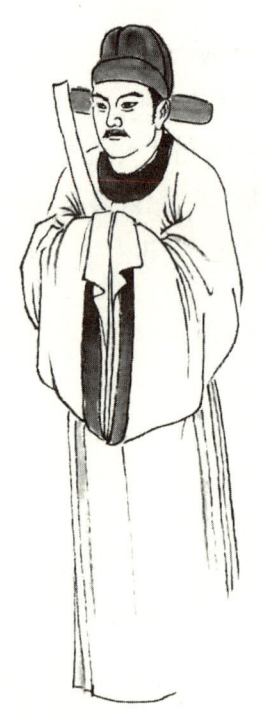

风华殿魁舒国裳:舒芬(1487—1531),字国裳,号梓溪,明南昌进贤(今江西南昌县塘南乡)人,经学家。他自幼聪慧,7岁能诗,12岁作《驯雁赋》,被南昌知府荐为博学弟子。正德十二年(1517)状元,出任翰林院修撰。他为官清正,敢言直谏,因谏阻武宗常以打猎巡游,寻欢作乐,荒废朝政,被贬福建。嘉靖间,又因哭谏世宗而入狱。不久,其母病故,扶柩南归。他因虑国忧民,积郁成疾,嘉靖十年,一代风华殿魁,含愤而逝,年仅44岁。世人称之为"忠孝状元"。万历三十六年(1608),神宗追谥舒芬为"文节"。同年,进贤士民于县城坛石山,建文节祠,纪念其文华节气。舒芬一生著述甚多,主要有《舒文节公全集》18卷。他还将文天祥、谢枋得的诗文、传记等编辑为《成仁遗稿》。

进贤门中归故乡:南昌府的"南城门",原叫"抚州门"。相传:进贤舒芬,赴京考中状元,衣锦荣归来到南昌城时,江西巡抚到章江门迎接,设宴款待,并赠给一匹枣红马,让他在城内,骑马逛街游览三天。一次,巡抚在宴席上问:"状元公,何日返故里省亲?"他道:"南昌城池坚固,建有七座城门。我不知何处是回故乡之路?"一侍郎忙答:"抚州门直通进贤县。"舒芬道:"那是抚州人的呀。"巡抚理解舒芬的意思,第二天就着人把"抚州门"改为"进贤门"。

静气平心让几尺:舒芬为官清正,刚正不阿,对家人要求很严。因此,清名远播,官声极佳。有一次,他家邻居盖房,把墙脚下到属于他家的地基上。而他家也正准备将原来的房屋扩修一下。这样,两家发生争执。家人即给他去信,要他出面干预。接到家书后,他给家人寄去一首诗:"千里书来只为墙,让他几尺又何妨! 万里长城今犹在,不见当年秦始皇。"其父母都是明白人,弟妹们也都是读书人,看了他的诗,心静、气顺过来了。于是,便主动上对方家门,答应让出地基。对方也主动地将自己下下去的墙脚挖起,向后退了好几尺。直到现在,其家乡北山镇,还保存着宽宽的"让墙巷"。

却阻昏君乱朝纲:舒芬是一位"犯颜敢谏、视死如归"的大忠臣。在昏君主政、朝纲紊乱的正德年间,这位科场上春风得意的状元才子,在官场上却是历尽艰辛。明武宗朱厚照,登基时仅15岁,耽乐嬉游,偏好弄兵。在宠信佞臣怂恿下,于京城建"豹房"纵欲行乐。热衷于微服私行,去教坊看乐舞,四处搜寻美女乐工,有时甚至是一身戎装,自封"太师镇国公"。弄得纲纪错置,朝政紊乱。

联名规劝武宗帝:正德十四年一月,武宗出外狩猎游乐,二月京城发生地震;宁王朱宸濠,则集聚重兵,在南昌蓄谋夺帝位……朝廷内外,人心惶惧。三月,武宗又以祀神祈福为幌子,准备外出巡游,满朝文武强烈反对。舒芬与编修崔桐等七人,联名上疏,直言规劝武宗,不要"像秦始皇、汉武帝一样奢侈取乐……"当前去递谏时,吏部尚书陆完阻止道:"现陛下一听进谏即怒,何苦自取其祸。各位不要把过错皆归于圣君,来钓取忠言直谏的名声。"

不要效学秦始皇：舒芬等无言而退。晚上，夏良胜、万潮、陈九川等，到他家饮酒论谈，皆感气愤，他厉声说："匹夫不可夺志！此时不谏报国，尚待何时？"次日早朝，大家接连上疏进谏。武宗勃然大怒，诏令舒芬等107人，在午门外长跪5日，每人杖责40、50不等，还有人下狱。其中员外陆震，主事刘校等10余人，惨死杖下。他被抬回翰林院，掌院学士惧武宗怪罪，拒不接纳。他悲愤道："我在此为官，就死于此。"事后，他被贬福建。

跪哭门外冒死谏：世宗即位后，舒芬官复翰林院修撰，仍坚持忠言直谏。嘉靖三年春，昭圣太后寿辰，皇帝下诏免除贵妇人进宫庆贺。他谏言："请皇上收回成命，以表现圣上孝心。"世宗很不高兴，令停其三个月薪俸。武宗无子嗣，其弟世宗登上皇位后，在史称"大礼议"事件中，张璁、桂萼、方献夫三人，因迎合世宗，被升为内阁大学士。他与修撰杨维聪、编修王思等，上疏请罢三人。接着，又与杨慎等，跪伏于左顺门外哭谏。世宗震怒，令将其等下狱杖打，并再夺薪俸。这次被治罪的两百余人，其中17人先后惨死。

忠孝状元千古香：舒芬是一位出色的儒臣，在短暂的中，力求把一切都做得最完美。在精英荟萃的科场上，他金榜夺魁；做学问他贯通诸经，倡明绝学，笔耕不辍；在品格操守上，大义凛然，在牢狱之中、棍棒之下，宁死不折，忠信有节。中国古代官员，有一个基本信条，"武死战，文死谏"，这就是为国捐躯，死得其所。他多次进谏，屡受严刑，他与南城人夏良胜、进贤人万潮、临川人陈九川连章上疏，同案受罚，被称誉为"江西四君子"。《明史》中大段记载其疏章，更誉之为"忠孝状元"。

71.青玉案·怀魏良辅

情痴戏曲才高妙,善音律、精腔调。小楼十年孤月照,历经寒苦,另寻炉灶,水磨开新调。

暮年凄楚穷潦倒,双目失明肚难饱。曲里愁情知多少,《南词引正》,春秋数百,还见星光耀。

明代曲圣魏良辅：字师召（约1489—1566），号此斋,晚年号尚泉、上泉,江西南昌新建县人,明代杰出的戏曲音乐家,对昆山腔艺术发展有突出贡献,被誉为"国工""曲圣",乃至昆腔"鼻祖"之称。嘉靖五年（1526）进士,历官工部、户部主事,刑部员外郎,广西按察司副使。嘉靖三十一年（1552）擢山东左布政使,三年后致仕,流寓于江苏太仓。他晚景凄凉,穷愁潦倒,以致双目失明,有人说他"瞽而慧"。也难怪,他本来就只是一个民间曲师。然而,他毕竟是"昆山腔"演变成"昆曲"的一座分水岭,四百年后的今天,仍然是那么引人注目。著有《曲律》一书,是论述昆腔唱法及南北曲流派的重要著作。

昆山老腔显粗俗：尽管家乡盛行"弋阳腔",但魏良辅却厌鄙"弋阳腔",为改变所处的艺

术环境,他于嘉靖、隆庆年间(1522—1566),来到了当时南戏北曲十分活跃的太仓。当时的太仓州,商品经济比较发达,市镇繁荣,有歌场、舞台等场所,演出活动频繁。吴中一带(苏州府、昆山、太仓州等地),文人萃集,嗜曲者众,学曲品曲之风甚炽。"昆山腔"是明代戏曲声腔中成就较高、影响广泛的一种。老的"昆山腔"元末即已形成,多处于清唱或说唱阶段,腔调平直,尚欠韵味和意趣,而民间艺人的演唱,就更为粗俗了。

水磨新腔融南北:魏良辅有较好的文学词曲修养及歌喉,娴通音律,熟谙当时流行的南北曲多种声腔,如昆山腔、海盐腔、余姚腔、杭州腔以及北曲的中州调、冀州调等。他起初研习北曲,因不及北人王友山,于是转研南曲,对流传于昆山一带的戏曲唱腔,进行加工整理,将南北曲融为一体,既使南曲"收音纯细",又令北曲"转无北气"。形成了一种格调新颖、唱法细腻、舒徐委婉的"水磨腔"——昆腔。终使昆腔,在无大锣大鼓烘托的气氛下,能够清丽悠远,旋律更加优美。原南曲伴奏以箫、管为主,为使昆腔的演唱更富有感染力,他将笛、管、笙、琴、琵琶、弦子等集于一堂,用于昆腔演唱的伴奏,并大获成功。

十年磨砺成鼻祖:为了创新"水磨腔",他闭门谢客,独自躲在古娄江畔的小楼上,穷讨古今乐律,十年不下楼。他为人谦虚,治学谨严,与友多切磋,求师必问善。但"曲圣"并非从天而降,其成就是集体智慧的结晶。从远一点讲,他是站在黄番绰、顾阿瑛、顾坚等前人的肩膀上,攀上戏曲高峰的;从近一点讲,他得到了过云适、张野塘等人的大力支持、协助。在兼收南北曲之长,将"昆山腔"演变为"昆曲",并逐步取代其他各腔的地位,独霸曲坛的过程中,被誉为"鼻祖""曲圣"的魏良辅,是一大群研究者、实践者的代表人物。

野塘戍卒恨见晚:张野塘,安徽寿州人,擅长北曲,是一个犯罪后被发配太仓的"戍卒"。一次,他听张唱曲,竟听了三天三夜,两人谈得非常投机,相见恨晚。那时,他已五十多了,比张野塘大八岁。他有一位貌美善歌的女儿,许多富贵人家争相求婚,他都不同意。后来,他把女儿许配给张野塘为妻。从此,张成了他创新"水磨腔"的得力助手。

云适度曲细雕珠：过云适,是太仓掌管户口籍账之事的小官,是一位善唱南曲的度曲家。魏良辅常以研究心得去请教过云适,每次度曲,过云适说行就行,说不行就不行,多次反复,直到过认为满意方肯罢休。终于,他"尽洗乖声,别开堂奥。调用水磨,拍捱冷板,声则平上去入之婉协,字则头、腹、尾音之毕匀。功深熔琢,气无烟火。启口轻圆,收音纯细……"令人耳目一新。今人周贻白在《中国戏剧史长编》中说："过氏对魏氏之创昆山腔,实居于指导地位,说不定魏之'能谐声律',也和过氏有关。"

悠长委婉恸柔处：魏良辅创新"水磨腔"——昆曲,"其排腔、配拍、榷字、厘音,皆属上乘"。无比委婉动听的乐曲,巧妙地体现了东方人的情感特征,许多难以表述的情感,水一般地在委婉悠长、顿挫抑扬中汩汩流注,打动着人们内心世界最柔美的感区。于是,天下翕然宗之。到了明朝万历(1573—1620)以后,昆曲更为盛行,昆曲剧目、昆剧班社、清唱团体大为增多,遍布大江南北,影响了很多地方剧种,一直到今天,仍习习相因。

曲律流传水不枯：魏良辅晚年,将学曲演唱的"心得札记",整理成《南词引正》,又名《曲律》,逐条简要地阐述了昆曲在字、腔、板眼等各方面的练唱技术,南北曲唱法的区别等,对初学者和从事昆腔研究的人,有重要的理论指导作用。其学生中,数昆山人梁辰鱼最有成就。梁将昆山腔进一步发扬光大,梁的《浣纱记》,更是一部划时代的作品,使场上之曲,成为案头之文,被誉为"昆山派"。昆山腔——昆曲——昆剧,梁辰鱼把后阶段发展的速度,推进得很快。

72. 七律·怀邹守益

开口耿谏难言欢，畅论书院誉江南。
中晦养心白鹿洞，东廓兴理青原山。
觉人垂后身为范，立世承先脊不弯。
百年儒风犹鼎盛，王学数代尽斑斓。

东廓先生邹守益：字谦之（1491—1562），号东廓，学者称"东廓先生"，江西安福县人，"王学"（即王阳明心学）著名代表人物。明正德六年（1511）参加会试，名列第一，廷试时名列第三。任南京吏部郎中，嘉靖三年（1524），因进谏触犯了皇帝，被贬为广德州判官；嘉靖十八年（1539），出任司经局洗马，因上书《圣经图》，教育太子要留意民间农事，差点得罪世宗被治罪。后改任常寺少卿兼侍读学士，出掌南京翰林院，被授翰林院编修之职。嘉靖二十年（1541），因直谏削职归乡后，远离官场，专心从事教育活动。他做官的时间，按其孙邹德涵的说法是"三十年中，三起三落，禄食之日，不满一纪"。其一生中大部分时间，是在讲学和游历中度过的。因病告归故里期间，曾到赣州拜谒王阳明，请教理学之道。《明史》有邹守益传。

相见恨晚若旧迷：邹守益在研究儒学发展时，碰到一个疑惑不解的问题：子思是曾子的学生，但他们的思想却不一致。他求教于王守仁（即王阳明，是"立德、立功、立言，皆居绝顶"的"明第一流人物"）。王用自己的理学理论对他加以引导。他豁然开朗，尊王为师。在交往探研中，两人建立了深厚的友谊。王守仁非常赏识他，赠诗于他："君今一日真千里，我亦当年若旧迷。"两人均有相见恨晚之感。邹氏家族世代理学传家，形成了良好的家风。其家人无论为官为民皆"天姿纯粹，忠君爱民"。邹氏为后人明示了一种仁者风范。

觉人垂后异阴会：嘉靖三年（1524），邹守益在广德州任判官期间，"撤淫祠，建复初书院，与学者讲授其间"，对广德的学风产生了深远的影响，广德士民为他立生祠以示纪念。嘉请五年（1526），他回到安福，与刘邦采等人联集建立王门最有影响的讲会"异阴会"，宣讲王门学说。"一以觉人垂后为己任"，"每朔望众诸生讲析明伦堂"。次年，与薛侃、钱德兴等人在杭州建天真书院，传播王学。嘉靖十五年（1536），又与程文德共建复古书院。嘉靖二十三年（1544），与刘阳等人共建连山书院。1858年与刘邦采等人共建复真书院。邹守益在教育中重视因材施教，深受学生欢迎，其"言明白简易，学者多所启悟"。

不分门派重友谊：王门中，相互切磋学问，蔚然成风。邹守益不但与王门弟子，诸如钱德洪、聂豹等有深厚交往；同时，还与别派的学人如湛若水、吕柟等，有很深的交往。嘉靖三年，因"大礼议"之故，邹守益和吕柟被下诏狱，两人在狱中还探讨学问，有《狱里双况集》，现已经佚失。嘉靖六年，邹守益升南京主客郎中，三年中，邹守益与吕柟、湛若水等讲学不辍。邹守益与湛若水可说是亦师亦友。若水90岁时，到青原山与他会面。66岁的邹守益，从早到晚都以弟子礼，来服侍若水，冒雨亲送其离别。湛若水深受感动，感叹曰"王公之门得人如此"。

父辈建功树风范：邹氏家族儒风兴盛，厚德承传，世代父子同贤。父邹贤，弘治九年（1496）进士，被授大理评事之职，后任福建汀漳兵备佥事；

在制定律例、平定地方骚乱方面有功绩。

儿孙立业名不低：长子邹义，对理学颇有心得，善讲经，名震京师，先后讲学于青原、白鹭、天真、武夷等处，官至顺天通判。三子邹善，嘉靖三十五年进士，历任刑部主事、山东督学、太常寺卿；他承父遗风，一生致力于教育，其所选拔之人才"后皆为名贤"，回故里后，更是全力投入讲学之中，每日聚讲不辍。二子邹美之子邹德泳，万历四十四年（1616）进士，官至御史、太常少卿、太常正卿。三子邹善之子邹德涵，隆庆五年（1571）进士，授刑部主事；张居正当朝时，学禁森严，邹德涵仍求友自若，不为学禁所惧。邹善之子邹德溥，万历十一年（1583）进士，充经筵讲官，辅导东宫，并以春秋起家，三任主考，与其父一样，所取之士后皆为名士。德溥之第四子邹匡明，才学甚高，曾游学于燕、赵、齐、楚间。

东廓山房今还在：身正为范，学高为师。邹氏家族不但家风淳正，而且学问高深，几代人都是当时的学者名儒。更难能可贵的是，他们世代办学不辍，广修书院，兴办讲会，邹守益创办的青原山讲会是当时王门最有影响的讲会，可与白鹿、岳麓相媲美。他居于家中也有讲学之地，称"东廓山房"。罗洪先说他"申论师说而不疑，述其师说而不杂"，极力传扬王阳明学说。

王学世家多传奇：邹守益后辈，致力于教育，经修多处书院，在讲学过程中都坚持"推本守益遗教，一以忠恕为要"，这种治学精神值得赞扬。明朝吉安府安福县澈源邹氏，是以邹守益为代表的著名的"王学世家"，他们在传播王阳明理学理论上有着不可磨灭的历史功绩，为中国书院教育的发展作出了重大贡献，在中国古代书院教育史上留下了光辉的一页。

73.水调歌头·怀罗洪先

世仕名门后,却厌宦中游。常常藐视科举、恰恰中魁头。心里漠然官场,两地来来去去,爱在景中游。谏阻帝修炼,官帽落荒丘。

归家去,入洞住,甚悠悠。天文地理、朝暮细品岁溪流。还建石莲书院,四海门生汇聚,潇洒度春秋。常慕其闲适,尘事却难丢。

生平简介 罗洪先(1504—1564):字达夫,号念庵,江西吉水县人。官宦家庭出身,自幼端重,不为嬉戏,从小立志要当学者。嘉靖五年(1526),乡试中举人,嘉靖八年中状元。嘉靖皇帝对他殿试的评价是"学识正道有见地,言论正直而意志忠诚",提为进士第一,授翰林院修撰。当时嘉靖帝迷信道教,求长生,政治极为腐败。他看不惯朝廷的腐败,即请告归。嘉靖十八年(1539年),他出任廷官,因联名上《东宫朝贺疏》冒犯嘉靖皇帝而被撤职。从此他离开官场,开始了学者的生活,著书以终。著有《念庵集》22卷,收录于《四库全书》;《冬游记》1卷;有《广舆图》传世。《明史》卷二八三有传。

挚爱理学却状元:罗洪元出生于一个世代为官、家教严格的大家庭里,祖先有十代均在

朝廷当官,是当地的名门望族。15岁时,他就喜欢上心学大师王阳明的名著《传习录》,对王极为仰慕。当时王阳明在绍兴招收子弟,他即欲前去,但父未允,要其科考考入朝为官。拜王为师的愿望没有实现,对他的人生理想是一次打击,成为终身遗憾,他对科举与仕途有了藐视之心。他一心要当王阳明那样的"理学大师",命运却阴差阳错,偏偏让他成了让世人羡慕的状元。

无心官场常漠视:罗洪元对官场漠然视之,近9年时间是"不务正业",常来往于北京与吉水之间,沿途考察山河,结识理学名士,研究王阳明的理学思想。嘉靖十八年(1538),他奉召出任谏官。当时,嘉靖皇帝痴迷于道教,常称病不见朝臣,在后宫修炼求长生。他与司谏唐顺之、校书赵时春联名上疏,请明世宗正月接受百官朝贺后,皇太子也到文华殿接受群臣朝贺。这击中了嘉靖帝最忌讳的心病,把奏疏看成是皇太子取代自己的先兆,勃然大怒:"这是有人预料朕将一病不起也。"当即写下手诏对罗洪先深加痛斥,遂将三人革职除名。

甘于淡泊十八年:罗洪先被罢官归家,住在黄橙溪村旁的石莲洞,以难以想象的意志,潜心研究学问,过着与世隔绝的生活,一住就是18年。其一系列重要著作,都是在石莲洞里完成的。他冬练三九,夏练三伏,骑马练弓、考图观史,上至天文、下至地理,无不精心探究。对人才、吏事、国计、民情等,他都倍加关注。自己常说:"苟当其任,皆吾事也。"他甘于淡泊,在洞中过着异常艰难而简陋的生活,睡的是一张石床。当挚友唐顺之应召后,欲挽之出仕,严嵩以同乡故,要起用他时,都被力辞。他宁可承受与世隔绝的寂寞,也不再复出做官。

研学施教石莲洞:石莲洞为石灰岩溶洞,由九个洞组成,互相贯通,洞内怪石林立,犬牙交错,鬼斧神工。最大的一个洞名曰"佛庐",可容三百余人,洞顶上筑有讲经台,是他讲课授道的讲台。因他有状元头衔,又是有名的理学大师,且因批评嘉靖怠政而被罢官,石莲洞因他而声名大振,全国各地的学者纷纷前来拜会或求学。他在石莲洞旁建"石莲书院",收受求学子弟。

画方计里史无前：罗洪元在元代地理学家朱思本的大地图《舆地图》的基础上，从夫人绣花的"缩样"那里受到启发，采用"画方计里法"，将地图按比例缩小成袖珍地图，创造性地绘成了我国首部分省地图集《广舆图》，贡献卓著，在世界地图绘制领域占有一席之地。他采用的"画方计里"的绘制方法至今仍在使用，是我国地图学发展史上里程碑式的人物之一。

由虚而实历心变：他是王阳明学派的重要继承者和开拓者，属江右王门学派，曾师事王门学者黄宏纲、何廷仁，研究王守仁"致知"之旨。他的思想演变，是围绕王守仁"致良知"说来展开的，其理论与王守仁一样，都离开人的社会性而谈抽象的人性，但就其整个思想倾向而言，则具有"由虚而实"的特点。

诗无道气读归田：在文学方面，他也有造诣，其文学主张，有三次较大的变化：开始他效法李梦阳，反对虚浮的台阁体，提倡复古；后渐觉复古派一味强调"文必秦汉，诗必盛唐"，既使思想受到束缚，又使作品脱离现实，便放弃了这种主张，加入唐宋派的行列，主张为文"开口见喉咙"，反对摹拟古人、摹拟古文。其诗文，既摆脱了拟古派一味摹拟古人的痕迹，又无唐宋派的那种道气。如：

归田

疏贱何心与物猜，敝庐归去正蒿莱。
灌园渐解憎多事，种树方知养不才。
手录道经闲自诵，门临秋水晚慵开。
过从亦有邻翁语，又喜宽租诏令来。

春游

春日川原晓望浓，东南山色翠重重。
刘伶游计常携锸，陶亮归期每候钟。
四壁有家还似寄，一身多病遂成慵。
临蹊欲问渔郎路，落尽桃花但古松。

74. 满江红·怀何心隐

　　一介书生，堪称颂、冲天志气。足智谋、运筹帷幄，倒奸平敌。构建桃园唯理想，家乡开辟新天地。萃和堂、典范示来人，尤歌泣。

　　知居正，为政敌。无畏惧，言依厉。厚生谋济世，志坚非易。重杖难折坚硬骨，笑容谈定唯刚毅。长叹息，寥句怎平息，徒悲泣。

平生所为三大事：何心隐（1517—1579），原名梁汝元，字柱乾，号夫山，江西吉安永丰县人，明代思想家、教育家，王阳明"心学"泰山学派弟子。这个明代嘉靖年间毫无地位的小角色，一生却干了几件惊天动地的大事：一是在其挚友陈学博任重庆知府期间，他为韬略谋士，用不到一年时间，就将惊动朝野的白莲教暴乱平息。二是他身在草野，却秘密策划了"倒严嵩"行动，授人密计，使皇帝怀疑严嵩，神不知鬼不觉地为国家除掉了一个大奸臣。三是他在中国历史上，第一个创建了原始共产主义社会，用他的俯身躬行，去推动农村政治变革，在中国知识分子面前，淋漓尽致地展现出不同凡俗的惊人之举。

推崇平等赞友师：他认为：人为天地之心，心是太极，性即是欲；反对"无欲"，主张"寡欲"，与百姓同欲。他猛烈抨击封建专制，认为"五伦"中，君臣、父子、兄弟、夫妇关系，均不正常，缺少平等，唯师友一伦，因其平等而最为理想，是社会关系的极致。其思想反映了资本主义萌芽的某些特点，他以这种平等观点为理论基础，建构起他的乌托邦社会思想。他为理学正宗所不容，犯的是思想罪，思想史上可以称之为"异端"，被统治者称为"妖人""逆犯""奸犯"。其著作多散佚，今有中华书局版《何心隐

集》。

萃和堂里通无有：他曾在家乡江西永丰，试行过一套乌托邦，成立集约合作化的共同体"萃和堂"，从政治、组织、教育上，推行其社会改造计划。"构萃和堂以合族，身理一族之政，冠婚、丧祭、赋役，一切通其有无。"与他同时代的西方思想家康帕内拉的"太阳城"尚在纸上，其"萃和堂"却已建在了地上。这样类似于集体公社性质的政治、经济、教育组织，出现在我国封建专制极强的明代，且由一人力推而成，令人惊叹！其敢于冲破世俗观念的勇气，令后人感慨！如按年代推算，这个产生在中国南方的原始共产主义社会，比马克思倡导的共产主义，还要早200多年呢！

政敌初见即预知：自己的政治对手是谁？何心隐一开始就看得很清楚。嘉靖三十九年（1560），他由耿定力介绍，在北京结识张居正（字叔大，号太岳，湖广江陵人，明政治家）。二人见面，观点、情绪尖锐对立。当时张居正还未发达，还在国子监里坐凉板凳。通过几句交谈，张一眼看出，他是个"时时欲飞"的异端斗士；而他也极有洞察力，预见张居正，异日必将掌握朝政大权，并作出预言："张公必官首相，必首毒讲学，必首毒汝元（何心隐）。"

庙堂分野不足怪：当时，他为何会作出如此预测？因他深知文人相轻的弱点，也深知自己和张政见的不可调和。他看出张有鸿鹄之志，想通过仕途，依靠皇家赋予的权力，自上而下地推行改革。而他则想籍民众之力，自下而上地实干做起。从公看，庙堂分野，注定两人将会在各方面产生冲突和交锋；从私看，两强相遇，互为对手，彼此早将对方看做各自潜在之敌，也是情理之中的事。由此看来，何心隐说将来，最急着杀他的必是张居正，也就不足为怪了。

面冤怀笑杖杀时：果不其然，明万历年间，张居正任相时，毁天下书院，禁聚徒讲学，推行一条鞭法等……遭到何心隐公开反对。于是，朝廷通缉他。万历七年（1579），湖广巡抚王之垣将他杖杀。但到底是张氏授意杀他，还是王向张氏献媚而杀之，史有争论。王世贞《嘉隆江湖大侠》中载：他"见王之垣，不肯跪。曰：'尔安敢杀我？亦安能杀我？杀我者张居正也'。择健卒，痛笞之百馀，干笑而已。抵狱，门人涕泣而进酒食，亦一笑而已。……遂死"。武昌上下数万人，无不为之冤。其被害和李贽一样，是明代思想史上轰动一时的冤案！

心念一动即行了：其实，认定张居正为祸首，也不算冤枉。张在《请申旧章饬学政以振兴人才疏》中说："不许别创书院，群聚徒党，及号召他方游食无行之徒，空谭废业。"而何是为了讲学办学，耗尽家财也在所不惜的人。他办的宗族学校，是古代中国最成功的"乡村教育"，张自是容不得他，至于动手，那当然不必亲为。王阳明说过"心念一动，即是行了"，对老百姓来说，也许难"行了"，但对操纵权柄的人来说，若有何邪念或恶念，即是真"行了"。

厚生济世止于诗：作为一个政治家，张居正的才干，在明代罕有其匹，乃至有人称"明只一帝，太祖高皇帝是也；明只一相，张居正是也"，其万历新政，有功于国，史有定评。何心隐被杀后，思想界一时议论纷纭，肯定和否定的都有。心隐以孔子为仪范，在思想和行动上，与那些道学家们形成鲜明对立。其济世厚生的精神，体现了以天下为胸怀的人道主义理想。但他却不容于社会，被视为"异端"，最终惨遭统治者的杀害，这是历史的悲剧、人格的悲剧！

75.锁阳台·怀谭纶

　　寇近京城,撼惊朝庙,奋荐一马当先。用兵凭智,倭寇败刀边。率领精兵骁勇,夜神速、一往直前。浙闽地、连天号角,旗舞竞翩跹。

　　一生戎甲挂,雕鞍未卸,威武扬鞭。北方筑屏障,未起风烟。塞外云天笑看,长空碧、和睦人间。牌坊立,还观日寇,短梦仅八年。

抗倭名将谭子理:谭纶(1520—1577),字子理,江西宜黄人,抗倭名将、杰出的军事家。嘉靖二十三年(1544)进士,官至兵部尚书、太子少保。他主持兵事近30年,抗倭戍边,屡建奇功,与戚继光齐名,号称"谭戚";他善于用人,戚继光、俞大猷、刘显、李梁、李超、陈其可等,一大批战将均得到其重用,被史家称为"善任俞、戚而建大勋"者。

浙中倭患率兵息:嘉靖三十四年,倭寇逼近南京城下,当时官员惊慌失措,将士"怯懦不前"。他自荐请命,募壮士五百,击退倭贼,以能用兵闻于朝廷。三十六年五月,倭寇侵扰台州一带,他率兵大挫倭犯。次年,倭寇聚集数万人窜扰台、温、福、泉、漳等州,在敌众己寡时,他令士卒偃旗息鼓,突然袭击,大败围攻台州的倭寇万人,三战三捷,军威大振。他与浙江

参将戚继光、总兵官俞大猷等联合，转战于浙江沿海，屡战皆捷。三十八年春，趁倭寇登陆马岗立足未稳，他率千余士卒，迅速出击，斩倭数百，分道追歼，荡平宁波倭患；五月，驰援临海，一昼夜驰行岭道300里，歼灭逃倭，平息了浙江中部的倭患。

布阵剿倭战沿海：嘉靖四十年（1561），平息浙江倭患后，谭纶任福建参政。不久父丧，回宜黄守制。此时，倭寇在广东、福建沿海大肆劫掠，三月兴化陷。他日夜兼程赴任，提督福建军务。命浙江副总兵官戚继光，火速从广东、江西一带回闽；令福建总兵官俞大猷，扼守海口，断敌退路；着广东总兵官刘显，率军驰赴兴化，对倭寇实行重围。四月上旬，各路进剿军先后入闽。他召俞、戚、刘布阵，自任总指挥，一举歼敌2200余人，解救被掳男女3000余人，收复兴化城。次年二月，2万余倭寇围攻仙游等地，他亲率戚继光部驰援，斩敌千余，又追歼逃倭数千名，残余倭寇入海逃遁，福建倭患得以平息。

谭家军威敌胆凄：谭纶原是文官，却由一名书生成为一代名将。当时倭寇猖獗，朝廷剿倭战线长，兵力不足。经朝廷批准，他自募新兵五百，自任总兵。经一年训练，这支无名的地方军，最后成为纪律严明、战无不胜的"王牌军"，号称"谭家军"。一次，他率领军前往桃渚增援剿倭，一昼夜强行军300里，无一人埋怨、掉队，与倭寇激战，将敌全歼。这一仗打出了谭家军的声威，倭寇为之胆寒。后来，戚继光独当一面，他在义乌招募三千农民与矿工子弟，学谭纶的选兵与训练方法，使之成为威震四方的"戚家军"。

防御体系筑屏障：隆庆元年（1567），他总督蓟、辽、保定军务，其防线以2400余里的长城为依托，是明朝的北方屏障，面临蒙古鞑靼部落的十万骑兵劲敌。他没有分兵死守，而是建立一支三万余人的应援之兵，他与戚继光共同负责练兵。同时，他针对长城低矮单薄的不利状况，加固居庸关至山海关长城边墙2000里，筑御敌台3000座，造战车700乘、大炮5000架，防御体系强大，敌不敢犯，显示出了卓越的军事才能，为明代带来了50年的和平时期。隆庆六年，他升兵部尚书，并荐戚继光任蓟昌辽保四镇总理。

宜黄腔圆弄心怡：谭纶任浙江台州知府时，将海盐腔戏班带至家乡，教习宜黄艺人，并将"弋阳腔"融入其中，形成"宜黄腔"。汤显祖对宜黄腔极为欣赏，其著名的《临川四梦》，均由宜黄艺人首次演出以至流传。宜黄腔后经艺人不断探索和改进，不仅在江西省内广泛流行，在安徽、江苏、湖南、湖北、四川、陕西、广西、山西、河北、北京等地都有流传，一些曲调还融入了京剧。

江南古墓阅春色：谭纶墓位于今宜黄县城南侧，墓处峰峦叠翠的深山，坐北朝南，气势雄伟，被称为"江南第一古墓"。墓由祭道、神道、墓体三部分组成。砖石镶嵌的祭道约300米，神道约100米，有三组石牌坊，中间牌坊正反额间镶刻"敕葬太子太保兵部尚书谥襄敏谭公之墓"巨匾；墓体长30米，宽20米，沿山坡砌磅三层。墓下层为高87厘米、宽54厘米的青石墓碑，碑文近两千字，内容叙述了他生平事迹和去世后朝廷对他的哀悼，是研究谭纶的宝贵资料。

司马牌坊立雄奇：其故乡谭坊村，有一座"大司马牌坊"。"大司马"是古代军人最高职位，即"大元帅"或"大都督"之意。明万历二年（1575），12岁的神宗下旨，各省为谭纶建"文武忠孝坊"和"威震华夷坊"，这也是当朝"铁血宰相"张居正起的作用。张对谭纶极为赏识，而他也不负重托。这座结构精致的"大司马牌坊"，三层额坊均用浮雕、透雕的龙凤云纹图案和戏曲人物华板镶嵌。当地居民说，牌坊在抗战时期曾遭日军轰炸，但炮弹就是轰不塌这座牌坊。

76.七律·怀邓子龙

武举子龙气轩昂,身经百战历风霜。
刀寒海盗民安业,剑瑟倭寇国泰疆。
水上凌云穿险浪,烟中壮志驭苍茫。
慷慨暮色赴国难,百世英名谱华章。

邓子龙(1527?—1598):字武桥,号大千、虎冠道人,江西丰城杜市镇邓家村人,明代著名军事家,抗倭名将。嘉靖三十七年(1558年),在罗洪先的帮助下,他考中武举,从此走上了长达40年的军旅生涯。中武举后,他转战今福建、广东等沿海抗倭战场,由小旗递升至把总。万历十一年(1583年),任云南保山参将,因治理和守卫云南边境有功,升副总兵。万历二十年,遭诬陷罢归乡里;二十六年复起,任援朝水师副总兵,参加抗击日军的战争。有诗集《横戈集》和兵法《阵法直指》等流传于世。

千百年来起卧龙:邓子龙魁伟敏捷,善骑射,明韬略,早年因生计所迫,游走四方。二十六岁那年,他赋诗《磨剑口古》:"磨就霜锋胆气雄,神光长射斗牛中。张华去后无消息,千百年来起卧龙。"以寄托远大抱负。万历二十六年1

1月19日,他与朝鲜统制使李舜臣为前锋,在釜山南海与日军激战,年过70的他,督水军千人、战舰三艘,勇气弥厉,直前奋击,杀敌无数,壮烈牺牲,朝鲜为他立庙奉祭。

嘉靖武举建丰功:这位驰骋疆场的名将,27岁之前还只是一位风水先生。一次偶遇,改变了他的人生轨迹:他与同在丰城白云寺投宿的一位老者发生了冲突,血气方刚的他败在老者手下,便恳求拜其为师。这位老人便是嘉靖状元、著名学者罗洪先。在罗悉心指点下,其技艺精进,并考取了嘉靖武举。此时,正是明朝内忧外患、由盛转衰的历史时期,中国沿海饱受倭寇和海盗的侵扰,他率领江西"客兵",转战福建泉州、厦门,广东海丰、东莞、广州等地,在15年的抗倭战斗中屡建功勋,逐步成为具有丰富实践经验的将领,他的许多军事思想和理论也在这一时期形成。

刘邓大军长驱入:万历十一年(1583),岳凤勾结缅甸东吁王朝,入侵明朝,十万缅甸象兵大举入侵。朝廷调遣他和刘挺入滇抗缅。他率领3000江西籍士兵赶赴前线,成功组织了3次以少胜多的战斗,扼制了缅军的嚣张气焰。他采取收买内应、巧设埋伏、扼敌所长的战术,火弩齐发、火烧象楼,大破望而生畏的大象阵。在刘挺入滇后,他与刘挺创建了"刘邓大军",发起反击战,一直打到缅甸副都阿瓦,守将缅甸国主之叔猛勺献城投降,并擒获岳凤。

赣人较量疆场中:在这场牵动两国的军事对决中,云南前线所有重要角色均由江西人扮演:勾结缅甸的岳凤,抚州人;保荐刘、邓入滇的巡按董裕,乐安人;刘挺,南昌人;在前线指挥作战的文官按察使李材,丰城人;兵备副使姜忻,南昌人;永昌同知漆文昌,宜丰人;给事中胡汝宁,南昌人。12年中,邓子龙指挥了多次御缅战斗,使侵略者不敢越边境一步,为巩固边疆、建设国防作出了重要贡献。

七年抗日犹惨烈:1592年,日本关白(首相)丰臣秀吉,率20万大军在釜山登陆,悍然发动了长达7年的侵朝战争,占领朝鲜全境,应朝鲜国王请求,明朝派出30多万精锐部队赴朝参战。这场战争打得异常艰苦惨烈,处于胶着状态,中朝联军未能将日军赶入大海,日军也不能击溃联军主力。

骁勇谁言是老翁：1598年，明朝为了最后击败日本，切断日本军队的海上退路，决定组建海军赴朝作战，诏邓子龙任水师副总兵。为援朝抗日，年逾70、早已解甲归田的他，毅然重披战袍。在1598年11月18日至19日进行的决战——露梁津大海战中，他与朝鲜水师统制使李舜臣双双阵亡，成为明军牺牲的7万多将士中官阶最高的一位。这场战争是中日两国在朝鲜的一次全面较量，中国取得最终的胜利。他的遗体归葬丰城，因其首级已被倭寇掠去，只好用沉香木雕刻首级合殓。

圣殿堂子将军庙：邓子龙还是清朝开国皇帝努尔哈赤的救命恩人，成为整个清代皇室顶礼膜拜的秘密祭祀的保护神之一。"二十五史"中的《清史稿》及《啸亭杂录》中有载：努尔哈赤欲起兵攻明时，常微服到辽东一带侦察；一次偶然，被一支派往朝鲜的过路明军抓获，交给了开赴抗倭前线的副总兵邓子龙。他十分赞赏努尔哈赤过人的胆识，将其放走。为报恩，努尔哈赤为在朝鲜阵亡的他立了庙，并把他的神位放入了清室最重要的圣殿"堂子"中祭祀。随着堂子迁往北京，他的神像一直在尚锡神亭中安放，直到清末，所以堂子又称"邓将军庙"。

英名远扬贯长虹：邓子龙英名远扬，深受世代人民的崇敬。在丰城，其墓地被列为江西省重点文物保护单位；在福建、广东、江西、湖南、贵州、云南一带，留有有他的众多遗迹。不少地方和著名品牌，还以他的名字命名。

77.破阵子·怀郭子章

　　万历平播战役,丹青落笔留芳。统领黔军兵数万,浩荡旌旗卷岭岗,美名朝野扬。

　　满腹经论才气,为官廉净如霜。问俗观风知正误,更把深思著锦章,书山溢墨香。

兵部尚书郭子章:字相奎(1542—1618),号青螺,江西泰和县冠朝乡人。他生于书香门第自幼博览诸子百家,并对《左传》《尚书》《易》《毛诗》《礼记》等经典著作有特殊兴趣。他还善于天文、历算,又擅写文章。隆庆五年(1571)中进士,历任福建建宁府推官、南京工部主事、广东潮州知府、四川提学佥事。万历二十六年(1598),被皇帝任命为右副都御史,巡抚贵州、兼制蜀楚军事,与湖广川贵总督李化龙,合力剿平播州杨应龙叛乱,彻底消灭了盘踞播州八百余年、世袭了29世的杨氏土司,以功封兵部尚书、右都御史,加太子少保衔。67岁告老还乡,于万历四十六年(1618)去世,享年77岁。葬故里井坑,赠太子少保,谥文定。

平播战役显锋芒:唐末的杨端,领兵据播州,成为世袭领主。其第29代孙杨应龙,为明

朝万历年间播州宣慰使。因其残暴嗜杀，所辖五司七姓的百姓，向四川、贵州的巡按司告发。万历二十年（1592），杨到重庆对簿公堂，坐法当斩。因其要求领兵五千，去朝鲜征讨倭寇以赎罪，得允回播州后，即起兵对抗朝廷。王继光与总兵刘承嗣出兵讨伐，在白石口被其苗兵打败，死伤大半。万历皇帝决意平播，任湖广川贵总督李化龙为总指挥，兵分八路合攻播州。郭子章为统帅部成员之一，负责贵州方面的军事指挥，在筹措军饷、组建黔军、稳定危局、激励士气和争取安民诸方面，发挥了关键作用，为整个战役的成功作出了巨大贡献。

才高八斗真贤士：郭子章为官，以庐陵先贤为榜样，清正廉洁，公平办事，深得民心，理政有治绩。但他为人所知，主要在学术方面。他是一个饱学之士，曾经与王时槐、邹元标等，讲学于吉安青原山和白鹭洲，提倡正学。他有天赋之才，识卓超群，勤于著述，每任职一处，均有专集，并以任处为集名。其著作涉面极为广泛，哲学、政治、经济、军事、历律、历史、地理、工艺、文学等，无所不包。可以算得上是学富五车、才高八斗的人物。他勤奋一生，身兼多家，为江西文化作出了宝贵的贡献。

著述汗牛尽佳章：他一生虽久在官场，但读书不辍，"文章、勋业亦烂然可观矣"，史称他"能文章，尤精吏治"，"于书无所不读"，"宦辙所至，随地著书"，"著述几于汗牛"。著述宏富，有《粤草》10卷，《蜀草》7卷，《晋草》9卷，《楚草》12卷，《家草》7卷，《黔草》21卷，《闽草》16卷，《留草》1卷，《浙草》16卷，《闽藩草》9卷，《养草》1卷，《苦草》6卷，《传草》34卷，及《播始末》《豫章书》《圣门人物志》《阿育王山志》《马记》《剑记》《六语》《豫章诗话》《易解》《郡县释名》等，入《四库全书总目》共20余种。至今北京图书馆善本室收藏他的著作，还有11种，均系明万历、天启刻本。

豫章诗话开先路：郭子章不仅是作家，也是评论家。其《豫章诗话》，专评江西籍诗人和外地寓居江西的诗人作品，为江西人研究和评论江西作家开了先路。《诗话》多取材于郡县中的记载，难免芜杂其中，甚至存在如《四库全书总目》所批评的"有爱奇嗜博之失"的缺陷，但毕竟为后人研究江西诗人乃其作品,提供了有价值的资料。

山巅游目览山江:贵阳城南有座小山,山间林木苍郁,山巅平台兀然。明万历年间贵州巡按监察使毕三才(江西贵溪人),兴建亭台于其上,撰写《观风台碑记》,并请巡抚郭子章书额"观风"两字。山以亭显,其山亦因之名观风山。从晚明至清一代,贵阳士民,佳日闲暇,常登临斯台,游目骋怀,抚览山川,成地方名胜古迹之一。当时,贵州巡抚郭子章,主黔十年,政声卓著。《贵阳府志》称他主持贵州最高政务,施政"动中民隐",能够切中民间疾苦,"尤喜奖拔士类"。

入世观风问俗事:《观风台碑记》浓墨重彩,描写了当年亭台落成的盛况。"是日也,云蒸霞蔚,日丽风怡。登空中楼阁,芙蓉四面,环带三溪。"登台向东望去,有栖霞、铜鼓诸山;向西望去,西岩矗矗,卓立如笔。置身此境中,他似有所悟,喟然赞曰:"兹其观风问俗之奇观乎?!"于是,挥毫为亭台题写了"观风"匾额。

潮流可察民忧伤:"观风"确实是个好名称。其实,再往深一层细想,"观风"两字的内涵更值品味。古代国君派采诗官到各地采集民间歌谣,从中了解施政得失和民间风俗,也称之为"观风"。郭子章把亭台取名"观风",主旨在提倡一种为政之道。他所谓的"观风问俗"就是点睛之笔。不观风,则无以察潮流,辨风向;不问俗,则无以了解实际,下车伊始,自以为是,置民情民俗民意而罔闻,这样的人,是不可能做好一方工作的。

78. 七律·怀汤显祖

荷花禀性浊中吟，愤弃官场乐自欣。
岁月清寒纸上梦，文章富贵笔底情。
台上妇汉流痴泪，戏里神鬼动俗心。
如若莎翁遇清远，酩酊醉卧牡丹亭。

四梦临川汤显祖（1550—1616）：字义仍，号海若，又号若士，别署清远道人，临川人，是继关汉卿之后我国古代又一位伟大的戏剧家，在中国和世界文学史上有着重要的地位。他一生历经嘉靖、隆庆、万历三个时代，正是朝廷腐败、社会动荡的明代中晚期。他不满官场，辞职回乡20余年，虽境遇困苦，仍充满热情，坚持创作。著作颇丰，诗文有《红泉逸草》《玉茗堂集》等；传奇有《紫箫记》、《紫钗记》、《牡丹亭》（又名《还魂记》）、《邯郸记》、《南柯记》五种，后四种合称《临川四梦》或《玉茗堂四梦》，以《牡丹亭》最为著名。其戏剧创作成就极高，形成了以后阮大铖、吴炳等玉茗堂派。他一生蔑视权贵，常得罪名人。《明史》记他"意气慷慨""蹭蹬穷老"，这些评语颇能概括其生平之要。

坚守操节不迷途：汤显祖自幼爱读"非圣"之书，广交"气义"之士，性禀刚正，不趋炎附势。明代科举已经腐败，成为确定贵族子弟世袭地位的骗局。万历五、八年两次会试，当朝首辅张居正，要安排其几个儿子中进士，为遮人耳目，想找几个有才学的人作陪衬，于是派人去笼络已经名闻天下的汤显祖和沈某等。沈某等出卖了自己，但汤显祖却拒绝了招揽。说："吾不敢从处女子失身也。"结果两次落第。但他却以高尚的人格、操守，得到海内人士的称赞。直到张居正死后次年，他才中进士。后张四维、申时行相继为相，他们也曾许他以翰林之位拉他入幕，他都拒绝了。

入仕为文皆尖锐：万历十九年（1591），汤显祖上书，历数神宗帝在位20年间，朝政腐败、科场舞弊、弄臣贿赂等弊端，触怒了神宗，被谪迁广东徐闻县典史。后调任浙江遂昌知县。他清廉简朴，体恤民情，平反冤狱，深得民心。终因不满朝政腐败，于万历二十六年，弃官回临川，寓所号"玉茗堂"，致力戏剧和文学创作。汤显祖一生写了2200百多篇诗文，颇多佳作，把矛头直指封建皇帝，其大胆、尖锐，为同代诗作所罕见。他不仅属于中国，也是世界文化伟人之一。

梨园天地非闲居：20余年的闲居，汤显祖借就梨园小天地，展现人生大舞台的瑰丽画面，在戏剧艺术中畅快恣意地演绎出无情、有情和至情的三大层面和多元境界。他甚至把戏剧的情感教化作用自由铺张、无限放大，最终把戏剧看成是一种可与儒、释、道并列的极为神圣的精神文化活动。

牡丹亭里恸生死：汤显祖的代表作《牡丹亭》，以强烈的追求个性解放的进步思想，无情地抨击了腐朽封建道学的理念束缚，描写了杜丽娘与柳梦梅感人的爱情故事。杜、柳二人在梦中相爱，醒后寻梦不得，丽娘抑郁而死。其后梦梅掘坟开棺，丽娘复活，深刻地表达了作者"生可以死，死可以生"的思想。丽娘之父杜宝的封建卫道士嘴脸，被揭露无遗。尤其是主人公杜丽娘，困于礼教束缚的复杂细腻哀愁和坚定执著的反抗性格，被汤显祖以瑰丽的妙笔，刻画得入木三分："原来姹紫嫣红开遍，似这般都付与断井颓垣。良辰美景奈何天！赏心乐事谁家院？朝飞暮卷，云霞翠轩，雨丝风片、烟波画船,锦屏人忒看的这韶光贱。"数百年来,为人们唱得口角生香。时人谓"《牡丹亭》一出,家传户诵,几令《西厢》减价。"

婉转痴情尽沉浮:《牡丹亭》写杜丽娘的性格发展和心理活动,层次鲜明,细致熨帖。游园前,她感到"剪不断,理还乱,闷无端";游园时,她心情由"闷"而"寻",因感受春光而要追求爱;惊梦时,由"寻"而"欢",终于找到情人;梦后,由"欢"而"空",因为所爱的人无处寻觅而感到空虚寂寞。将其心理写得致细、跌宕起伏。汤显祖的《滕王阁看王有信演〈牡丹亭〉》诗中写道:"愁来一座更衣起,江树沉沉天汉斜。"

娄江女子郁肠断:明人张大复《梅花草堂笔谈》中记载:"娄江女子俞二娘,秀慧能文词,未有所适。酷嗜《牡丹亭》传奇,蝇头细字,批注其侧。幽思苦韵,有痛于本词者……"在读了《牡丹亭》以后,她深感不如意的命运也像杜丽娘一样,终日郁郁寡欢,最后"断肠而死"。临终前从松开的纤手中滑落的,正是《牡丹亭》初版戏本,而且"饱研丹砂,密圈旁注,往往自写所见,出人意表"。

酸酸楚楚令君哭:汤显祖得知消息后,写下《哭娄江女子二首》:"画烛摇金阁,真珠泣绣窗。如何伤此曲,偏只在娄江。何自为情死,悲伤必有神。一时文字业,天下有心人。"相传《牡丹亭》还使女伶人商小伶伤心而亡,可见《牡丹亭》极为感人的艺术力量。"花花草草由人恋,生生死死随人愿,便酸酸楚楚无人怨",这是杜丽娘著名的唱词。

79.行香子·怀邹元标

　　常纵直言,仕道维艰。杖责谪贬数升迁。民言韭菜,难断天年。待、古稀岁,诏京任,性如前。
　　谪居故里,著述难闲。建书院、弟子翩跹。心怀社稷,不改忠虔。落、江湖远,评时政,耿无偏。

　　敢谏直言邹元标(1551—1624):字尔瞻,号南皋,江西吉水县城小东门邹家人,理学家、诗人,幼有神童之称,9岁通《五经》,26岁中进士,先后担任吏部给事中、兵部主事、吏部员外郎、大理寺卿、刑部右侍郎、左都御史等职务。因上疏抨击首辅张居正,他被贬贵州6年。其间,潜心钻研理学。万历十一年,回朝廷任吏部给事中,又因多次上疏改革吏治,触犯了皇帝,被皇帝视为"讪君卖直",再次遭到贬谪,降南京吏部员外郎。他以病辞官,居家讲学近30年。天启元年(1621)任吏部左侍郎,后因魏忠贤乱政求去。1624年,逝于家中,朝廷赠太子太保、吏部尚书,谥"忠介"。《明史·列传》第一三一章有传。

　　敢斗权臣不动摇:邹元标于1577年中进士,刚上任,就弹劾权臣张居正不怜民情,滥施

刑罚，拒纳贤才，重用邪恶等，但奏折被张截住，张给他罗织罪名，教唆皇帝下旨责打邹80大板，并发配贵州6年。其间，张派杀手去谋害他，杀手却于途中暴亡，民间有"割不绝的韭菜蔸，打不死的邹元标"的谚语流传。

即任上疏谏五事：1582年，张居正病逝，朝廷召邹元标任吏部给事中。一上任，上疏神宗应做好"培圣德、亲臣工、肃宪纪、崇儒行、饬抚臣"五件事，接着弹劾礼部尚书徐学谟、户部尚书张仕佩。上疏改革时政六事，规劝神宗不要沉溺于声色游宴。神宗恼怒，贬其为户部验封。后又上疏改革吏治十事、医治民瘼八事等，因而再遭贬谪。于是，他以病辞官。

宁折不弯有坚腰：邹元标志向远大，认为有德之人，不能消极退让和放弃职责，应自强而不息。他不顾打击和迫害，多次犯颜直谏，以致数次被杖，多次遭贬，而成为中国古代历史上一位宁折不弯的著名大臣和学者。他是"东林党三君"之一。1606年，被朝廷革职的顾宪成与好友高攀龙等人，在无锡东林书院授徒讲学，常"讽议朝政，裁量人物"。邹元标因仕途坎坷，谏言得不到采纳，就顺势加入了这个集团，与顾宪成、赵南星号为"东林党三君"。

力荐众贤鼎朝政：邹元标有治国安邦之才。1621年，光宗皇帝继位后，朝廷召他回京，就任刑部右侍郎。此时，朝廷党派纷争，每议朝政大事，大臣各怀偏见，难以统一。为此，他上疏进谏"和衷"之说，指出："今日急务，惟朝臣和衷而已"，要"以天下万世之心，衡天下万世之人与事，则议论公，而国家自享安静和平之福"。同时，向皇帝推荐重用李邦华、涂宗浚等18人，光宗皆予采纳。过了两天，他又上疏开发荒地，积集财赋，加强武备等，并荐用赵南星、高攀龙等15人，又被光宗全部采纳。他改任左都御史后，又荐用章家桢、丁元荐等22人，使原来受到诬陷的大臣，大多数获得平反昭雪。后来，他又多次上书，建议改革朝政，这些建议多数被采纳，对治理朝政起到了积极的作用。

尚方宝剑斗奸妖：他曾佩带尚方宝剑，到贵州都匀代皇帝充军。他行舟沿长江一路而上，在船上，遇到一个扎纸马的本地人，说都江堰府台是个搜刮民脂民膏的贪官，他便与此人商量好如此这般。船到都江堰，府台携官员到江边接驾。他说:"我代皇帝充军不能着皇上的真龙袍,必须穿纸扎龙袍。听说大人家资雄厚,就请你用家资帮我买一件吧"。府台心想,一件纸龙袍能花几个钱?便赶紧置办。不料跑遍全城,纸马店只有一家,但要一万两银子才肯卖,府台被他逼得很急,只好忍痛买下。第二天,他来到纸扎店,将卖纸龙袍所得的一万两银子,散发给当地穷人,得到银两的穷人们,交口称赞遇上了青天大老爷。

名高天下传理学:邹元标在理学方面有突出的贡献。20岁拜理学大师胡直为师,深受王守仁理学的影响。1577年,他被贬谪贵州,"益究心理学,学以大进"。1591年,他辞官回乡讲学。此后,整整30年未入仕途。这期间,他一方面创办书院讲学,一方面撰写了许多理学文章。由于他才华横溢,所以"从游者日众,名高天下"。他培养了许多人才,兵部尚书李邦华、吏部尚书李日宣、状元刘同升、刑部郎中李廷谏、郡丞周日旦、训导曾天复等历史名人,"皆出其门下"。他还两次到湖南岳麓书院讲学,并撰写了《鼎新岳麓书院记》。

著述颇丰名不凋:邹元标一生,除主要致力于政务和讲学外,文学上也有一定的成就。一生著述颇丰,著有《愿学集》8卷、《太平山居疏稿》4卷、《日新篇》2卷、《仁丈会语》4卷、《礼记正议》6卷、《四书讲义》2卷、《工书选要》11卷、《邹南皋语义合编》4卷。他文学创作较多的是诗歌,现存近二百首诗作中有不少佳作,特别是那些写景记游的作品,富有情趣。如《游青原翠屏》《春日赴白鹭洲》《咏文笔峰》和《文江八景》等诗,均是歌咏吉安秀丽山川的佳作。

80.苏幕遮·怀钟炌

　　立浊流,心傲世,疾恶如仇,不改凌云志。何惧东厂施祸事,万里青天,还看曈曈日。
　　正言行,民有尺,竭尽厥职,公道清白仕。遍布阴霾难展翅,故里耕读,放眼烟云逝。

钟炌(1583—1650):号昭明,字淑贤,江西分宜县抄场乡人。天启年间进士,历任户科、礼科、吏科给事中,太常大理少卿,大理正卿,顺天府尹,都察院左都御史。在近20年的仕宦生涯中,他耿直硬朗,公道清廉。他在担任左都御史前一段时间内,任大理寺卿,"夙夜匪懈,竭尽厥职";任顺天府尹、京兆尹时,"以严驭吏,以宽治民……门无苞苴,狱无滥冤";为吏部左侍郎时,始终谨慎从事,"夙弊一清"。崇祯皇帝在敕命中称他是"洁己奉公之选",并褒扬他"使吏部有清贞独立之名"。

众人皆浊其独清:钟炌还在县、府读书时,便以德行文章著称,得到分宜县令徐聘、知府黄鸣乔的赞赏。入仕后,为官硬直,办事缜密谨慎,不随波逐流。初在朝廷任职期间,熹宗帝重用宦官魏忠贤,魏勾结客氏(熹宗奶妈),攀掌朝廷大权,专横跋扈,妄图窃取帝位,大肆网罗党羽,结帮营私,有所谓"五虎""五彪""十狗""十孩儿""四十孙"之称,对不趋附的正直官员,不是罢黜,就是杀戮,造成中国历史上空前的宦官干政。钟炌是个疾恶如仇、没有媚骨的硬汉,不会作揖下跪,不愿同流合污,为防不测,怀着"眼不见如净""众人皆浊我独清"的情思,借故乞假归里闲居。

1627年,明熹宗去世,崇祯皇帝朱由检即位。崇祯是个心怀励精图治的君主,上台三个多月,即雷厉风行,将被狐群狗党称为"九千岁"的魏忠贤罢官逮捕。魏畏罪自缢后,崇祯又下令戮尸示众,严惩同党。"魏党"土崩瓦解,一时上下人心大快。在此情况下,钟炌才重返朝廷。

四县税粮重有因:崇祯初年,朝廷要加派辽饷,规定按田亩加派。但江西却仍按原税粮的石数加派。袁州府宜春、萍乡、分宜、万载四县的税粮,从明初开始,同瑞州、南昌两府县一起尤重。其因系元朝末年天下大乱时,袁州、瑞州和南昌三府,归陈友谅占有。陈为了同朱元璋争天下,曾将这些地方的田赋,比宋、元时增加一倍左右。元朝垮台后,朱元璋得了天下,建立了明朝,"因恶陈友谅",上述三府县加征的税粮没减除,照样征收。因此,这三府县的税粮,比起全省其他府县来就特别重,百姓不堪重负,饥寒交迫,逃亡接踵。

骨髓俱竭民艰苦:钟炌十分关心民间疾苦。他倡头邀集袁州在京乡官张承诏、袁业泗、彭大科、袁一凤、袁一鳌、袁继咸等6人,于崇祯五年(1632)向皇上呈报《减派辽饷公疏》:陈述江西派法不合理,老百姓苦不堪言,言词激烈。其中说:"袁民掬膺莫可奈何,嗷嗷一郡,膏血已尽,骨髓俱竭,向犹称贷饶家,今家家疲于竭泽,遍闾阎而萧条","乡里亡徙十已三四,长此不已,闾阎半作丘墟,阡陌悉惟榛莽。"他以无所畏惧的气概,一针见血,揭露与抨击元末乃至明朝封建统治者对农民的残酷掠夺。后经崇祯御批"照亩均派"。从此,袁郡(分宜等4县)每年减纳赋税银1.2万余两。

魏党残余有阴魂:尽管崇祯花了很大力气,清除魏忠贤党徒;但百足之虫,死而不僵,其余党尚隐蔽存在,一旦有机可乘,便改头换面,蠢蠢欲动,继续咬人。崇祯十一年(1638)钟炌再度去职归里,就是在这种情况下发生的。他身为都察院左都御史，掌管弹劾建言，会同吏部司官吏考察、升迁、黜陟，会同刑部理司法刑狱，并会同大理寺行使相关职权。一天，有个巡抚发现奸人梁四为非作歹，交法司一审问，事情涉及"魏党残余势力"内侍邓希诏。钟炌乃会同刑部侍郎张承诏（分宜人）会审，决定依法对邓希诏治罪，去恶除奸。

无所畏惧斗东厂：然而，司礼内监曹化淳，与东厂（宫廷情报机关，由宦官领衔，权力很大）宦官王之心，同邓希诏是一个鼻孔出气的。于是，他们利用职权，袒护同党，借复审为由，改变供词，要为"邓希诏翻案"；还威胁钟炌和张承诏，说不改变原判，就要给他们一点颜色看看。钟、张真理在手，毫不畏惧，坚持原判。当东厂宦官王之心以祸福来威胁他们改判时，张承诏还义正词严驳斥说："我是法官，只知道按法行事；如果为了铲除大奸，安社稷，不幸死了，也无遗憾！"其声铮铮，作为一个封建官僚，实属难得。结果，皇帝不明真相，将《会审疏报》说是"忤旨"，两人均遭暗算，罢职免官。

难受瘴气归乡耕：崇祯十三年（1640），钟炌携妻并随带皇帝敕封相关圣旨，挂冠归里，闲居袁州府治宜春台右侧。后张承诏复出，而他因忍受不了朝廷的乌烟瘴气，又见当朝政权摇摇欲坠，大树将倾，再无返朝志趣。他除了对府、县利弊之事有所建言外，对国事概不过问，于家中教育子孙耕读，或是优游林泉餐霞弄月，流连烟景，于清顺治七年（1650）去世，享年68岁。

81.七律·怀宋应星

弃官为民归故里,痴心研究科学迷。
天工开物惊盘古,妙笔著书震东西。
庙堂沉浮几多怨,民间醉醒独自怡。
华邦智慧须光大,愿将身骨架云梯。

生平简介 宋应星(约1587—1666):字长庚,江西奉新县人,明朝科学家,出身官僚,曾任县教谕、推官、知州等职。他博学多才,著作很多,但大多失传。所著《天工开物》18篇,是世界首部有关农业、手工业生产和科学技术的百科全书。崇祯十一年(1638),他考评位列优等,不久升为汀州府(福建长汀)推官,掌管刑狱;未任满,便辞官归里。崇祯十六年,再任凤阳府亳州知州。正值明朝灭亡前夕,因战乱破坏,州内连升堂处所都没有,官员大多出走。到任后,他几经努力重建,使之粗具规模,又捐资在城内建立了书院。1644年初,亳州被李自成军包围,他弃官返回奉新。其兄宋应昇时为广州知府,也挂冠归故里。他们兄弟和其他江西志士,都寄希望于南明福王政权。但因阉奸阮大铖、马士英把持政权,排斥忠良,不久南明也

亡于清兵铁蹄之下。1646年清兵攻取江西时，其兄服毒殉国。埋葬胞兄后，他一直过着隐居生活，在贫困和悲愤中度过晚年，大约卒于康熙五年（1666）。所生二子，皆有文才，人称"双玉"。宋应星生前曾教导子孙，一不要科举，二不要做官，子孙皆能奉此遗训，在家安心耕读。

不再埋头读五经： 万历四十三年（1615），他与兄宋应昇赴南昌参加乡试，分获第三、第六名，县中诸生只其兄弟中举，人称"奉新二宋"。后六次应会试不第，感于"士子埋首四书五经，饱食终日，却不知粮米如何而来；身着丝衣，却不解蚕丝如何饲育织造"，遂不再应试，游历大江南北，行迹遍及江西、湖北、安徽、江苏、山东、新疆等地，从东北捕貂到南海采珠、和阗采玉，注重实学。

天工开物益今古： 宋应星任江西分宜县教谕期间，于1637年，把长期积累的生产技术等方面知识加以整理总结，编著了《天工开物》。书名取自《易系辞》中"天工人其代之"及"开物成务"，他说是"盖人巧造成异物也"。书中详细叙述了各种农作物和工业原料的种类、产地、生产技术和工艺装备，以及生产组织经验。全书有大量确切的数据，并附123幅插图，分上中下3篇18卷。上卷记载了谷物豆麻的栽培和加工方法，蚕丝棉苎的纺织和染色技术以及制盐、制糖的工艺。中卷内容包括砖瓦、陶瓷的制作，车船的建造，金属的铸锻，煤炭、石灰、硫黄、白矾的开采和烧制以及榨油、造纸的方法等。下卷记述金属矿物的开采和冶炼，兵器的制造，颜料、酒曲的生产以及珠玉的采集加工等。

首论黄铜独先行： 其著作具有珍贵的历史价值和科学价值。宋应星是世界上首个科学论述锌和铜锌（黄铜）的科学家，明确指出，锌是一种新金属，并首次记载了它的冶炼方法。这是我国古代金属冶炼史上的重要成就之一，使中国在很长一段时间里，成为世界上唯一能大规模炼锌的国家。

气波种性劈新路： 在物理学方面，新发现的佚著《论气·气声》篇，是宋应星论述声学方面的杰出篇章。宋应星通过对各种音响的具体分析，研究了声音的发生和传播规律，并提出了声是气波的概念，对后世声学的发展具有劈径开路的贡献。

在生物学方面,他在书中记录了农民培育水稻、大麦新品种的事例,研究了土壤、气候、栽培方法对作物品种变化的影响,又注意到不同品种蚕蛾杂交引起变异的情况,说明通过人为的努力,可改变动植物的品种特性,得出了"土脉历时代而异,种性随水土而分"的科学见解,把我国古代科学家关于生态变异的认识推进了一步,为人工培育新品种打下了理论基础。

惠及世界促文明:1644年明亡后,宋应星挂冠回乡隐居。由于其思想反清,《四库全书》未收录他的《天工开物》,但《天工开物》却在日本、欧洲广泛传播,被译为日、法、英、德、意、俄文,三百多年来国内外发行16版次,其中关于制墨、制铜、养蚕、用竹造纸、冶锌等,代表了中国明代的技术水平,在西方产生了巨大影响。

技术百科谁当数:法国儒莲把《天工开物》称为"技术百科全书";英国达尔文称之为"权威著作";日本学者三枝博音,称此书是"中国有代表性的技术书";英国科学史家李约瑟博士,把《天工开物》称为"中国的阿格里科拉"和"中国的狄德罗——宋应星写作的17世纪早期的重要工业技术著作"。

明朝长庚出奉新:宋应星才大学博,又勤于著述,是一位百科全书式的学者。其作品可分为四大类:一是属于自然科学和技术科学的有《天工开物》《观象》《乐律》《论气》《谈天》等;二是属于人文科学的有《野议》《画音归正》《杂色文》《春秋戎狄解》等;三是介于前两者之间的《原耗》《卮言十种》等;四是属于文学创作的有《思怜诗》《美利笺》等。它们大多成于明末或明清之际,因有强烈的反清思想,故为清统治者所不容。大部分作品已散佚,至今留下的仅有《天工开物》《野议》《思怜诗》《论气》和《谈天》等5种。

82.南楼令·怀袁继咸

　　壮士诞袁州,骨坚气胜牛。斥权奸、不罢甘休。解押京城骤动,上千众,共与仇。
　　骗禁被清囚,从容对断头。《正性吟》、还贯神州。尚存衣襟血染,长河月,照如钩。

宜春袁州袁继咸：字季通(1593—1646),号临侯,江西宜春袁州区人,明代大臣。天启五年(1625)进士,授行人,历任御史、礼部员外郎、湘广参议等职。他性格刚直,以敢于牴触当权宦官,而闻名朝野,深孚众望。崇祯七年(1634)任山西提学佥事时,上疏抨击权宦。宦党诬陷其贪赃枉法,解京治罪。山西生员百余人追随入京,散发传单,为之辩诬。朝野上下千余人联名为其申冤,轰动京城。崇祯十五年(1642),他出任兵部右侍郎兼右佥都御史,驻节九江,是总督江西、湖广、安庆、应天(南京)军务的封疆大吏。弘光元年(1645),被左梦庚诱入军中软禁。左降清后,献袁继咸以邀功。袁继咸拒降,被押解北京囚禁。曾作铭文自勉：
"大官好做,大节难移。"顺治三年(1646)六月就义。

血性不改红菊鲜：袁继咸自幼家贫，却胸有大志。12 岁写七言绝句《咏红菊》："自从陶令伴金枝，醉倒芙蓉欲笑时。血性生来浑不改，寸丹留与报君知。"颂扬红菊傲霜顶雪、血性不改的高贵品质，寄托了作者忠君爱国的美好情操。

拒绝兵谏遭软禁：1644 年 3 月，明朝政权被李自成义军推翻。不久，山海关守将吴三桂引清兵入关，清军攻占北京后，大举南下。福王朱由崧在南京称帝，组建南明政权。弘光元年（1645），南明权臣马士英诬告袁继咸与宁南侯左良玉。左良玉由武昌起兵讨伐马士英。左与袁继咸素来友善，路过九江时欲胁迫他参与兵谏。但袁继咸认为异族大敌在前，当以民族大义为重，断然拒绝，并慷慨陈词，晓以利害。不料当夜左暴病身亡，其子左梦庚秘不发丧，并将他骗入军中软禁，仍按其父原计划移舟东下。与此同时，清军攻陷南京，弘光政权灭亡。左梦庚贪生怕死，率部降清。并劝袁继咸降清，袁不从。左献袁向清廷邀功请赏。

欲效叠山节义全：清军对袁继咸礼遇甚优，设宴招待，他假说吃素，酒肉不沾。清军又允诺只要他愿意出面招降江西等地抗清武装，仍委以总督职位，他断然拒绝。回到舟中，他欲自缢守节，被人发现未成。清军无奈，将其押解北京。路经南京时，他望着南京宫殿和明太祖的陵墓痛哭流泪。他效仿江西老乡、南宋官吏、诗人谢枋得那样不吃不喝，想饿死以全节义，但终未成功。他喟然叹曰："天不欲余为叠山，敢不为文山哉？"并以此赋诗，表明自己的情感和决心："衰年哀二老，一死酬至尊。从容文山节，谁招燕市魂。"

吟读正性知慷慨：拘押北京囚禁后，清廷不断以高官厚禄劝降他。他的一些门生已经入清为官，环绕而跪，痛哭劝降，均遭到他的严词拒绝。他戴明帽，着明服，并拒绝朝见清帝。被囚期间，他一边读书，一边著作，写有《经观》《史观》两书，并仿文天祥的《正气歌》作《正性吟》以明志，书写了一首直薄云天、警策后人的不朽史诗：

天地治乱，理数循环。湛兹正性，鼎鼎两间。有怀乡哲，炳耀丹青。维唐中叶，秀耸二颜。越在宋季，文山叠山。成仁取义，大德是闲。哀我逊国，方黄臭兰。名成族圮，刚中良难。淑慎以往，学问攸关。我心耿耿，我气闲闲。从容慷慨，涂殊道班。居易俟之，敢幸生还。

轩昂气节谁比肩：顺治三年（1646）6月24日，清廷让他在投降做官与死亡之间作终选，他不改初衷，决心以身殉国。两天后，杀气腾腾的清兵来住处，袁继咸知道为国捐躯的时候到了。他当即北面叩拜明先帝，双膝还没着地，就被清兵挟持上马，出东便门，于三忠祠前英勇就义，谱写了一曲爱国主义壮歌。

血衣尚存魂犹在：袁继咸遇害后，王猷定与同乡一道，将其尸体运回宜春，安葬于今袁州区芦村乡老立下村境内，墓现尚存。其老家横塘袁姓，保存他血衣一件，画像一幅，朝简两个，作为袁姓传家宝。在横塘村，尚存袁继咸幼年读过书的"六柳书屋"。袁继咸生前著述甚多，共9种17卷，后人整理编为《六柳遗集》。《明史》卷二七七有传。

江右三山耸云天：乾隆四十一年（1776），清廷追谥他为"忠毅"。咸丰八年（1858），家乡人曾于宜春台下建"袁忠毅公祠"，奉神主而祀之，表彰其爱国主义情操。民国时，宜春城内有一条路命名为临侯路（今鼓楼东路），以纪念袁继咸而命名。袁继咸的民族气节为后人所敬仰，与文山（文天祥）、叠山（谢枋得）并称为"江右三山"。

83.一剪梅·怀王猷定

彩笔传神意境怡。独辟新蹊,柳岸依依。诗文并茂叹称奇,岁月如流,山耸云低。

冷酒难消寒暮凄。往日悠闲,却是依稀。国亡子散妾妻离,泪洗尘颜,残日哀西。

不逐功名王猷定(1598—1662):字于一,号轸石,江西南昌人,明末清初散文大家、诗人。祖父王希烈,嘉靖进士,做过礼部侍郎;父王时熙,万历进士,曾任大仆寺少卿等职。他自幼聪颖,很有才华,却不追逐功名。早年耽声伎、爱陆博、好仙怪;稍大时"嗜两汉八家之文"。明末,农民起义风起云涌,他到扬州,被爱国将领史可法征为记室参军,待如师长。曾为史可法撰写迎立福王檄文。弘光时,其姻亲袁继咸总督江西、湖广、应天、安庆军务,上疏推荐他。因奸党当权,他谢绝袁的好意。入清后,绝意仕途,以诗文自娱。后流寓杭州,忧愤而死。身后一贫如洗,经友人出资棺殓才由其子扶柩归乡。

为文总喜辟蹊径:王猷定的散文不为时文所左右,在清初文坛上独辟蹊径,别开生面。作

品以新颖的内容,独特的手法,使文坛面貌一新。他的传奇性散文《汤琵琶传》《李一足传》《义虎记》等,内容新颖、手法独特,为明清文坛一代大家。其散文成就不在所谓"清初散文三大家"(侯方域、汪琬、魏禧)之下。其著作较多,现存《四照堂集》16卷。他爱好书法,其友韩程愈,把他同大书法家王羲之相比,但无墨迹存世。

四照堂集友刊刻:他的诗文,生前因穷困未刊刻成集,死后由友人周亮工收集整理,称《四照堂集》。周亮工(字栎园)与他交往尤多,友情深厚,经常有诗唱和。王猷定有《和韵送周栎园先生》6首,其中有云:"问君出幽蓟,君言鬼门关。岂无一杯水,将泪洗尘颜。"表现出对友人的深切怀念。记载他生平的著作在清代有多种,如《碑传集》《清史列传》《清史稿》等,其中以《碑传集》所收韩程愈《王猷定传》内容最详。韩程愈是他相交20多年的好友,他死前几日还曾作诗奉寄,诗云:"吴山才握手,忍别泪潸然。戎马关河路,鄢陵雨雪天。贫囊分故友,彩笔传神仙,可叹离君后,偏逢载酒船。"但这首诗,当时韩程愈并未收到,8年后,方从友人手中获得。痛悼之余,动情的王猷定写下了这篇传记。

一生盥面泪浸巾:王猷定前半生是在宦家公子的悠闲生活中度过,后半生却是不幸的。明末李自成起义和清兵入关,频繁的战乱,造成亲人零落。崇祯末父死后,接着前妻去世,女婿(袁继咸之子)死于乱兵,袁以身殉国后,他冒险进京,收拾忠烈尸骸归乡安葬。此后自壮至老,连丧妻妾4人,他悲痛得哭诉:"一生盥面常余泪。"尤其是顺治七年(1650),续娶分娩后,母死儿亡,更为痛心,有诗4首记其事,其二云:"何曾啼母只啼饥,也脱排衣换孝衣。孝得母时刚十日,两衣齐着一棺微。"年过50的他,遭受到这样接二连三的打击,其悲可知。

天下未定家难觅:他生活在明清交替之际,虽然没有像顾炎武、黄宗羲、屈大钧等人那样,直接参加抗清斗争,但其民族感情和爱国精神同样是强烈的。他在《送孙无言归歙序》中高喊:"天下未定,何者是家!""天下既定,何地非家!"他以抗清复明为己任,把家与国联系在一起,表现出高远的爱国情怀。为拯世救民、复兴家国,他推崇当世之务,倡导经世致用,说:"学必有术,其大者在于拯世抚化",学人应关心"国家安危治乱之事"。

常与炎武两交心:他与顾炎武的交往,在其一生中,是件十分有意义的事。顾比他小10多岁,而在学术和思想上成就更为突出。他在《与顾亭林书》中,竭力称赞顾炎武的治学精神:"足下学殖既富,勤且敏矣,更心析秋毫,遇一事一物如赴大敌,必以全力赴之,此古人之所难也。"作为晚辈,炎武请他在众名流《为顾宁人征天下书籍启》上签头名,还请他审阅己作《救文格论》。猷定云:"取足下《救文格论》读之,如饮良药,因思学人通病,在于读书寡,识不能达理,而又执心粗翘,急于见名,始不能疑,何由得悟?如是者安可与之上下今古,言文章得失之故乎?"

高行君子友人赞:著名学者、音韵学家毛先舒对王猷定十分尊重,称他为"高行君子",把自己所刻的文章10篇,送他审正,说:"仰希览观,幸片辞高下,以明其可教与不可教。"毛先舒的母亲死后,又请王猷定为他母亲作传。今王猷定文集中,有《毛母许孺人传》。

借书孝贼析乱因:王猷定对社会动乱、民不聊生的惨状,深有感触,意识到责任不在下而在上。其《孝贼传》充分表明这一点。《孝贼传》写一个年轻人贫不能养母,不得已而为贼,被抓后恰好母亲死去,冒险逃离监禁,偷母尸掩埋,葬母后遂不作贼。于篇末评曰:"于戏!民不幸生于乱世,不得已而为贼,此上焉者之罪也。苟遇良有司为之给其衣食殡葬之资,教之忠义,其民可使也。"他把致乱原因说得明明白白,也是崇实致用和儒家仁政爱民思想的表现。

84. 碧鸡漫志·怀揭暄

恰改朝换代舞旗旌,领军抗清兵。但霜风凛冽,难旋大势,迫隐乡林。不罢复明旧梦,砺志著兵经。多少凄寒夜,月伴孤零。

总是高瞻巅顶,阅兵书浩渺,纵揽精神。用寥寥百字,智法术成文。论和谐、异常精辟,变与常、以细现深沉。何堪比、武经七部,稍逊三分。

德学并茂话揭暄(1613—1695):即揭子,字子宣,号韦纶,江西广昌县人,著名的军事著述家、天文学家和数学家。自幼聪明好学,一览成诵,博闻强志,"好精湛之思"。少年在县学读书时,除科举考试书籍外,还大量阅读历史、诗赋、数术、天文、军事、医学等书籍,且留心世事,时人皆称他"才品兼优,德学并茂"。明朝灭亡后,曾在家乡组织义兵,抗击清军。义军失败后,便隐居家乡,致力科研和著述,其传世之作有《璇玑述遗》《揭子兵经》《揭子战书》《周易得天解》及《道书》《射书》《星书》《火书》《舆地》《水注》《兵经百言》等共17部,涉及天文、地理、历史、军事、哲学、医学等众多领域。

慷慨自任敢狂言:揭暄是一位恃才自负的人。"经典""经书"——在中国文化中,是极为神圣的字眼。他敢将自己的论兵之作称为"兵经",足见其"慷慨自任"。北宋神宗,曾把《孙子兵法》《吴子》《司马法》《尉缭子》《六韬》《三略》《唐李问对》等七部兵书,钦定为"武经",世称《武经七书》。但他却敢声称:"兵法,从来有传无经。七子之言,支离破碎;百将之行,各师异智。予乃以撰百字以经之,使说有归,法以类从,故通上下千古。"

兵经出新论谋略:《揭子兵法》,在《中国军事百科全书》中称《兵经》。史载:"暄少负奇气,喜论兵,慷慨自任。独闭门精思,得其要妙,著《兵经》《战书》,皆古所未有。"为当时兵家名流所赞誉,明代东阁大学士吴炳惊叹说"此异人异书也",即撰文介绍,并捐资刊印出版。清代军事将领肖启江称"《兵经》言警而核,自成一家,《战书》明畅切实,法制详备",并学以致用。

武经七书难比全:他抓住了中国古典兵学的逻辑体系,乃是概念范畴体系的关键,对前代兵书进行了深入系统的研究。自《孙子兵法》提出"全破、虚实、庙算、奇正"等几十对兵学概念之后,后世的兵学家,大都循着孙子的足迹,走到概念的辩证法这条路上。而真正系统、全面论述这个问题的是两本书:一本是宋朝无名氏的著作《百战奇法》,另一本就是《兵经》。《兵经》将各种兵法思想观念、作战方法等,纳入到相应的类别中,从而将其精华融会贯通,成为与《孙子兵法》《太公兵法》等同的我国兵书瑰宝。军事科学院战略部原部长、中国孙子兵法研究会会长姚有志将军称:"《揭子兵法》继承了中国古代优秀军事思想,具有很强的理论性,是兵学宝库中的一部重要兵书。"

三卷百篇皆精练:《兵经》共三卷,100 篇,每篇以一字为题。上卷《智篇》28 个字,主要讲设计用谋的方法、原则;中卷《法篇》44 个字,主要讲组织指挥及治军的方法、原则;下卷《术篇》28 个字,主要讲天数、阴阳及作战中应注意的问题。《兵经》内容丰富、语言精练,富有辩证思维和深邃哲理,重视国家和睦、军队团结,强调将帅要有惜兵爱兵之心,主张慎以行师和不战而屈,倡导全民全军和世界太平,贯穿着"和谐"的重要思想,在中国军事思想史上占有重要地位;在政治、经济、文化、社会等领域,也具有一定的借鉴作用。

四种境界首倡先:《兵经》提倡"先发制人",把"先"字放在通篇之首,并将"先发制人"的运用艺术,分成了四种境界:调动军队应能挫败敌人的计谋为"先声";比敌人先占必争之地者为"先手";不靠短兵相接而靠预先设下的计谋取胜为"先机";不用争战应能制止战争,战事未发应能取胜为"先天"。"先为最,先天之用尤为最,能用先者,能运全经矣。"可见"先"是揭暄之首倡。

灵活用兵重权变:《兵经》提倡朴素的军事辩证法思想,力主灵活用兵。认为"事变幻于不定,亦幻于有定,以常行者而变之,复以常变者而变之,变乃无穷"。他用"生、变、累、转、活、左"等字条,从各方面阐发了"变与常"的辩证关系,如"累"中说:"我可以此制人,即思人亦可以此制我,而设一防;我可以此防人之制,人即可以此防我之制,而增设一破人之防;我破彼防,彼破我防,又应增设一破彼之破……"强调敌变我变的权变思想。"转"字提出反客为主,以逸待劳的转化思想,在兵法中单独提出者,当为《兵经》首创。

璇玑述遗五十年:《璇玑述遗》是揭暄耗50年精力,成书于康熙二十八年(1689)的一部天文力作,全书共10卷,数万字,具有朴素的唯物主义宇宙观,有力地否定了道教宣扬的所谓"天有九重"的说法。书中不仅阐发了他在天文学方面的惊人创见,还体现了渊博的数学知识。著名天文学家、数学家梅文鼎评价他:"深明西算,而又别有悟入,其言七政小仑,实为今所未发。"另一著名天文学家方以智,称他为"出千古下,集千古智","其论出于大西诸儒之上"的千古奇人。

85.浪淘沙·怀雷发达

京殿有长班,皇上封官。匠工世代历承传。宏伟故宫依旧丽,多少辛酸。

赞叹绕尘栏,技胜鲁班。清官烫样耸高山。雷氏陵园零碎忆,难觅归船。

九江永修雷发达(1619—1693):字明所,江西九江永修人,清初宫廷"样式房"的掌案(总设计师),世称"样式雷",被誉为近代世界著名的建筑艺术大师。宏伟壮丽的故宫,古朴典雅的颐和园,是中国乃至世界古建筑艺术中的瑰宝,其中凝聚着他及其"样式雷"世家的辛劳和智慧。雷家世代以建筑和工匠为生,先祖在明洪武年间,即服务于宫廷。他自幼勤奋,刻苦钻研,建筑技艺和才能,在青年时代就名显府县。康熙初年,朝廷对故宫进行扩建和改建,并大修园林,在全国征调工役达20万,仅木工就有数万人。他参加了这一浩大的工程,担任工部样式负责人。其及后裔掌管"样式房"长达二百余年,设计并主持修建的清朝著名建筑,占我国世界文化遗产的五分之一。

金殿封宫百官夸:故宫太和殿始建于明永

乐十八年,先后称奉天殿、皇极殿。清康熙初重新修建,改名太和殿(金銮宝殿)。工程开始时,因缺少大木梁,雷发达建议拆取明陵楠木旧梁柱充用。上梁之日,康熙率文武大臣亲临行礼,正当上梁之际,因卯眼不合,大梁悬而不落,工部长官相顾愕然,急忙把他找来,并授予冠服,他袖斧猱升,急攀梁上,高扬钢斧,只听"笃、笃、笃"连响三声,木梁"轰隆"一声,稳稳地落了下来。顿时,鼓乐齐鸣,文武百官,三呼万岁!上梁礼成,康熙皇帝龙颜大悦,当即召见他,面授他为工部营造所长班。因此时人留下"上有鲁班,下有长班,紫微照令,金殿封宫"的歌谣。

中线对称树典范:雷发达任圆明园楠木样式房掌案时,既继承前人传统,又勇于创新,形成了自己独特的风格。"清宫"设计时,他不墨守成规,既在中线上的建筑物保持严格对称,又对主轴两侧轴线上的各建筑物采用大致对称,而显灵活变动的新格局。这样,不但突出了中心又体现了"居中为尊"的思想,而且形成了统一并有主次的整体。圆明园和颐和园中大部分建筑均为雷氏设计,被海内外推崇为我国古代建筑中线对称设计的典范。

烫样模型妙无瑕:他不仅能绘制建筑图样,而且还能按图纸制出立体的"烫样",即建筑"模型"。模型是活动的,能够拆装,既能一览总体造型与外部结构,又能拆开细看内部结构和布局。故宫博物院、北京图书馆和"样式雷"在京后裔,藏有许多园林、宫殿的建筑图样和"烫样"。这些图样和"烫样"与现代建筑设计图相差无几。表明了以雷发达为代表的我国古代高超的建筑艺术水平。

雷氏族辈世瞩目:雷发达生三子:雷金玉、雷金鸣、雷金升。长子雷金玉生有五子,并继承父业,到光绪末年,已传到六代孙雷建昌,掌管"样式房"长达二百余年。他们参与设计的建筑物除皇宫外,还有四园:圆明园、颐和园、静宜园、静明园;三山:万寿山、玉泉山、香山;三海:北海、中海、南海;二陵:东陵、西陵。雷氏家族攀上了清代建筑和园林艺术的高峰。雷发达著有《工部工程做法则例》《工程营造录》等。临终前,他交代子孙,要回永修省亲,不能忘了祖先,要秉承祖训,"诚信为人,勤奋做工"。《中国建筑史》《中国古代建筑史》等，均高度评价了该家族在古代建筑方面的成就。

家道败落日西斜：清朝灭亡后，雷氏开始家道败落。自20世纪三四十年代起，雷家流传下来的设计图纸和"烫样"被大规模变卖，曾经有人花了1500大洋，就拉走了满满十卡车，样式雷的宝贵财富，就这样流失到海外。幸而，国内收藏者们令部分图档保留至今，后人才有机会了解到样式雷的伟大智慧。遗憾的是，在样式雷的后人中已经没有人能够继承祖上的手艺了。

传世绝响需光大：2002年，雷发达的十世孙雷章宝与天津大学建筑学院张威博士，来到永修县，探望雷氏宗亲，搜集有关谱系资料。回京后，编辑出版了《建筑世家样式雷》一书，编导了电视片《探访样式雷》，并在中央电视台播放。2004年8月，中国国家图书馆举办"华夏建筑意匠的传世绝响——清代样式雷建筑图档展"。尽管如此，仍然绝少有人知道，这个占据皇家建筑师席位长达260年之久的显赫家族，来自江西永修。

西南船头可归家：雷氏家族的陵园，位于京西巨山村的祖茔，2005年3月，被建筑单位开挖。这块祖坟是样式雷第五代雷景修所设计的，占地30亩，整个坟地设计成一艘船形，船头朝西南，直指故乡永修县，寓意是：雷家人去世后，其灵魂可以乘这条船，回到江西永修的老家。

86. 扬州慢·怀罗牧

　　常对清风,醉江山色,寄情画里寻闲。揽风光万里,纳世外云烟。纵轻墨、林幽壑秀,化繁从简,尽展万千。意空灵、清气悠悠,心没其间。

　　画开另派,树标旗、多少人虔。效雪庵老人,俗尘净却,怡若神仙。愿住草堂消岁,千般事、月挂阔天。恨声声蝉噪,时时侵扰鬓边。

赣州宁都话罗牧（1622—1711）:号云庵、牧行者,因年幼时,常于村头放牛,故取字"饭牛",赣州宁都人,明末清初名噪一时的江西山水派的开派始祖。原籍南昌,系出龙门豫章罗氏一脉。始从本县书画家魏书学画,接受严格、全面的基本功训练,喜与人交往、游学,从多方面得到了提高。他工诗文、书画,喜饮酒,善制茶,擅山水。"清初三家"之一的魏禧,在《书罗饭牛记扇面》中说:"画益工山水,林木云气悠远而不尽,疏而能积,其书法亦绝可观也。"其书画曾送呈皇帝御览,被旌表为"逸品"。代表作《烟江叠嶂图》壁画,有《寒江独钓图》《读书秋树根图》《山水十二条屏》等传世。被扬州八怪推为"一代画宗"。迨于康熙五十年（1711）,享年90岁。

罗宋友谊朱笔书:学界对其卒年争议颇

多。到目前为止,世存有其纪年作品最晚署为"丙戌冬八十五"。今存北京图书馆善本部有明万历释通泽刻本《雪浪集》,书中有宋荦用朱砂书写的眉、跋几十处。宋荦自康熙二十七年起,在江西任巡抚四年,与他建立了深厚的友谊,写有著名的"二牧说"传,在当时被传为佳话。宋荦在书上写道:"辛卯中秋,饭牛罗公旋归。归时,上以是书相赠,余遂拜而受之……绵津山人谨识于□草堂。"宋荦在《雪浪集》中所作这一朱砂记载的发现,明白无误地告诉后人,"辛卯中秋"罗牧不仅尚在,而且还在宋荦府中逗留,是"辛卯中秋"后"旋归"的。这样,他于辛卯康熙五十年(1711),时年90岁仍然健在,便成了不容置疑的事实。

雅淡超逸自辟路:罗牧为人敦厚,恪守古道,重义轻利。他一生勤奋,除靠卖画为生外,还以制茶、授徒作生计,终身为布衣。明代中后期以来,江西的商业经济十分兴盛,南昌城市规模不断扩大,人口密集。有闲阶层的庞大,为书画艺术提供了广阔的市场。为卖画方便,他从宁都移居南昌百花洲。他以画山水见长。早年曾向同乡画家魏书学画,深得其法,笔意空灵。后取法董源、黄公望等人。当时画坛,崇古保守、缺乏创新的"四王"一派声势浩大,借助宫廷的支持,占据统治地位。他们的画风,形式呆板,内容空洞、单调。罗牧虽向前人学习,却没有陈陈相因,食古不化,而能够自出新意,取法自然,在"四王"之外,别创一格,逐渐形成自家雅淡超逸的风格。

饭牛牧行不言孤:罗牧取字"饭牛"的用意,有暗喻自己既有宁戚那样的上卿之才,又有抒发自己的抱负,以及企盼能有桓公那样知遇之恩的意思。在康熙版的《曾丽天诗》中,载有曾焰写罗牧的《自题画》诗一首:"泉飞如白练,峰转似青螺。不知饭牛子,叩角为谁歌?"曾焰是他宁都的乡党,两人有厚交,对他取字"饭牛"的意义作了诠释。"牧行者"则是"饭牛"字义的延伸。"饭牛""牧行者"是其一生书画作品中常见签署的名号。之外还有署"竹溪""钓家""双江""雪庵老人"的。在宁都家乡时,未见有斋室名号及其他别号记载。罗牧自中壮年寄寓南昌后,曾先后居于东湖百花洲、赣江旁的蓼洲和礼洲,其斋室名见署的有"种云草堂""种兰草堂"。他亦曾短暂客居扬州,并游历河南商丘等地,未见有客居堂名的记载。他不像其他书画家那样,拥有几十个甚至上百个名号(八大山人即有上百个名号、别号)。

隐逸情怀常入画:罗牧山水画的最大特征是用笔削繁为简,构图精谨凝练。其画树石苍润,人物古朴,运思独到,技法娴熟,风格豪放而又沉雄。他的画,笔法粗阔,根据不同题材,正侧锋并用,巧拙互参,随意而多变化。以方硬拙直、转折顿挫的线条居多。山石笔墨浓润、树木粗枝大叶,浓淡兼用,疏密相间,干湿交会。他的山水画,也有一些淡设色的,而以水墨居多。往往画枯木竹石,秋冬景色。一只孤舟,几处草舍,间以老树、人物,于山寂水静之间,别有萧散清幽之趣,表现了他的隐逸情怀。

瀚然墨气尽脱俗:故宫博物院收藏的《林壑萧疏图》,是罗牧晚年名作,创作于1704年,时年83岁。此画写深远之境,布局层次丰富,表现了山林沟壑之间寂静萧疏的气象。他运用粗犷的笔墨,勾勒树石轮廓,用潇洒的润笔点染苔叶,疏朗凝重。清代张庚在《国朝画征录》中,将其艺术风格概括为"林壑森秀,墨气瀚然"。他在当时绘画领域颇有影响,对山水画的发展产生了一定的影响,江淮间多有学习其画风的画家。张庚在《浦山论画》云:"罗饭牛崛起宁都,挟所能而游省会,名动公卿,士夫学者于是多宗之,近谓之江西派。"

87. 七律·怀朱耷

玉砌雕栏明月照,流水落花却清朝。
白眼鸟鱼不含媚,水墨兰菊却藏娇。
道院闲居半壶酒,楼阁愁坐数曲箫。
淋漓画笔心底怨,满腹神思纸上飘。

一生坎坷道朱耷(约1626—1705):明末清初卓越画家,南昌人,是朱元璋第16子朱权的九世孙。朱权封宁王于南昌,繁衍八支,他属弋阳王支,谱名统,有雪个、个山、人屋、八大山人等别号。他以明朝遗民自居,对明忠心耿耿。其父祖都善书画,他自小受陶冶,8岁时能诗、悬腕写米家小楷,11岁能画。明亡后,他在奉新耕香庵落发为僧,时年23岁。他擅画水墨、花卉、禽鸟,笔墨简括,形象夸张,亦写山水,意境冷寂。他的水墨画,对后来的写意画影响很大。他工书法,行楷学王献之,纯朴圆润,自成一格。

不愿推门见车马:顺治末年,36岁时他潜回南昌,创建青云圃道院,费时六七年,道院粗具规模,并于此过着"一衲无余"与"吾侣徒耕田凿井"的劳动生活,并想借此"世外桃源",达到"欲觅一个自在场头"的愿望。但"门外不必来车马"的"自在场头"是不可能的。常有清朝权贵来此骚扰,他常浪迹他方。

啸歌难辨是哭笑:八大山人襟怀浩落,慷慨啸歌,一生以主要的精力从事绘画。由于时代特点和身世遭遇,他抱着对清王朝誓不妥协的态度,把满腔悲愤发泄于书画之中,以象征手法抒写心意。所以画中出现的是鼓腹的鸟、瞪眼的鱼,甚至禽鸟一足着地,以示与清廷势不两立,眼珠向上,以示白眼向青天之情状。他常把"八大山人"四个字,联缀起来草写,形似"哭之""笑之"字样。他还有很多隐晦艰涩的诗句跋语,表示对清廷极端的仇恨和蔑视,寄寓着家国之痛。

却甘零落自种瓜:53岁时,临川县令胡亦堂闻其名,便请他到临川官舍作客年余。这使他郁愤苦恼,遂佯为疯癫,撕裂僧服,独自走回南昌。62岁时,他把道院交给道徒涂若愚主持,自在南昌附近的北兰寺、开元观等处隐避,常卖画度日。后自筑陋室,名"寤歌草堂"。叶丹居章江时写诗《过八大山人》:"一室寤歌处,萧萧满席尘。蓬蒿藏户暗,诗画入禅真。遗世逃名老,残山剩水身。青门旧业在,零落种瓜人。"他孤寂贫寒,在环堵萧然的草堂中度其晚年。

风骨承传汉本色:其风格,既承优良传统,又自辟蹊径。其花鸟画,远宗五代徐熙的野逸画风,尤致意青藤白阳的粗放风格。其山水画,远尚南朝宗炳,又师法董、巨、米芾、倪、黄及董其昌等人的江南山水。书法方面,他精研石鼓文,刻意临写汉、魏、晋、唐以来的诸家法帖,尤效王羲之。朱耷绘画的艺术特点大致说来是以形写情、变形取神,着墨简淡、运笔奔放,布局疏朗、意境空旷,精力充沛、气势雄壮。其形式和技法,是他的真情实感的最好的一种表现。

辣讽翎顶跪乌纱：其作品，表现了鲜明的爱憎情感。如《孔雀图》及题诗："孔雀名花雨竹屏，竹梢强半墨生成；如何了得论三耳，恰是逢春坐二更。"辛辣地讽刺那班头戴三眼花翎的汉官们，屈膝求荣的奴才丑态。有一幅山水册页题诗："郭家皴法云头小，董老麻皮树上多。想见时人解图画，一峰还写宋山河。"他称慕五代画家董源、郭熙，以其独特笔墨描绘没有受外族侵凌的宋朝江山，而激发起热爱故国的思想感情。《鹊石图轴》（现藏八大山人纪念馆），描画着两只喜鹊，立于大石之上，究其画意，具有鹊巢鸠占，翔集浣磬的含义。他常画的莲荷松石、梅兰竹菊、芦雁凫鹤、鱼鸭鹰鹿等，都象征他的倔强与风节。他一生不为清廷权贵画一花一石，而一般农民、贫士、小儿却很容易得到他的作品。

频登险岭可无惧：八大山人对艺术修养与功力铸锻，正如他自己所说的："读书至万卷，此心乃无惑。如行路万里，转见大手笔。"他认为画事有如登高，"必频登而后可以无惧"，可见其对艺术不断磨炼的精神。清初画坛在革新与保守的对峙中，他是革新派"四大画僧"中起了突出作用的一人。

随心写意难挑瑕：他以绘画为中心，对于书法、诗跋、篆刻也都有很高的造诣。绘画上，他以大笔水墨写意画著称，善于泼墨，尤以花鸟画称美于世。创作上取法自然，笔墨简练，大气磅礴，独具新意，创造了高旷纵横的风格。三百年来，凡大笔写意画派，都或多或少受其影响。清代张庚评其画达到了"拙规矩于方圆，鄙精研于彩绘"的境界。他作画主张"省"，有时满幅大纸只画一鸟或一石，寥寥数笔，神情毕具。其书法劲健秀畅；篆刻形体古朴，独成格局。

88. 南乡子·怀裘曰修

　　治水赛天神，咆哮江流驭怒腾。踏破千鞋行万里，黄昏，日落长河暮影深。
　　与帝对诗文，气度端庄句有魂。四库全书担重任，沉沉，大业开端却入坟。

才猷练达裘曰修（1712—1774）：字叔度，又字漫士，江西新建县双港人（今属南昌经济开发区蛟桥镇双港村人），清代名臣、文学家，他又是一家三代六翰林之家的家长，其道德文章被世人称赞。乾隆四年（1739）进士，历任礼、刑、工三部尚书，兼任顺天府尹事，被封为太子太傅，并授编修官，为四库馆总裁。乾隆常与其探讨诗文，称赞他"品学端醇，才猷练达"。60岁时，他请归故里，皇帝赠诗挽留，加封太子少傅。乾隆三十八年五月病卒，谥文达。

功绩卓著治水流：裘曰修善于治水，为民治水功绩卓著。当时黄河、淮河、运河多次泛滥，山东、河南、安徽各地深受其害。他奉命勘察，向朝廷上疏献策，领导治水28处，疏河67条，完成堤防工程3000余里。他还屡次赴各省勘视河道，历尽艰险，累月不归，查灾赈济，开发河渠,功绩显著。由他领导所治理的黄、淮、泚、洏、伊、洛、沁、汜等共93河,疏、排、浚、贯穿等措施有力,极具成效。相传,北京中南海及北海的活水系他所勘察设计,从永定河引水灌溉而来。著有《裘文达公文集》6卷,其中《治河论》上中下3篇,是我国治水理论中的宝贵财富。

志书诗文皆名重:裘曰修在撰修志书上颇有成就。他曾任《清会典》总裁,奉命撰修的《热河志》很有名气,广传于世,得到清代方志学家章学诚的赞扬,认为《热河志》文章体裁好,可与《抚顺志》齐名。还奉敕撰修《太学志》、补《华严经》残本。他博学多识,为文清新隽永,是名重一时的文学家,有《四清古鉴》《石渠宝笈》《诺亭诗抄》《秘殿珠林》《钱录》《钞灵》等大型著作存世。他还有诗作6卷385首,虽多为宫廷官场应酬之作,但讲求格律声韵,辞藻华丽,气度端庄。

四库全书师生求:裘曰修为官秉正无私,两袖清风,对失意者怀恻隐之心,慷慨施舍;加之好客,往往"前门进客,后门典当",常把自己弄得困顿不堪。他很受乾隆器重,多次担任省乡试正考、会试总裁,其足迹遍及全国各地。他还是清代第一才子纪晓岚的受业师,二人关系甚密,纪昀有《断碑砚歌为裘漫士先生作》《漫士先生绘断碑砚图敬题其后》等诗文。乾隆三十八年三月,裘曰修任四库馆总裁,不到两月病卒,《四库全书》未竟之业,由得意门生纪晓岚接任总纂官。纪在《阅微草堂笔记》中,多处提及他这位老师。

名门内助大麻脸:裘曰修妻熊月英,是南昌县冈上月池熊家人,七岁父母双亡,由姆娘把她带养成人,后许配给他为妻。传说她麻脸大脚、相貌不美,但在乡里喜抱不平,灭暴除贪、救助贫弱。乾隆五年(1740),杭州开考,裘曰修为主考,王同升为副主考。考毕,他回京复命。乾隆满意,当即赏他一斗瓜子金,并批准他回家完婚。良辰吉日,新郎、新娘拜堂成亲,进了洞房。相貌堂堂的新郎,揭下新娘的盖头,被新娘的大麻脸吓了一跳。

星拱北斗君无忧:他心里不痛快,久坐灯下看书写字。新娘见状,端来炭火,泡好清茶,送到他身边。见他在纸上写了"抬头不见月"五个字,便说:"为妻愿续之。"便展纸运笔、一气呵成:"遥见满天星,众星拱北斗,牛女朝帝京。"字迹挺拔俊秀。"不见月"是他感叹其妻脸庞不美;"满天星"即指脸上麻子;"朝帝京"隐含熊氏愿全力助夫君之意。眼前情景感动了新郎,觉得妻虽丑陋,但胸襟广阔,能体贴人,也就回心转意了。

梅岭还见皇姑墓:婚后第四天,朝廷派来钦差,要拿其进京问罪。原来副主考诬告他受了新解元张开升的贿赂。看着他戴上枷锁被押走,熊月英心如刀绞。她是一位有着传奇色彩的女性,虽是南昌农村闺秀出身,但在丈夫获罪系狱刑部的时刻,竟千里赴京相探,敢于直面皇帝,澄辩冤情。皇太后对她更是"一见钟情",将其认作义女,就这样天缘巧遇,她成了"皇姑"。正因此,她和丈夫的合葬墓冢,也被称之为"皇姑墓"。

诗海更有笔入幽:赏读裘曰修《江行怀古》——

清诗成漫兴,浊酒得孤斟。芳草自朝暮,浮云无古今。江山供野眺,风雨入长吟。南国经过地,劳劳客子心。江左开基后,人争艳霸图。衣冠垂六姓,襟带到三吴。对客挥谭尘,当筵击唾壶。风流与割据,此意久荒芜。莺花江总宅,风月谢公墩。画舫青溪水,红楼白下门。莲花更莲子,桃叶复桃根。乐府凄凉遍,重歌动客魂。

89.忆柳曲·怀李宜青

　　生来淳朴弗狂大,爱讲桑麻话。为官难忘旧时恩,还把宝刀相赠友情深。
　　台湾行政施仁治,关注俗间事。智施巧法去民害,雁去遗声远响碧天外。

　　宁都琳池李宜青(约1712—1790):字荆山,江西宁都琳池人,乾隆年间开发台湾的功臣。李宜青少时读书迟钝,但勤奋、坚毅,以勤补拙。雍正七年(1729)乡试拔贡,乾隆元年(1736)会试进士,授户部主事。其间,以母疾告假归养,一度授徒于母校漾山"竹坞山房"学馆。母寿终以后,赴京复职,转职为员外郎。因其办事刚直认真,明察秋毫,提拔为江南监察御史、鸿胪寺少卿,升光禄寺少卿,巡察台湾。68岁时,告老还乡,居家农村,淡泊名利,与平民百姓一样生活,从不炫耀自己,不谈官场荣辱利害之事。十年左右时,寿终琳池老家。为客家之先贤,官宦之楷模。

　　受人恩惠总念情:李宜青在"文昌阁"教书时,有一年大年三十,他赶回家过年。路经谢家村时,日头西下,天色已晚。村里老农谢明

河,见一书生年三十还在赶路,便把自家的毛驴借给他,好让他早点回去赶上年夜饭。他总觉得不好意思,更担心如不能及时归还耽误农活。老农知其想法后,告诉他:"此驴识路,到家后只要放开缰绳,驴会自己回家。"他见说得实在,就骑驴赶路。到家后,他怕毛驴丢失,没让它回去,而是加足草料,把驴养得膘肥后,才把毛驴送回。从此,两人交情日深。一位先生与一位农夫竟成了好友。考上进士后,他未忘老农,送给谢明河一把宝刀作纪念。

革除弊政传佳话:乾隆二十八年(1764),李宜青奉旨巡察台湾,任江南监察御史兼提督学政。到任后,他惩办了一批贪官污吏,为民除害,伸张了正义。接着整顿吏治,革除弊政,实行减租、减息和免赋,减少人民负担。同时,倡导为官要清正廉洁,规定任何官员不得享受"额外供账"。在其带动下,官员们不敢再贪赃枉法,政风为之一新,台湾人民拍手称快,赞之为"李青天"。在巡察台湾期间,他还会同督军、总兵,北以基隆、南以高雄为据点,加强海防建设,提高防御外患能力。

教育农耕两业兴:他特别重视教育。当时台北有"海峰""崇文"两处书院,但是师资不足,资金短缺,处境艰难。了解这一情况后,他带头从薪俸中拿出600两纹银,分捐给两处书院。并常到书院讲学授课,从识字教育开始,到诗书礼仪、农耕纺织,实行学以致用的教育方针。他不仅从家乡宁都聘请大批农业和手工业能工巧匠,还从外地引进水稻、甘蔗等优良品种至台湾,全面深入地推广先进的生产方式方法,致力发展农耕。他常带着随员下到乡村,传授耕耘、排灌、施肥、除虫等农业技术,大大提高了台湾的农业生产水平。

四脚神明办大宴:在开发台湾农业中,李宜青留下"教人吃鳖"的逸事:台湾湖泊沼泽众多,气候温湿,盛产甲鱼。其壳硬牙利,台湾人称之为"爬虫",又敬之为"神明",不敢触犯,以至繁衍过盛,糟蹋庄稼,成为一害。对此,人们束手无策,只好烧香许愿,乞求神灵保佑。一次,他下乡访察时,碰上几位村妇在给"爬虫"烧香磕头,他上前一看,见是家乡的甲鱼。他心生一计,命随从抓回几箩筐,请来地方官吏与乡绅,专办了一次甲鱼宴：煎、炒、溜、炸加清蒸，皆是甲鱼。席间问客："味道若何？"众曰："味美佳肴。"然后宣布："此乃四脚害农之甲鱼也。"消息传开，台民将"四脚神明"争相捕而食之，鳖害从此逐年减少。同时，也改变了台湾人民原有的生活方式，"害虫"成了美味佳肴。

爱民如子留美名：他爱民如子，为民而忧。对临海每次严重的飓风灾害，他总是亲临灾害现场，带领属下逐一调查、核实灾情；并及时、如实地向上级禀报，力陈减赋。因其工作踏实，每次禀报，均得到恩准。乾隆四十年，他任满回朝述职，升任为光禄寺少卿。离任之时，台湾人民依依不舍，夹道欢送。为怀念这位为他们带来福祉的好官，台湾人民还在台北建了一座以李宜青的字号"荆山"命名的"荆山祠"，让他享受四时祭祀。"荆山祠"至今香火不绝，他的精神和功德，将永远留在台湾人民心中。

双狮尽表台民意：为表达对李宜青的爱戴之情，台湾人民还自筹资金，精选整块紫红花岗石，请来高级工匠，精心制作了一对石狮，敬赠给他们的父母官。这对石狮身高两米，体态剽悍，远看完全对称，近看却姿态各异。雄狮伸着右腿，在玩弄一个布满铜钱花的绣球；雌狮却伸着左腿，在戏逗一只活泼可爱的小狮子。造型逼真，栩栩如生，工艺精巧，匠心独运。

四海客家一堂亲：回到京城后，他将这对石狮转赠给故乡宁都县东韶乡琳池村，安放在其家乡李家祠堂门前。同为客家人，四海一家亲。那对来自台湾的石狮，至今还踞守在他的家乡琳池，见证着台湾人民的深厚情意。

90. 南歌子·怀蒋士铨

　　自小神童子，文思敏锐华。拈来顺口句皆佳，出语自然成趣笑哈哈。

　　勤笔诗千首，乾隆倍赞夸。总凭灵性弄云霞，思到静时无寂赏飞花。

江右名士蒋士铨（1725—1784）：字心馀、苕生，号藏园、清容居士，是清乾、嘉时期一个有影响的诗人，与袁枚、赵翼并称"乾隆三大家"，江西上饶铅山人。乾隆二十二年（1757）进士，官翰林院编修，被乾隆称为"江右两名士"之一。他自称15岁学李商隐，19岁改学杜甫、韩愈，40岁兼学苏轼、黄庭坚，50岁以后"不依傍古人，而为我之诗矣"。现存诗2500余首，题材较广，大部分为个人抒情及吊古、纪游之作。其中一部分揭露社会矛盾，同情人民疾苦的诗，如《饥民叹》《禁砂钱》《乞人行四首》；或揭露官府的搜刮钱财，或批判役吏的横行乡里，或描写社会底层人民生活的艰辛，都有一定的社会意义。还有反映城乡下层社会世态风俗的诗，如《京师乐府词》等。著作有《忠雅堂集》43卷，包括文集12卷、诗集27

卷及补遗 2 卷、词集 2 卷,还附有南北曲。

横出锐入笔气轩:其诗总的来说写得笔力坚劲。王昶《蒲褐山房诗话》评论说:"诸体皆工,然古诗胜于近体,七言尤胜于五言,苍苍莽莽,不主故常。"袁枚《忠雅堂诗集序》,对他极为推崇:"摇笔措意,横出锐入,凡境为之一空。"能够代表他艺术风格的有五古《远游》《岁暮到家》,七古《开先瀑布》《漂母祠》,七律《润州小泊》《梅花岭吊史阁部》等。

性灵独到删常语:他论诗重"性灵",反对前后七子的复古模拟倾向,他说沈德潜、翁方纲诗论的流弊是:"后贤傍门户,摹仿优孟容。各聚无识徒,奉教相推崇。"主张兼师唐宋:"唐宋皆伟人,各成一代诗","寄言善学者,唐宋皆吾师。"他戒蹈袭,重性情,"文章本性情,不在面目同"。他说诗要"性灵独到删常语,比兴兼存见国风"。对"性灵"的理解与袁枚不同,而且他比较强调"忠孝节义之心,温柔敦厚之旨",表现出更多的传统意识。此外,他还是一位重要的戏曲作家,他写成杂剧、传奇戏曲 16 种,均存。其中《临川梦》《冬青树》等 9 种,合称《藏园九种曲》。但戏剧结构常不严密,甚至冗杂不堪。

名不虚传神少年:蒋士铨少年聪慧,能诗善对,被乡邻称为"小神童"。上饶一位博学的老秀才,到铅山游览山水,游历葛仙山后,从杨村经乌虎岩到铅山县城南门,与他巧遇,经人介绍,老少寒暄后,老秀才说:"我游仙山,过虎岩,遇一人要我答对,我对不上,真羞愧,不知小先生肯指点否?"小士铨知话中有音,谦虚地说:"我试对一下,如不妥帖,还请老先生指教。"于是,老秀才捻须晃脑地说:"上联是:虎岩无虎,呼虎成名——赵公元帅。"他低头思忖,抬头遥望县城风波岭塔山上宝塔,脱口而出:"有了:塔山有塔,托塔为神——李靖天王"。老秀才惊叹不已:"果然名不虚传,真神童也!"

亭中巧遇红花女:听说县城风波岭上的风波亭闹鬼,蒋士铨并不相信。一天傍晚,他在亭内久坐,毫无怪异现象,将回时,从岭头走下一群头戴红花,系绿穿红的采茶姑娘,两人碰面时,都吓了一跳:"你是人还是鬼?"原来,不久前,有三个秀才在此亭吟诗作对。一打鱼草的经过,以为讲故事,进亭去听。胖秀才说:"我们吟诗作对,你不懂!"那人说:"我有一对,你们对得上,愿送鲜鱼三百斤;对不上,还是去学打草养鱼吧!"秀才们哈哈大笑。胖秀才抢着说:"你出对吧,我就是死了也要对上。"打鱼草的出的上联是"青草鱼塘青草鱼口衔青草",秀才们一听,顿时额头冒汗直瞪眼。

出口妙对秀才冤:可怜胖秀才一直对不上,忧郁成疾,临死时说:"我死后入棺,等有人对上那个对子才安葬。"自那个胖秀才死后,每天傍晚,这风波亭里就隐隐约约有人在念:"青草池塘青草鱼口衔青草……"蒋士铨听完笑问:"你们哪个村的?"村姑们手指岭下:"就是前面红花村的。"他一听"红花村",又看看面前戴红系绿的村姑,惊喜道:"妙哉!你们听:红花村庄红花女头戴红花。"至此,风波亭不再闹鬼了。

舂米乡民不舂米:一次,他到城外观光,走到一座水碓旁,听见舂米的乡民口念"水打轮,轮打碓,舂谷舂米舂糠粃"。便好奇地问"为何不舂米,却急着对对子?"乡民说:"刚才县老爷经过,出个对子要我们对。还说对上了有奖,对不上罚每人一石谷。嗨!我们全家人都要挨饿了"他问乡民:"那官是骑马还是坐轿来的?"乡民同道:"坐轿来的。"他思量一会,附耳告诉乡民应对。

讽联相助笑声喧:不久,轿回来了,衙役嘲道:"对起了吗?没对上,就把谷子挑进城去!"乡民齐道:"对好了!"贪官坐在轿内不信地说:"快对上来吧!"一个乡民笑着说:"人抬轿,轿抬人,扛猪扛狗扛死人。老爷,我们对得好不好?!"贪官一听,十分恼怒!但对得工整贴切,只好无奈喝道:"哼,好厉害的刁民!回衙!"乡民又笑又叫:"人抬轿,轿抬人,扛猪扛狗扛死人……"

91.木兰花·怀闵贞

故郡豫章出孝子,痴念两亲凉泪湿。孤寂夜,梦中思,百里夜行追貌似。

怪笔有神出画意,人物似真身侧戏。尘间百态尽栩栩,心静耳边听画笛。

洪城南昌话闵贞(1730—?):字正斋,"扬州八怪"之一,江西南昌人。少年时侨寓汉口,曾一度到过京城,后长期寓居扬州。12岁时,痛失父母,他于是学画写真,追写父母遗容,悬挂致祭,人称"闵孝子"。他曾游历汉口、京师等地,后卖画于扬州。与其他"八怪"画家一样,他于花卉、梅竹、山水、人物无所不精,而尤长于写意人物和写真,笔意粗放,形神兼备,这在"扬州八怪"画家中绝无仅有。其画学明代吴伟,白描功力深厚,风格潇洒活泼,笔墨颇有巨然的风貌,很有魄力。传世作品有《蕉石图》《花卉图》等。

扬州八怪尽出尘:康熙至乾隆年间,在扬州活跃着一批锐意革新的职业画家,他们的笔墨清新而富有生气,不仅在绘画风格上,与当时正统的画家有所不同,而且思想行为也常偏

离当时的习俗。因此,人们以"怪"目之,被称为"扬州八怪"。对"八怪"所指,有不同的说法,一般认为,"八怪"并不局限于八位画家,可以归入其列的共有15位,其中既有扬州本地人,也有从外地来到扬州发展的画家。闵贞就是名列"扬州八怪"中的一位著名画家。

为祭父母苦学画:闵贞能在人物画上有较高成就,与他早年的经历分不开。他幼年痛失父母,见到别人家悬挂父母遗像致祭,常为自己不能供奉双亲遗像而流泪。有人告诉他,写真画家有"追容之法",即找到与逝者容貌相近的生者来画像。他因此刻苦学画,并多年寻找与父母相像的人,乡里人戏称他"闵呆子"。但其孝心和刻苦学画的恒心,令乡邻感动。一天,乡邻告诉他,发现一对老夫妇,与他父母很像,路过此地,往襄阳去了。他谢过乡邻,连忙起身疾行200里,脚上打起水泡,终于追上两位老人。老人为其孝心打动,跟他回家,他对之写真。画毕,乡邻都认为很像其双亲。从此,乡里称他为"闵孝子"。

笔墨雄沉气韵深:闵贞有着很高的绘画艺术修养,其绘画是先从工笔入手,再发展为大笔写意,技法训练严格,基础坚实。他白描学宋代人物画大家李公麟,山水得巨然的江南山水神趣。后来又广泛吸收徐青藤、八大山人、石涛等写意大家的粗放笔墨,形成了自己笔墨雄沉、神精气足的艺术风格。其人物画题材广泛,有历史故事、神话传说,也有日常生活场景描绘,各种题材在其笔下都能得心应手。其画中,有卖布头、馒头的小商贩,替人缝补的妇女,挑担负重的挑夫,杀猪宰羊的屠夫,还有唱猴儿戏、傀儡戏的各色人等。他用粗笔画的人物,笔墨奇纵,流利有动感,寥寥数笔,面貌神形兼备、真实生动;他的工细白描人物画,形体精确,动态自然,或悠闲静逸,或平实朴素,无纵横习气。

村姑采桑惟妙肖:《采桑图》是闵贞的一幅白描作品,画面上高大的桑树下,一位村姑踮起足尖,一边仰头目视着桑树的枝叶,一边高举篮筐挑竿采桑,落叶片片……村姑形象刻画得朴实无华,健康动人,有平中见奇,静中寓动的效果。人物全身竭力向上,形体伸展自然,眼与手的关系协调,"打"与"接"的动作连贯,表明作者具有细致的观察能力和扎实的写实基础。图中女子的衣纹富有表现力，繁复交叠，表现出绵质布料柔软的质地。女子健壮活泼的体态则由浓淡、粗细、顿折变化的线条加以准确的勾画。此外，以线塑型表现的衣纹与以浓墨皴擦点染的树石形成技法上的互补，丰富了画面的视觉效果。

观灯戏蟾显天真：《八子观灯图》，刻画了八小孩拥聚一起围观花灯的情景，充分显示了孩子们的天真、活泼、好奇。构思立意精彩，笔墨富于变化，孩子形象神态各异，妙趣横生，渲染了节日观灯的热闹气氛。《戏蟾图》，取材民间传说，戏蟾者荷叶盖头，身披蓑衣，均以浓墨涂染，裤纹则淡墨勾勒；画面上，戏蟾者与蟾蜍四目相对，活泼、滑稽，富于人间情趣和戏剧性。南京博物院馆藏的《蕉石图》，充分利用水、墨二者的结合及浸渍变化，以饱含水分的笔触，写出山石俊秀之态及芭蕉的挺拔之状，洗练简阔，有神清气爽之感。

不屈权贵有坚骨：闵贞对人物画的创新作出了较大贡献，清末著名画家任渭长、任伯年、王一亭等，都受其人物画的启发和影响。闵贞长期生活在市井民间，是个有骨气的画家。早年在京城谋生时，有权贵自以为是，勒令他作画，他宁可受辱挨饿，也不肯落墨；但对贫贱之交，他却有求必应，毫不吝啬。

传世作品皆为珍：闵贞的名作很多，如《钟南进士图》《石上打枣图》《揽衣微步图》《傍石于云图》《五老携童图》等，各具特色，悉为珍品。

92. 玉楼春·怀戴均元

　　松灯借照读寒夜,进士问学从未懈。叔侄两相入丹青,宦海苍苍悬碧月。

　　半生治水倾心血,常在堤头迎瑞雪。每临大事总从容,肃立风中旗猎猎。

戴均元（1746—1840）：字修原,号可亭,江西赣州市大余县人,清代治水有方的宰相。在他12岁的时候,兄戴第元,官至太仆寺少卿,不久又官翰林院,并于乾隆二十七年,主持江南考试。但他不以此为靠山,而是常于山寺,以篝火、松明为灯,彻夜苦读,于乾隆四十年（1775）中进士,入翰林院,为庶吉士,授编修,由此入仕,后至军机大臣、太子少保、太子太师,位极人臣。他为官五十多年,仕途较顺任职多,为官清正有政绩；在学问上也有建树,主持撰写皇帝《实录》与《起居注》,参与纂辑《明鉴》,草拟《科场条例》等。1840年病逝于大余县,享年95岁。

庾岭南来第一州：大余古称南安,居章水西源,庾岭北麓。这里秦时设关,隋开皇十年（590）置大庾县,1957年改"大余"县。大余风光秀丽,是"中国瑞香之乡"。苏东坡、文天祥、张九龄、汤显祖、戚继光等,不少史代名人都曾在此活动过,并留下众多的不朽诗篇。"大江东去几千里,庾岭南来第一州",就是苏东坡赞誉大余的神来之笔。汤显祖的"临川四梦"中的《牡丹亭·还魂记》,也诞生于此。

西江四戴皆名流:戴氏的远祖,为五代十国时的南唐(937—975)上柱国、忠恭公——戴安,世居安徽休宁县乾阜紫园,后迁到南安大余。戴均元是清朝乾隆四十三年进士戴衢亨的叔父,与戴衢亨之胞兄戴心亨,同为乾隆四十年进士,加上戴衢亨之父——戴第元是乾隆二十二年进士,合家"四进士",时人誉为"西江四戴","一门四进士,叔侄两宰相"享誉江南。著名文学家、名宦包世臣还认为,一家同出两相,且"值军机者唯大庾(即大余县)而已"。

治水有术垂青史:嘉庆三年,戴均元由安徽学政任满还京,因其侄戴衢亨,已授朝廷军机大臣,按照朝廷规定,军机大臣亲属任科道者,应对品回避。故他按例改任六部员外郎,特命以鸿胪寺少卿候补。在授任南河总督、东河总督期间,他不顾年事已高,不辞辛苦,经常深入现场考察,充分了解掌握各水段的具体情况,采取"注水清淤、筑堤固坝、疏堵结合、区别对待"的合理方法,对黄河流域的周家堡、郭家坊、王营减坝、陈家浦及运河上的二堡、壮原墩等治理工程,调度有方,尽心尽职,为我国的水利建设事业作出了较大的贡献。

镭匣立储免皇愁:清朝自雍正起,为防止诸皇子争夺皇位而骨肉相残,创立"秘密立储"制度。即皇帝健在时,密写诏书,立某阿哥为皇太子,密封在"镭匣"里,置于乾清宫"正大光明"匾后;到皇帝传位时,再取下宣读,继统即告完成。乾隆在位时,因常离京城巡游,远离皇宫,他密立的诏书一式两份,一份封藏于"镭匣",放在"正大光明"匾后,一份亲自携带,从不离身。

圣躬不豫崩帝驾:嘉庆二十五年(1820)七月十八日,61岁的嘉庆,自圆明园启程,去承德避暑山庄,命皇次子、皇四子随驾。二十四日,到达热河行宫,"圣躬不豫",次日,病情严重,当夕崩逝。其死因,可能是因年迈肥胖,天气暑热,旅途劳顿,诱发心脑血管病而猝死。按照秘立家法,皇帝在将咽气时或咽气后,必须立即启开"镭匣",宣布皇位继承人,然后才能发丧。

密诏踪影无处求:嘉庆弥留之际,已经不能言语,只以手比划着,戴均元、托津心领神会,知皇上欲宣布密立诏书。但两人摸遍嘉庆全身,却不见密诏的踪影;接着监督内臣,启开自京都带来的十几个箱子,翻箱倒柜,仍一无所获。在避暑山庄的王公大臣和侍卫们,陷入混乱和恐怖之中。"镭匣"在哪?到底有没有密诏?嘉庆帝临终的比划,究竟是什么意思?谁才是真正的真龙天子?

乾清宫匾难保障:还在嘉庆二年时,乾清宫毁于火灾,原有的匾联,均化为灰烬。嘉庆十八年,天理教造反农民进攻紫禁城,差一点用火把皇宫点着。嘉庆二十四年,官内文颖馆失火,烧掉了几间房;且库银被盗,印信失窃,甚至军事国防最高机构的兵部关防都丢失了。可见,乾清宫"正大光明"匾后,毫无安全保障。事关王朝延续承传大局,嘉庆能不将密诏带在身边吗?

道光继位疑不休:历史上差点当上皇帝的人很多,差点没当上皇帝的人也不少,道光即为其一。据包世臣所撰《戴公(均元)墓碑》文记载:嘉庆二十五年七月,戴均元和托津等随嘉庆到热河秋狝,"甫驻跸,圣躬骤有疾,不豫。变出仓猝,从官多皇遽失措"。戴均元和托津,督促内臣翻检皇帝遗物,最后在嘉庆近侍身边的"小金盒"里,找到了传位诏书,于是道光继位。"匣"没有放在乾清宫"正大光明"匾后,"匣"开启时,也无储君等在场,此违背清室"家法"。于是,有学者认为:"'匣'随嘉庆带往避暑山庄的记载,实难征信。"

93.鹊桥仙·怀戴衢亨

少年中举,乾嘉盛世,纵任才华尽舞。闲来诗草只寥寥,却经典、怡心幽处。

位高权重,厚存政绩,清肃和珅有术。忠廉如月照神州,骤溘逝、飞花无数。

戴衢亨(1755—1811):字荷之,号莲士,江西赣州市大余县人,乾隆四十三年(1778)中状元,授内阁中书充军机章京,辅佐乾隆处理军国要务、官员任免和重要奏章。嘉庆二年,以侍读学士加三品卿衔兼军机大臣(即宰相),辅佐嘉庆除去权臣和珅,整顿刷新吏治;整理财政,节约开支。任军机大臣达15年,又拜大学士,在清代汉人官员中屈指可数。嘉庆十五年,拜体仁阁大学士(正一品)兼管工部;次年57岁病逝,谥文端,赠太子太师;著有《震无咎斋诗稿》《南安诗草》。《清史稿》《清史列传》《江西通志》《南安府志》等,均列有戴衢亨专传。

年少诗文乾隆夸:戴衢亨出生于书香官宦之家,其父戴第元、叔父戴均元、兄戴心亨均为进士,且先后在翰林院供职。清代学者包世臣

说他们："提学典试，交驰南北天下翕然称'西江四戴'，已无与比隆胜者。"戴衢亨学习勤奋，7岁能诗文，后在庐山白鹿洞书院攻读。17岁中举，在天津向乾隆献诗，大受赏识。他为官43年，任职14个，终至体仁阁大学士，官高、位显、权重，但他一生办事谨慎，兢兢业业，为官清正，获得朝野上下的极高评价。

两帝赐诗意风华：入仕不久，他奉命承办《热河志》的编撰工作，事成后，受到各方面的肯定。次年秋，乾隆外出狩猎，他随行并猎获狍子进献，乾隆以为文臣能获狍是吉兆，十分高兴，于是赐诗一首："围合山原飞走充，儒臣扈跸咏车攻。拈毫倚马本多秀，入帐执禽乃独雄。猎骑讶看非等类，文班喜语共和融。状元端是让前辈，大鹿小狍获则同。"在嘉庆十五年（1810）正月，授体仁阁大学士时，仁宗皇帝亲自给他赐诗称："知遇先皇早，欣看器晚成。予申三锡命，汝矢一心诚。凤阁随双彦，鳌头冠众英。荷天作霖雨，江右操台衡。"可见他在最高统治者眼中的地位。

撤位登极独操办：嘉庆元年（1796），高宗乾隆年老撤位，仁宗登极，改元嘉庆。登位庆典的一切礼制，均由他一人操办。嘉庆三年（1798年），他调任户部右侍郎，不仅负责管理全国的钱粮，而且还要主持社会安定事务。到任不久，四川安乐坪发生叛乱，官军荡平其根据地，生擒为首的王三槐，嘉庆帝对他加恩奖赏，赐给他可于紫禁城（皇宫）跑马的荣誉。第二年，高宗乾隆去世，一应丧葬、奖赏之事，全由他负责操办料理。

壮年溘逝却西涯：嘉庆十六年三月，他随仁宗巡视西北属国，刚到河北正定县，便身染重病，皇帝要他先回京，给假调治，虽经御医诊视，但仍医治无效，于四月病卒，年仅57岁。仁宗亲临丧事，赠太子太师，谥文端公，命祀贤良祠。第二年，由其子嘉端扶柩，归葬于南昌冈前岭之北。嘉庆对他的一生评价极高，谕旨说："大学士戴衢亨持躬正直，学识渊通，体用兼优，忠勤懋著。……实为国家得力大臣。……遽闻溘逝，深为悼惜！"

乾嘉盛世功不没：戴衢亨生活在史家称为"乾嘉盛世"的时代，这时不但经济发展，且疆土巩固，社会相对稳定，是我国作为一个多民族的统一国家疆土较大的时期。因而，诚如恽敬为他写的《神道碑铭》中所说：

"公之为国家,非浅远所能测识,不可没也。"由此亦可知,嘉庆对他的褒扬,不仅仅是一个封建帝王对其忠臣的肯定,同时也从一个侧面反映了社会、国家对他的肯定。

南安诗草阅飞花:戴衢亨的精力主要在政务上,因而留下的诗文并不多,据史载,有《震无咎斋诗稿》和《南安诗草》传世。其诗深情隽永,寓涵深意,即使写居家琐事或题卷赠别,往往也不是就事论事,而是借事即景,给人以无穷的韵味与启发。吴嵩梁曾有《题莲士先生〈南安诗草〉后》,对其诗评价:"朔风吹袖泪成斑,归櫂苍茫夕照间。石转晴雷喧赣水,花飞古雪下梅关。乡园梦好应频续,圣主恩深许暂还。枢省纶扉咨启沃,编诗未合号藏山。"

依旧榜题看八境:赏其《咏八境台》诗——"廿年来溯赣江水,初上层台俯碧流。似我还家如传舍,此身涉世本虚舟。倚天栏桁留清啸,尽日帆樯识倦游。依旧榜题看八境,南迁客去几经秋。台前画堞临无地,台下双流锁急流。千里苍山未隐几,一行白鹭认归舟。刚容累日携壶暇,得并群公步履游。壁上题诗有崔颢,凌云健笔迥于秋。"

状元桥上月影斜:戴衢亨生性清通,无声色之好,其发妻未生育,继娶徐宣人,生子一,名嘉端,在他去世时只11岁,钦赐举人,世袭云骑尉,后移居南昌。今南昌市内有"状元桥",即为纪念戴衢亨而名。

94. 沁园春·怀刘凤诰

芝草无根,跃起寒微,步行进京。纵才华妙对,乾隆惊赞,探花入榜,衣锦风轻。学政识才,独眼越慧,更让良驹越锦程。湖亭上,看佛山倒影,佳句成名。

敏捷机智超人,故里埂间,多少趣闻。伴帝王左右,连珠妙语,有余游刃,总让君欣。寺里稍息,泰山巅顶,而小乾坤天下倾。堪称赞,是江西大器,轶事犹新。

刘凤诰(1760—1830):字丞牧,号金门,萍乡人,乾隆四十四年(1779)中举,五十四年殿试一甲第三名(探花),授编修,超擢侍读学士,后任广西学政,嘉庆五年(1800)任湖北乡试正考官,翌年主持山东乡试,任山东学政。任职期间发现、培养了不少人才,史书扬名者不计其数。后迁为内阁学士兼礼部侍郎。嘉庆十一年,迁为兵部侍郎。道光元年,因病回籍。道光十年,病逝于杭州,归葬南昌,享年70岁。他工古文,著有《存悔斋集》《杜工部诗话》《五代史补注》《存悔斋集》等,参与纂修《高宗实录》。

崛起寒微诗无华:刘凤诰出身贫苦农家,6岁丧母,可谓"崛起寒微、醴泉无源、芝草无根"。中进士后,去京赴殿试,仅有14串钱,他一路步行,走不动了才租骑毛驴。功夫不负有心人,一举成名及第归,萍乡父老于兴贤堂(今萍师附小),为他集宴庆贺。他很喜爱杜甫的诗,他在《著作箴六》中说:"文以载道,弗尚词华,飞毫聘藻,失之浮夸。"其诗朴实不华,广东巡抚李恭毅非常喜欢他的诗,不嫌他出身寒微,欣然将女儿许配给他,留下千古佳话。

轶事流传百姓家:萍乡民间流传他许多随机应变、能言善对的故事。少年时,一年春插,一颇识文墨的老汉,见他从田边经过,便说:"禾秆绑秧父抱子。"命对。恰巧一少女提着一篮小笋经过,他灵机一动,便对道:"竹篮盛笋母怀儿。"他考中秀才后,某村有户人家娶儿媳,主人年过花甲,逢此喜事,精神振奋,躬亲操办。因过于疲劳,心病突发,不幸离世。祸从天降,喜事变丧事,眼看新媳妇的花轿即将临门,这门前对联如何改写?学究儒生请来好几批,无人改定。恰巧他路过,求其速作楹联救场。他不假思索,挥笔而就:"红喜事,白喜事,红白喜事;哭不得,笑不得,哭笑不得。"围观宾客抚掌称绝。

离任留联成名句:刘凤诰任山东学政时,恰好铁保任山东巡抚。铁保是满洲正黄旗人,乾隆三十七年进士,和汉军旗人百龄、蒙古旗人法式善三人,并称为"北方三才子"。应科举时,铁保是他的主考官,称"座师",他们既是同僚,又有师生之谊,关系甚密。按清制,学政任期三年满后须奉召回京。离任前,铁保在铁公祠前的小沧浪亭上为他公宴送行。宴会上,他面对浩瀚的湖水和"佛山倒影",作了"四面荷花三面柳,一城山色半城湖"这副楹联,并请铁保书写,铁保欣然留墨。这副楹联突出了大明湖上的荷花、柳树及济南的湖光、山色,词意贴切,对仗工稳、平仄协调,200年来一直被人传诵,成为济南家喻户晓的名句。

御笔笑点入探花:乾隆一直很赏识刘凤诰,称他为"江西大器",世人称其为"江西才子"。有一则"探花巧联对"的故事很能体现其才智。在京会试后,他被列为向皇上推荐钦点状元、榜眼、探花的前十卷的名单。殿试时,乾隆赞其试卷,传他面试,一见,怔住了。他其貌不扬,还瞎了一只眼。封建时代开科取士,论的是文才,但以貌取人也是公开惯例。乾隆沉吟半响说:"朕要当面考你,若有真才实学,朕定然点中你,若才学平平,休怪朕无情。"接着便出上联:"独眼不登龙虎榜。"他听后心想:皇上也以貌取人?稍思后即对:"半月依旧照乾坤"。乾隆:"好!口气不小。再对一联'东启明,西长庚,南箕北斗,朕乃摘星汉'"。他略沉吟道:"春牡丹,夏芍药,秋菊冬梅,臣是探花郎。"乾隆一听,对仗工整,韵律和谐,不禁哈哈大笑:"好!朕成全你。"御笔一点,被录为一甲三名探花。

泰山顶上小天下:一年,刘凤诰随乾隆出游泰山。登峰顶,览群山,见气势迥然,乾隆甚是欢欣,即在峰顶寺庙憩息。方丈命小沙弥抬进巨匾,求御书。乾隆素负文墨,喜题诗留墨。见方丈求书,心喜,却文思滞塞,吟哦再三,无从下笔,一时身热。忽见刘凤诰随侍左侧,便灵机一动,在掌上虚划数笔,伸掌以询道:"卿以为可以?"他知乾隆难出声相求,便频频颔首,假装吟诵:"一览无余,尽善尽美。好!"乾隆觉有帝王气魄,默默会意,挥毫即书。不料,一下笔将"一"字写高了,再写下去布局甚不美观,便急速停笔,手汗涔涔。刘凤诰也很焦急,忙思补救。这时,乾隆的手又伸过来说:"书此,何如?"他心知皇上故伎重演,忙凑上前去,佯作品味道:"而小天下,更美更善。更绝!"乾隆心喜,一气呵成。至今,泰山顶上的寺庙里,便是挂着这块"而小天下,更美更善"的横匾。

宗祠堂内可品茶:芦溪县源南乡南陂村,有刘凤诰家族古建筑群,占地约两千平方米。以刘黄公祠(刘凤诰曾祖父祠堂)为中心,前有成公祠、朝公祠,左有金公祠,右有古戏台和寺庙。四幢宗祠坐北朝南,为典型的南方穿斗式、砖木结构、密檐、内天井、风火墙、硬山顶建筑,所有建筑均有吊楼二石柱带马棚式门廊,整个建筑群除刘黄公祠破损外,其他宗祠均保存完好。

95. 七律·怀黄爵滋

西方战舰携鸦片,炮火轰开古国门。
道貌官商合饮酒,威颜将士共出征。
挥戈怒目炎黄魄,举剑横眉华夏魂。
睡狮朝阳睁眼目,中华大地尽缤纷。

江西宜黄黄爵滋(1793—1853):字德成,号树斋,江西宜黄人,清代著名的政治家、思想家。道光三年(1823)进士,历任翰林院编修、刑部侍郎、监察御史等职。他和林则徐、龚自珍、魏源等人志趣相投,主张革新吏治,整顿军务,巩固边防,在改革派中很有影响。他敢于揭发封建统治的腐败现象,"以直谏负时望,遇事锋发,无所回避"。在鸦片战争前,创议禁烟应重治吸食者,挑起了"严禁、驰禁"的大辩论。鸦片战争爆发后,他奉派赴闽、浙,查办鸦片走私问题,坚持抗英主张。著有《黄少司寇奏疏》《仙屏书屋诗录》《仙屏书屋文录》。

详陈六事有新词:道光十五年(1835),黄爵滋向朝廷上《敬陈六事疏》,主张澄清吏治,杜绝贪污,广开贤路,破格举才,提倡用人须"试之有用之学,非文士所能滥竽;录其有

用之才,虽布衣犹当推毂",极力要求改革科举制度,提出"不试以诗赋,而试以策论,其通经史而适于时务者,量才用之"。

力主禁烟敢进谏:自道光初年起,鸦片流毒全国,白银大量外流,造成严重的社会危机。道光十八年(1838),黄爵滋在鸿胪寺卿任上,向道光上了一个主张严禁的奏折,即有名的《严塞漏卮以培国本折》。他从国家财政收入支绌的严重困难出发,提出若要堵塞白银外流,"必先重治吸食"的主张。他列举近年来白银大量外流的数字,不胜忧虑地说:"以中国有用之财,堵海外无穷之壑,易此害人之物,渐成病国之忧,日复一日,年复一年,臣不知伊于胡底。"他认为"夫耗银之多,由于贩烟之盛,由于食烟之众",倘若"无吸食,自无兴贩,则外夷之烟,自不来矣"。因此,从根本上说,"今欲加重罪名,必先重治吸食"。他主张对吸食鸦片者,限期一年戒掉,否则即"置之重刑"。

严词剀切定皇思:此奏折,说理清楚,剖析利害关系最为剀切,是对两年来朱嶟、许球等严禁论的补充与发展。他把白银大量外流,与严禁吸食鸦片的问题结合起来,迫使最高统治者,不能不作出最后的抉择。道光帝甚重之,立即批转给各地军政大员,要他们发表意见。此奏折,对道光帝最后决定采取严禁鸦片的政策,派遣林则徐去广东禁烟起了重大作用,并在国内产生了积极影响。

手迹虽黄义尤重:黄爵滋首奏严禁鸦片的定本手迹,在江西省宜黄县被发现。该手迹奏题为《鸿胪寺卿臣黄爵滋跪请严塞漏卮以培国本事》,用毛笔书写于毛边纸上,无标点,约3000字。纸质黄旧,古色古香。前八页正楷,后八页行书,均为汉字繁体。落款为"道光十八年闰四月辛巳日"。这封奏疏定本手迹的发现,对研究近代鸦片战争乃至世界禁毒史具有重要意义。

两查疆防督水师:鸦片战争前夕,基于鸦片从沿海流入的事实,黄爵滋深感海疆防御废弛散乱问题之严重,认为只有建立强固的海防才能"杜外夷之窥伺,扼鸦片之贩运",并先后两次亲赴福建,讲解战守方略,向道光帝进献《海防图表》。

英名不在人烟外：黄爵滋是历史上与林则徐齐名的禁烟名臣。有史学家评论说："禁烟之议，实爵滋发之。虎门销烟的促成者，应该提到两个关键性人物，一个是黄爵滋，另一个是林则徐。"黄爵滋的这封著名奏疏中所提出的主张，对道光年间掀起的以广东为中心的全国禁烟运动，起到了非常关键的促进作用。

而今还看腊梅枝：黄爵滋生平著作甚丰，有《黄少司寇奏疏》《仙屏书屋诗集》《仙屏书屋文录》等。现略拾片叶，微领诗人之情怀志趣。

《晚登来鹤亭同郭韵堂》：

泸阳三百家，揽之不盈掌。炊烟眼前生，须臾变苍莽。

危亭此登陟，高下一俯仰。不觉城市喧，但闻谿碓响。

斜阳下山尽，明月向空上。牵裾不忍归，惆怅东君往。

《登黄鹤楼》：

大江东去向黄州，黄鹤仙人此旧游。风色晓严犹禁渡，日华秋静独登楼。

桃花祠外盈盈水，芳草洲前点点鸥。红树青山无限况，且揩醉眼破闲愁。

《百花洲》：

百花湖畔百花明，花气冥冥湖气清。湖雨湖烟春涨漫，花开花落碧山横。

蛛丝胃槛缠绵结，虹影回波曲折生。岁岁旧游攀折地，晓风杨柳最牵情。

《舟泊樟树镇》：

赣波浩荡注洪州，战迹荒凉古树秋。岭月带星沈戍堠，峡云飞雨入渔舟。

市声乍散人烟外，镫影遥明野渡头。闻说鱼龙今退避，江乡禾稻可全收。

96. 雨霖铃·怀文廷式

　　高登榜眼，富学车斗，更持新见。时常纵论天下，维新易法，强国图变。敢怒官堂无畏，落荒更挥剑。似砥柱、千里烟波，骤雨潇潇弄潮雁。

　　改革自古多磨炼，览丹青、更有悲魂怨。东洋两载西望，烟肆起，毅然扑险。壮志难酬，刀绞心头，血待飞溅。叹早逝、烈士情怀，历历于诗卷。

萍乡花庙文廷式（1856—1904）：字道希，萍乡花庙前人，我国近代著名爱国诗人、词家、学者，晚清政坛重要人物之一。7岁拜李禹九为师；10岁作律诗，颇露才华；后入广州学海堂肄业。17岁从学番禺学者陈澧门下，始学作词，读钱大昕《潜研堂集》而得史学门径，为菊坡精舍高才生；又曾往粤秀书院听课，阅《海国图志》《普法战纪》等，渐知五大洲大势与西欧各国富强之状。光绪十六年（1890）中一甲第二名进士（榜眼）。有"小刘金门"（即刘凤诰）之称，与福山王懿荣、南通张謇、常熟曾之撰并称"四大公车"。曾做过珍妃的老师，任过翰林院编修、侍读学士等职，深受光绪皇帝的器重。

不畏权贵具严词：1894年初夏，日舰队在渤海袭击中国舰艇，公然入侵，慈禧主张退让求和。四品学士的文廷式,不畏权贵,联合翰林院57人上疏主战,并提出停办慈禧六十生日大庆,用此钱作军费,因而惹怒慈禧。由于清政府腐败无能,中日黄海一战,北洋海军全军覆没。慈禧着慌,逼光绪派员赴日求和。他提出"迁都、打持久战"可获最后胜利的战略思想。1895年4月,中日签订了丧权辱国的《马关条约》,朝野震惊。他呼吁上书拒约,痛道:"辱国病民,莫此为甚。"慈禧和李鸿章更为恼恨他。为躲陷害,他以回籍修墓为名离开京师。

组织倡导强学会:1895年4月22日,康有为等发起"公车上书",要求拒约、抗战、迁都。文廷式支持康有为的变法主张,同年8月,他返京倡导组织"强学会",探索维新变法、富国强兵之道,创刊《中外纪闻》。"强学会"顺乎历史潮流,影响越来越大。上海设强学会分会,出版《时务报》;湖南设南学会,出版《湘学新报》及《湘报》;广西设圣学会;广州设万木草堂等。正当他欲一展宏图之际,李鸿章授意御史杨崇伊出面弹劾他,并奏请下旨封闭强学会。1896年2月,文廷式被"革职,永不叙用,并即行驱逐回籍,不许逗留"。甚至对他"可就地正法",此密件与通缉孙中山的密折同一天发出。

力主新学天下知:回乡后,文廷式走上实业救国之路,"铁无可铸神州错,寒不能灰烈士心",决心为实现富民强国的理想不懈奋斗。他集股开设广泰福煤号,以供汉阳铁厂之需,月供煤2000吨,成为江南工商大实业。除了兴办实业外,他力主新学,倡导将书院、祠庙改设学堂,如鳌洲书院改为萍乡学堂,凌云、濂溪、栗江、南台等书院改为高等小学校等,使萍乡的高等小学分布在全县各地,萍乡的"中学生之多,几为各省、县之冠","赴东西洋留学者时有所闻"。

维新变法无所惧:1898年4月,光绪宣布实行变法。8月慈禧发动"戊戌宫廷政变",谭嗣同等六君子被杀,康、梁远遁日本避难,光绪帝被软禁。慈禧得知文廷式在罢官后仍积极参与变法,便下令通缉他,文廷式不得已由香港逃亡日本。1900年夏,当听到八国联军侵华的消息,文廷式毅然赶回上海,参加维新派唐才常组织召开的中国国会,把希望寄托在自立军起义的成功上。但 11 月间,自立军总机关被破坏,唐才常遭秘密杀害,起义失败。其爱国行动再遭沉重打击。

壮志难酬愤长辞:1904 年 8 月,文廷式终因壮志难酬,抑郁苦闷,在萍乡城花庙前的家中与世长辞,年仅 49 岁,逝后被安葬在杨岐山普通寺后的半山腰。墓地至今尚存,不少游人前来拜祭,敬仰他始终不渝的爱国热忱和不畏权势、敢于斗争的浩然正气。

文廷式学问渊博,撰述宏富,有《云起轩词钞》《云起轩诗钞》《文道希先生遗诗》《纯常子枝语》《补晋书艺文志》《闻尘偶记》等著作传世。

抚净烟尘看悲剧:文廷式是光绪皇帝亲擢的朝廷命官,做过珍妃的老师。强烈的家国情结,与不可救治的国势之间的矛盾,造成了这位近代诗人的人生悲剧。他的诸多诗歌作品,也因此体现出了强烈的悲剧意识。这种悲剧意识,具体表现为强烈的牺牲精神、深重的孤独感以及永不妥协的抗争精神。

丹青浓淡却沉思:文廷式是甚享时誉的晚清四大词家之一,其词风远继"苏辛",近接陈维崧,为清代豪放词的大师。同时,他还是精通经、玄、宋元儒学、文史的大家,被誉为"有清元儒,东海先觉"。

97.望海潮·怀陈三立

才识通敏,不从八股,宝琛慧眼识金。风雨楚天,呕心沥血,求得半隅昌平。侧目碧天新。搅湘江巨浪,父子孤零。暮霭沉沉,昏灯相顾对谁吟?

空怀志气难鸣。叹苍穹寂阔,伤雁无音。耄耋牯岭,松涛静处,时时悸动忧心。梦里更无宁,呓语挥利剑,怒斩倭兵。一代诗翁品高洁,月照乾坤。

九江修水陈三立(1858—1937):字伯严、敬原,清末同光体诗派代表,九江修水县人,被称为"中国最后一位古典诗人"。他年少博学,才识通敏,洒脱而不受世俗礼法约束。光绪八年(1882)参加乡试,因深恶"八股文",应试时,以自己平素擅长的散文体答卷,其卷在初选时曾遭摒弃,后被主考官陈宝琛发现,大加赞赏,从落第卷中抽出选拔为举人。光绪十二年中进士,授吏部主事,后随父赴湖南任职。

力营一隅志不移:其父陈宝箴,先后任河北道、浙江按察使,湖北布政使等职,一直没有真正一展宏图的机会。1860年,英法联军火烧圆明园时,其父见到圆明园火光,满腔悲愤,拍桌号啕。甲午之战,北洋海军全军覆灭,陈宝箴再次痛哭:"无以为国矣。"光绪二十一年

(1895)，陈宝箴终于等来施展抱负的机会，被诏命为湖南巡抚。为助父实现抱负，陈三立放弃吏部主事之职，随父到湖南上任。陈氏父子希望"营一隅为天下倡，立富强之根基"。他们效法日本明治维新，在湖南办时务学堂、武备学堂、算学馆、《湘报》、南学会，罗致了包括谭嗣同、梁启超、黄遵宪在内的维新志士，湖南成为全国维新运动的中心之一。陈三立与谭嗣同、丁惠康、吴保初并称"维新四公子"，名重一时。

深灯孤影两父子：1898年，慈禧发动政变，谭嗣同等"戊戌六君子"被杀，陈宝箴因保荐六君子中的杨锐和刘光第而负"招引奸邪"之罪，被清廷革职。在湖南的改革被废，他们所有的政治努力尽付流水。与父罢归南昌后，在西山筑室而居。父子二人虽自放山水间，但"往往深灯孤影，父子相语，仰屋欷歔而已"。光绪二十六年（1900），陈宝箴在西山家中被慈禧秘密赐死，怀着巨大的家国隐痛，陈三立自谓"凭栏一片风云气，来做神州袖手人"，开始了自己的诗人生涯。

满腔热血甘为犁：定居金陵后，陈三立虽不问政治，但热忱社会事业。光绪二十九年，他办家学一所，又赞助柳治征创办思益小学，让出住宅作课堂，招聘外国教师，开设英语及数、理、化学新兴课目；注重全面发展，禁止死背课文及体罚学生，创新式学校之先例。光绪三十一年初，与李有分等人创办铁路公司，筹建江西首条铁路南浔线，先后任协理、总理、名誉总理等职。光绪三十四年，又与汤寿潜发起组织中国商办铁路公司。但因各种原因都没有达到预想的目标。

奥区绝境寻自在：辛亥革命推翻了封建王朝，代之而起的是民主共和政体，这是历史的必然趋势，与历代君主易姓的改朝换代不同。可陈三立没有选择拥护孙中山的革命路线，他始终未能摆脱封建意识的束缚，仍是"达则兼济天下，穷则独善其身"的打算。于是，他"遗世观化"，一方面从老庄哲学和佛学中去寻找慰藉；另一方面幻想成为独步诗坛、"奥区绝境"的孤寂的"自在者"。

交流泰斗话不欺：1924年春，印度诗人泰戈尔来中国，徐志摩等由北平前往上海欢迎，接着来到杭州，在西湖之畔的净慈寺，泰戈尔特地拜晤了陈三立。两位老诗人通过徐志摩的翻译，各道仰慕之情，互赠诗作。泰戈尔以印度诗坛代表的身份，赠给陈三立一部自己的诗集，并希望陈三立同样以中国诗坛代表的身份，回赠他一部诗集。而陈三立却谦逊地说"您是世界闻名的大诗人，足以代表贵国诗坛。而我则不敢以中国诗人代表自居。"后两人比肩合影，成就中印文化交流史上的一段佳话。

瀑流洗尘身世外：陈三立在杭州居住近三年，1926年底又寄寓上海。晚年还乡心切，对庐山尤为萦念。1929年秋，由次子陪同，终于登上庐山，回到大自然的怀抱，他赋诗倾诉："乡梦醒鸣鞭，始觉身如鸟"，打算"息影松林径，洗梦涧瀑流"。他年近80，写下许多诗篇，石印成册，名为《匡庐山居诗》。山居期间，蒋介石到牯岭避暑，派人登门联系欲见他。他说"我已是世外之人，有何可谈？不必来见吧。"蒋也不便勉强。但陈三立并非甘愿置身世外，1930年，他倡议重修《庐山志》，委托吴宗慈专主其事。编修过程中，主张志例应尊重科学，志文因时代不同，允许文体有别，做到"旧从其旧，新从其新"。

梦里挥剑杀倭敌：1932年"一·二八"事变日军侵占上海闸北，陈三立居庐山牯岭，日夕不宁，见时局艰危，忧形于色。一夕，梦中惊呼"杀日本人"！同年，国民政府邀他参加"国难会议"，他不去。1933年其好友郑孝胥投靠日本，辅佐溥仪建立伪满政权，他痛骂郑"背叛中华"。在再版《散原精舍诗》时，愤然删去郑序，与之断交。1936年，伦敦举行国际笔会，邀请当时中国的胡适之代表新文学、他代表旧文学前往参加。但时已84岁高龄的他，最终没有成行。1937年卢沟桥事变，他表示"我决不逃难！"当年，北平、天津相继沦陷，日军欲招致三立，百般游说，他皆不应许。侦探日伺其门，三立怒，呼佣拿扫帚将其逐出。此后五日不食，忧愤而死，享年85岁。

98.临江仙·怀朱益藩

　　大考翰林登榜首,治国经论盈怀。帝师两代有真才。看皇家落幕,梦醒少悲哀。
　　纵览潮流明事理,劝乡友莫胡来。跪言未纳叹哀哉。呜呼归逝去,贬赞问青苔。

朱益藩(1861—1937):清代京师大学堂总监督(即北京大学校长之职),著名书法家,萍乡市莲花县人,字艾卿,号定园。光绪十六年殿试二甲第九名,赐进士出身。御试时,钦点翰林院庶吉士。光绪二十三年大考翰林,取一等第一名,擢翰林院侍读学士,在养心殿为光绪和皇后讲《贞观政要》。后多次外放奉天、湖北、浙江、陕西等地为正副考官及学政。宣统二年(1910)授都察院左副都御史,辛亥革命后回籍。1916年受清宫小朝廷之邀,教授末帝溥仪,1924年,被冯玉祥赶出故宫。溥仪出宫后朱益藩负责管理"清室北京办事处"。"九一八事变"后,溥仪出关,他不但不随行,而且至死没去过伪都长春。后迫于生计,曾在北京琉璃厂挂笔单鬻字为生。1937年3月10日,他在北平秦老胡同寓所病逝,享年77岁。溥仪闻报极为伤感,依例追赠"清故太保",谥"文诚",赏银5000元治丧。

先后堪为两帝师:朱益藩是光绪和溥仪两代皇帝的帝师,为光绪师傅时,深得信任。民国成立后,他养花种菊,准备终老南山。袁世凯称帝时,多次请他出山,他不为所动。他后来当溥仪老师,不是出于复辟帝制的梦想,而是出于对光绪知遇之恩的报答。他于1915年应邀来京,次年3月,回家把家眷接来,在秦老胡同住。当时,溥仪有五个老师。汉文老师:陈宝琛、朱益藩、梁鼎芬;满文老师:伊克坦;英文老师:庄士敦。因他曾是光绪的老师,溥仪赏他二品顶戴花翎,每月开500块大洋,春节、端午、中秋三大节日,照有数百赏赐。

紧步潮流能入时:朱益藩虽是封建帝师,但并不落后于时代潮流。1917年,大总统黎元洪和内阁总理段祺瑞,为是否参加第一次世界大战问题产生了分歧。黎手下没兵,镇不住皖系军阀段,就把驻徐州的张勋请来搞调停。张勋带着辫子兵进了京,图谋复辟清王朝。张勋是朱益藩的江西老乡,两人亲如弟兄,秦老胡同的宅子,也是张勋半卖半送给他的。张勋一入京,就在江西会馆设宴请他。张勋边饮边言:兵逼黎元洪解散国会,然后把溥仪抬出来登上皇帝宝座……朱益藩听后大惊,力劝张勋放弃图谋。张勋复辟后,紫禁城里的遗老遗少们,个个翎顶袍褂,排着队进宫给皇上叩安,而两代帝师的朱益藩却没去。不是说他是封建制度的背叛者,只是说明他能权衡利弊,顺应民心,这也许是他的民本思想使然。果不其然,张勋复辟历时11天就以失败草草收场了。

正气凛然明大义:1924年,冯玉祥率国民军进驻北京,将溥仪逐出紫禁城。溥仪匿居天津,朱益藩常去看望,书信来往也很频繁。九一八事变后,日本人密谋成立伪满洲国,要溥仪当傀儡皇帝。溥仪举棋不定,派人接他去天津商谈。至天津,朱益藩凛然正气,怒斥郑孝胥的汉奸论调,力陈伪满洲国不可立的缘由。为此,他跪着苦苦谏劝。一个封建老臣能有如此民族大义确实难得。1932年4月9日,满洲国宣告成立,激起全国人民的公愤,溥仪成了万人共诛的民族败类。朱益藩羞愧难当,责令儿孙把溥仪赠给他六十大寿的祝寿诗及名画《恽寿平仿李成山水轴》《赵伯驹玉洞群仙图》从厅堂统统取下,以示对溥仪的极大不满。

健腕街头书劲枝:朱益藩的书法很好,四岁就在父亲朱之杰的指导下识字练字,受过严格的馆阁体书法的训练。他写的楹联、条幅、中堂、册页、扇面以及长卷寿屏,均属书法精品。其字用笔妍丽遒劲,雍容冲和,宁静淡雅,法度严谨,充满文人气质和唯美主义的倾向。他七十寿辰时,溥仪给他的寿诗中有"善书健腕犹飞白,旨酒温颜自渥丹"的句子,对其书法给予了很高的评价。自从离开溥仪后,朱益藩一直在北京荣宝斋南纸店挂笔单卖字。其性格倔强,誓不与国民党当道者来往。1936年春节前,当时的北平市长秦德纯、天津市长萧振德派人给他送来《四书》和狐皮筒袍,以示敬意。他竟不接见,使来人十分难堪。

皇杠出殡过闹市:朱益藩病逝后,停灵40天时,继室夫人易玉燕因伤心过度,死于心脏病。这样,其夫妇的丧事就在1937年5月1日同时开吊受奠。登门祭奠的,有清室代表、北平国民政府等各界要员、故旧、门生及北平市民等,终日络绎不绝。5月2日出殡,用64个杠夫的"皇杠",由东四十二条出发,经东四至东单牌楼,又经东长安街、旧户部街、前门,直至西珠市口,再进西砖胡同,入南城法源寺停柩。由于他门生故旧很多,又给许多大商号写过招牌,给穷苦市民免费瞧过病、送过药,所以设路祭,送葬的人很多,十分隆重。

秦老胡同难觅诗:朱家本要将其灵柩送回老家安葬,因七七事变,只好安葬在广安门内。后该地被征用,就迁葬永定门外南苑公墓。"文革"中此墓地被平为耕地。只有他当年住过的秦老胡同仍未改名,给今人留了点念想。朱益藩善诗能文兼精中医学,可惜生前所著诗文、手稿均在"文革"中焚毁,几无存世。

99.柳长春·怀余庆鳌

　　艺匠名门,平常熏染,把玩墨斗神不散。虚心请教苦钻研,终成大器名声贯。
　　情系国强,求学西岸,忠心赤胆心无憾。汉阳兵器誉神州,匠王一代风姿绽。

　　余庆鳌(1867—1925):又名序琳,字步升,江西湖口县屏峰乡人,中国第一代兵器工业专家,对中国兵器工业作出了卓越的贡献。为了汲取先进国家的成功经验,50多岁时他还坚持学外语。他目睹中国备受列强的凌辱,对旧政权的腐败无能日益失望,深深感到仅凭科技的提高,并不能从根本上改变中国落后现状,对孙中山领导的民主革命寄予厚望。1925年5月12日,病逝于武汉,临终前对儿女训示:"你们都已长大成人,要像孙文先生说的那样,为国家多做点事情。"同年,其灵柩运回家乡安葬,沿途军民摆祭,表达了对这位爱国专家的敬仰和哀悼。

　　持己于约誉匠王:余庆鳌生活俭朴,治学严谨,不喜奢华,其"持己于约,御下于宽"的为人风格,为社会所盛赞,被誉为"一代匠

王"。其父余宏智,为鄱阳湖一带有名的木工,长期在武汉、南京等地做工。余庆鳌自幼颖悟灵敏,常把父亲锯下的边角废料收集起来,学着用墨斗拉横竖线条,然后用小凿子细心雕刻,居然有模有样。其父觉其大可造就,于1883年,将其送入南京学堂读书,自己则在南京一边照顾儿子,一边做木工维持生计。毕业后,余庆鳌进入金陵机器房当学徒,并开始学习机械绘图。

鱼入大海搏大浪:当时的金陵机器房,是清末以机械制造为专长的官方大企业。余庆鳌融入其中,如鱼入大海,其潜能发挥到了极致,技能不断长进,始终位列同辈之首。其间,他被推举参与了金陵远航货轮制造等工程的设计和建造。借此机遇,他虚心向知名专家学习,经常与能工巧匠切磋,获益匪浅,学业精进。

男儿七尺不苟且:青年时代的他正处在国力衰败、外侮日甚之时。眼见帝国列强坚船利炮、横行霸道,余庆鳌痛心疾首,深感中国要强大,必须富国强兵,发展科技,因此下决心研究枪、炮。不久,便在枪、炮制造方面心得颇深。1891年,他到安徽督造炮路,次年调回宁局。不久,台湾也创设兵工厂,他又应邀赴台。当时,他正身染风寒,体力疲惫,其母不舍,便极力阻止。他对母亲说:"国家在此存亡危急之秋,七尺男儿不思报国而惜身苟且,将贻笑后世矣。"母亲只有挥泪作别,送其登船东行。在台湾,他全身投入,忘我工作,为创建军事工程做了大量工作。1893年,受到清廷"五品顶戴"的嘉奖。

建功汉阳兵工厂:1893年,湖广总督张之洞在湖北汉阳创设兵工厂,报清廷选调余庆鳌为总办。在余庆鳌带领下,数年后,汉阳兵工厂生产出了第一批"汉阳造"枪支和子弹,张之洞奏达其功,清廷再次下旨褒奖。辛亥革命后,汉阳兵工厂转入民国政府手中,他继续领导该厂生产。他个性高洁,常常身体力行,下工厂自己动手研究,管理甚严,连汉阳兵工厂的主管都有些惧他。

学成只为图报国:1914年,余庆鳌奉民国政府委派,赴德学习,其间考察了英、法、俄军事工业情况。每次考察回到住地后,就凭记忆将图形画在衣服的底衬上。在欧洲四年,余庆鳌高超的技能获得了国际同行的赞誉。德国一家兵工厂,许以优厚待遇留用他。当时,其助手意欲留下,余庆鳌教导说:"吾国虽弱,终将变强;吾国虽穷,终将变富。人之不能背国,犹子之不能背母也。国在贫弱之时,花巨资,派吾等出国,今学成若见用于外人,吾同胞耻之,外国人亦私耻之也。"助手闻言,深为感动,与其同返祖国。

致力兵器获勋章:1917年5月,归国后,余庆鳌任汉阳兵工厂枪炮课课长,授陆军步兵少将衔,创立了汉阳炮厂、炮架厂,生产步兵使用的迫击炮,在"汉阳造"步枪和75毫米、81毫米迫击炮批量投产过程中均有建树。他还与刘庆恩、郑定治等人,共同研制成功"三十节重机枪",引起轰动。因贡献卓越,1917年他被国民政府授予五等文虎勋章,1923年又获四等文虎勋章。

实弹射击惊四座:在汉阳兵工厂任职期间,一次某外国军火商乘兵舰来汉口。席间,军火商大夸其产品是世界一流,并作实弹射击表演。他不动声色,细细观察后,力劝政府官员不要购置,并承诺三个月研制出同样的产品。回厂后,他即绘图试制,仅用两个半月便获成功。样品出来后,他也邀中外客人观看实弹射击,其射程及稳定性均不次于他国。军火商目瞪口呆,连呼:"中国人了不起!"

辛亥革命第一枪:从1895年开始,湖北枪炮厂开始生产汉阳造步枪。一直到1944年二十一厂改造中正式步枪,本型步枪在中国前后生产近50年。由于生产时间长远,民初中国所有的战役,此枪几乎无役不与。

100. 贺新郎·怀江谦

　　故里风光丽,碧溪流、画桥烟树,育人才艺。师拜张謇三寒暑,更见风华意气。勤教业、亲身范例。两汉学风抚子弟,重耕学、校誉驰省际。创业绩,世铭记。

　　三江师范倾精力。立标杆、香飘千里,几多奇迹。德育树人施管理,满校人才济济,花似锦、施才社稷。却染风霜侵弱柳,令神悴体病难搏弈。向净土,立新意。

婺源江湾话江谦（1876—1942）：字易园,号阳复,江西婺源江湾人,中国近代著名教育家、佛学家。

江谦曾任南通师范学校监理、校长、江苏省教育厅长、南京高等师范学校首任校长；1909年为安徽咨议局议员；1910年,为京都资政院议员；1912年为安徽议会副议长；1913年,为国民政府众议院议员。江谦一生始终把教育作为自己最崇高的目标。佛学上主张佛儒合一,推崇阳明致良知学,所著《绕音》驰誉中外。此外,由上海中华书局、苏州弘化度、上海佛学分局出版他的佛学专著,计有17种。1941年秋,为出版《阳复斋丛刊》以实现其毕生夙愿,江谦举家迁往上海。后不幸于1942年四月初十逝世,享年67岁。

张謇门下品学全：江谦是中国近代著名实

业家、教育家张謇的嫡传弟子。1894年,江谦在南京科考落榜后,经人将其文章,荐于清末状元张謇。时任崇明"瀛洲书院"院长的张謇,阅后赞叹:"嘉叹以为美才,非县所曾有。"是年冬,江谦渡江北上,登门拜访张謇,张被其举止和谈吐深深打动:"进止谦而恭,颇窥三代两汉之书,与人语辞顺而气下,益爱重之。"第二年,张謇受聘南京"文正书院",任院长,江谦正式拜张謇门下,三年中,建立了深厚的师生情义。张謇治学主张融中国传统经籍与西方近代科学于一体,这给年轻的江谦带来了极大的影响。

能耕能学是为训:1902年,张謇在南通创办通州师范学堂,邀江谦共事。江谦参与规划和管理,并亲自授课,深得学生爱戴;不久,任堂长、校长。江谦以知行合一熏陶学生;以"能耕能学"为训,矫正空谈时弊,弘扬务实精神;辑"两汉学风",倡俭朴学风,传"明德新民"之教。江谦坚持不懈,持之以恒,使通州师范校誉日隆,名声越省。江谦还精通文字音韵,由英文切音,发明阴阳声母通转规则,创设音标一案,实为注音字母的先声。

南京高师谱新篇:1915年元月,江苏巡按使韩国均,委任江谦为南京高等师范学校(今南京大学前身)校长,这是他教育生涯中最辉煌的时刻。上任后,江谦聘郭秉文从美国来校任教务主任;入学考试,严格奉行"宁缺毋滥"的原则,招国文、理化两部,录取学生126人。江谦学问根基深厚,亲自为学生讲授"四书"和《说文解字》等课程,并要求学生精研曾国藩《家书》,撰写读书笔记。在其领导下,南京高师发展很快,至1919年,全校已设有国文史地部、数学理化部、教育专修科、农业专修科、工艺专修科、商业专修科、体育专修科等,校舍面积370亩,教职员94人,学生416人,成为东南最高学府,足以和北方的北京大学相媲美。

严慈皆备重训育:江谦认为办学应以理想为先,以精神教育为前提,训育(即德育)就是对学生的管理与训练,要点有三:第一目的,要养成国民的模范人格。第二方法,要渐次扩张学生的责任感和服务观念,使之自觉前进。第三程序,学生对自己之品性行为,负修养之责任;对同学之品性行为,负规劝之责任;对本校校风,负巩固培养之责任。他严慈皆备,其施教反对"我教你学,我讲你听",强调启发学生的自觉自悟;倡导以"诚"

为校训,认为"诚者自成"。

勇于开拓为人先:江谦认为国家的富强,有赖于科学、实业,并积极筹措增设了农业、工业、商业三个专修科,开全国之先。他说:"以强健的身躯行教育事业,是南高体育教育的宗旨。"南高招生,必请中西医做体检,体弱者不录取。1916年即开设体育专修科,列为各科的必修科,又倡全国之先。他提出"调整师生关系",要求教师改变只管授业的状况,倡导关心、接近学生;要求学生尊敬老师,组织学生看望老师,一种新型的"尊师爱生"风气在南高形成。

潜心创办佛光社:因操劳过度,江谦患了神经衰弱症,任校长三年,就不得不离任休养。但他对南高所作的贡献,受到充分肯定,江苏省政府特别颁发给他三等嘉禾奖章一枚。离任后,江谦潜心研究佛教,特别推崇净土宗,认为净土能够圆融各宗,至稳至当。同时,他非常关心国计民生,强调社会责任,认为出世间法宜用佛教,而入世间法则宜用儒教,宣扬儒佛合一。他在家乡创设佛光社,随宜说法,移风易俗。十年之内,法会兴盛,成为赣北的一个佛教中心。

教育青史绽红鹃:江谦毕生著作有18种,涉及经学、佛学、诗学、字学等多种领域,由其女婿游有维编为《阳复斋丛刊》刊行于世。江谦是中国现代教育事业的先驱之一,他奉行教育救国的理念,其贡献不仅永远定格在南京大学的发展历程中,也在中国现代教育史上,留下了浓重的一笔,值得后人永远纪念。

后 记

  在前前后后近一年的时间里，见缝插针，忙里偷闲，总算束笔了。不管是轰轰烈烈、大气磅礴，还是抑郁悲愤、隐逸山林；不管是耿直刚正、清廉贤明，还是文韬武略、诗才画仙……先贤们一个一个地沿着那车辙深深的黄尘古道离我而去，走远了，模糊了，那依稀的背影渐渐地淡出了我的视线，又重新走入属于他们的、那段尘封的历史……心头像是放下了一块沉沉的巨石一样，非常轻松。

  清秋，徐徐晨风夹杂着丝丝细细、若有若无的小雨，在天地间缠绵着。季节始终按照自己恒定的规律不停地更迭运转着，不管曾经有过什么、现在或者将来还会发生什么，它总是步履铿锵地一路前行，永不回头，没有痛苦、没有忧伤、没有激动、没有浮躁……也从不张扬，平静得像是永远地凝固了！

  清风轻抚，天高云淡，岸柳依依。宽阔、无语的赣江上，几艘机船坚韧地逆水而上。几只蜻蜓闲闲的，浮在空中，喧嚣的世界离它们如此的贴近，却又非常非常地遥远……它们紧紧地拽住了我的心！我似乎没有了呼吸，身体也好像不是自己的，灵魂融附在它们的身上游弋于天地之间……

  人活着就会有向往、就会有追求。为了这些追求和向往，我们不停地努力着，于是我们的生命，便有了一个美丽而充实的过程。但是，这个美丽和充实，却是由一个个平平淡淡连缀起来的。在每日的奔波、忙碌之中，自然有许许多多的酸甜苦辣，也免不了有大大小小的悲喜烦忧。白天入世，晚上出世，如若能于"出入"之间，胸怀一颗平常之心，不以物喜、不以己悲,则可云移无痕、日落无息,自得人生之快乐、生活之惬趣;若无一颗平常之心,患得患失、斤斤计较,则会夙夜不静、辗转难眠,备感人生之困苦、生活之艰辛。

大千世界,万象纷繁,人只是非常渺小的一个存在,犹如尘埃一般,几乎可以忽略不计。但人的内心,却可以是一个博大无边、无穷无尽的世界。我愿意在每天丁点的闲暇中,做着自己喜欢做的事情,沉醉在属于自己的那方白雪覆盖着的寂洁的世界里。唯此,疲惫的灵魂才能得到慰籍和升华。并且,在点点滴滴的日积月累中,当某一天,猛然回眸,会惊喜自己有非常大的收获。这时候,一份成就的快乐感,就会像波纹一样在心湖中洋溢开来……

众生芸芸,生生不息。人到了一定的年纪,经历多了,看得多了,对自己的内心世界总会或多或少地去重新认识、感悟和理解。"佛"在我心中是一个神圣的存在。佛始终那样雍容超脱地微笑着,让人似乎感到无比遥邈,无法企及,其实,他离人最近。我想,每个人都能成"佛"!因为我们每个人自觉或不自觉的都有佛心。所谓"佛心",即是"善心"。"悬崖勒马,回头是岸",连杀人的恶魔头,只要"放下屠刀",都可以"立地成佛",更何况我们这些"存善于怀"的平常人呢?

大家都是凡夫俗子。而凡身肉胎的人,都会有种种欲望,这本无区别;但人在"为欲而行"的时候,则有"卑劣"与"高尚"之分、"阴暗"与"光明"之别,存在着本质上的不同。而"善"——则是从本质上区别"不同"的分水岭。不管从哪个角度上去说,为欲"唯善"而行,都是做人、立人之根本。因为"善"是立人之要义,"善"是做人之根本,"善"是为人之终极!

平时出差,遇有寺庙,总会挤出些时间,前去走走、看看。每每在佛前闭目合掌,心即默念:学佛、效佛、成佛……因为,在短暂的一生当中,我只想让自己,并要求自己:学善、从善、为善。我非常清楚自己是一个非常感性的人,是一个不折不扣的俗人!我想去做一个真正的君子,但我的确做不到时时、事事、处处为君子,更不可能成为"圣人"。可我能够时时地告诚并要求自己：立人以善为本，一生以善为求，最终成为一个脱离低级趣味的纯粹的人！

莫跪菩萨求保佑，一心向善终成佛。

在走进先贤们的时候，之所以会一次次地被感动、被震撼，有时甚至是夜不成寐，是因为在他们的身心骨子里，唯存其善，唯见其善！善是他们的精髓、是他们的灵魂！他们追求大善至善，力求善始善终。"居庙堂之高，则忧其民；处江湖之远，则忧其君"，他们品节高雅、独善其身而兼济天下，他们善待自己、善待人生、善待他人、善待百姓、善待民族、善待历史、善待时代……正因如此，他们坎坎坷坷的经历，才会如此地精彩纷呈；也正因如此，他们风风雨雨人生，才会如此地绚丽多彩！

赣水东流逝帆远，清风西卷消尘烟。

先贤们一个一个地离我而去了，沿着那车辙深深的黄尘古道，走远了、模糊了，淡出了我的视线，又重新走入属于他们的、那段尘封的历史。但他们至善至美的——精、气、魂、神，却永远地流传下来了……

本书的写作和出版得到了许多好友的帮助及家人的支持，在此深表感谢！为了加深读者对书中诗词的理解，本书摘录、引用了一些前人的文字和资料，在此对他们躬身致谢！因时间仓促，书中定然还有不少瑕疵，甚至一些错误，还望读者批评指正。

章学方　于南昌华南城工地
2010 年 8 月 27 日